Staatliche Unterstützung von Werbung für landwirtschaftliche Erzeugnisse als Instrument der Agrarpolitik

Europäische Hochschulschriften
Publications Universitaires Européennes
European University Studies

Reihe V
Volks- und Betriebswirtschaft

Série V Series V
Sciences économiques, gestion d'entreprise
Economics and Management

Bd./Vol. 3009

PETER LANG
Frankfurt am Main · Berlin · Bern · Bruxelles · New York · Oxford · Wien

Eckhard Benner

Staatliche Unterstützung von Werbung für landwirtschaftliche Erzeugnisse als Instrument der Agrarpolitik

Beschreibung, Analyse und Weiterentwicklung am Beispiel des EG-Konzepts der Werbeförderung

PETER LANG
Europäischer Verlag der Wissenschaften

Bibliografische Information Der Deutschen Bibliothek
Die Deutsche Bibliothek verzeichnet diese Publikation in der Deutschen Nationalbibliografie; detaillierte bibliografische Daten sind im Internet über <http://dnb.ddb.de> abrufbar.

Zugl.: Hohenheim, Univ., Diss., 2002

D 100
ISSN 0531-7339
ISBN 3-631-50899-9

www.peterlang.de

»Hören Sie mal«, sagte Arthur, »...?«

Inhaltsverzeichnis

Abbildungsverzeichnis

Übersichtsverzeichnis

Tabellenverzeichnis

1 Einleitung

1.1 Problemstellung

In der Europäischen Gemeinschaft[1] wird derzeit über die staatliche Unterstützung von Werbung für landwirtschaftliche Erzeugnisse gestritten, die in den einzelnen Mitgliedstaaten für in deren Gebiet produzierte Erzeugnisse gewährt wird.[2] Der zentrale Streitpunkt der Auseinandersetzung ist dabei der Herkunftsbezug einer solchen Werbung. Auf der einen Seite steht die EG-Kommission, die die Regelungen der Europäischen Gemeinschaft bezüglich staatlicher Beihilfe verletzt sieht und daher den Herkunftsbezug als Hauptargument einer staatlich geförderten Werbung untersagt. Demgegenüber stehen die Mitgliedstaaten und hier insbesondere die deutschen Bundesländer, für die die Unterstützung herkunftsbezogener Werbung vorrangig ist, da die heimischen Erzeuger unterstützt werden sollen.[3]

Trotz der vorgebrachten Bedenken bezüglich des Herkunftsbezugs stellt die EG-Kommission aber die staatliche Unterstützung als Instrument der Agrarpolitik nicht grundsätzlich in Frage, hat die EG im Rahmen der Gemeinsamen Agrarpolitik doch selbst eine Vielzahl von Maßnahmen etabliert, die im Binnenmarkt[4] die Werbung für landwirtschaftliche Erzeugnisse unterstützen.

---

[1] Die vorliegende Arbeit setzt sich mit der Gemeinsamen Agrarpolitik auseinander, die Gegenstand des Vertrages zur Gründung der Europäischen Gemeinschaft und nicht des Vertrages zur Gründung der Europäischen Union ist. Daher wird im Rahmen der vorliegenden Arbeit stets von Europäischer Gemeinschaft (EG) und nicht von Europäischer Union (EU) gesprochen.

[2] Vgl. Becker, T., Benner, E. 2000.

[3] Zur juristischen Seite des Streits siehe GERICHTSHOF DER EUROPÄISCHEN GEMEINSCHAFTEN 2002 (Gerichtshof der Europäischen Gemeinschaften 2002).

[4] Die EG hat auch Maßnahmen, die die Werbung für landwirtschaftliche Erzeugnisse in Drittländern unterstützen, etabliert (vgl. Verordnung (EG) Nr. 2702/1999 des Rates und Verordnung (EG) Nr. 2879/2000 der Kommission). Die Arbeit beschränkt sich jedoch auf

(...Fortsetzung nächste Seite...)

Mit der staatlichen Unterstützung von Werbung für landwirtschaftliche Erzeugnisse werden generell drei Zielsetzungen verfolgt. So soll sie erstens zur Förderung des Agrarsektors beitragen,[5] zweitens einen Beitrag zur Überwindung des Free-Rider-Problems leisten[6] und drittens die Verbraucher über Eigenschaften der heimischen Erzeugnisse informieren.[7] Auf Grundlage dieser Zielsetzungen bildet die Vielzahl von Einzelmaßnahmen der staatlichen Unterstützung prinzipiell ein staatliches Konzept der Werbeförderung für landwirtschaftliche Erzeugnisse.

Allerdings wirft die staatliche Unterstützung von Werbung zur Verfolgung der genannten Ziele drei grundsätzliche Fragen auf, die sich nicht nur aus einzelnen Aspekten der Durchführung der unterstützten Werbung (bspw. dem Herkunftsbezug) ergeben, sondern insgesamt aus der konzeptionellen Ausführung der staatlichen Unterstützung:

- Wie ist eine Unterstützung zu gestalten, die den gesamten Agrarsektor fördert ?
- Wie kann eine Unterstützung angelegt werden, die das Free-Rider-Problem löst ?
- Welche Auswirkungen hat die Unterstützung auf das Marktgeschehen ?

Die erste Frage ergibt sich aus den gegebenen werbebedingten Substitutionsbeziehungen zwischen den Erzeugnissen: Da Werbung sich nicht nur auf den Absatz des jeweils beworbenen Erzeugnisses auswirkt, sondern auch auf den Absatz seiner Substitute, wird die Betrachtung der Gesamtheit der Einzelmaßnahmen daher prinzipiell eine andere Aussage bezüglich der Gestaltung erwarten lassen als die Betrachtung einer Einzelmaßnahme.

Die zweite Frage bezieht sich auf die unterschiedlichen Annahmen über das Verhalten der betreffenden Wirtschaftsakteure. Je nach den getroffenen Annahmen ergeben sich unterschiedliche Aussagen bezüglich des Umgangs der Wirtschaftsakteure mit dem Free-Rider-Problem, so dass unterschiedliche Formen des Eingreifens des Staates als möglich erscheinen, wobei das Eingreifen auch durch die prinzipiell herkunftsbezogene Ausgestaltung der staatlichen Unterstützung geprägt wird.

---

die staatliche Unterstützung von Werbung, die auf heimischen Märkten gewährt wird. Maßnahmen, die die Werbung für landwirtschaftliche Erzeugnisse in Drittländern unterstützen, sind daher nicht Gegenstand der Arbeit.

[5] Vgl. Forker, O.D., Ward, R.W. 1993, S. 88.

[6] Vgl. Forker, O.D., Ward, R.W. 1993, S. 10.

[7] Vgl. Forker, O.D., Ward, R.W. 1993, S. 257.

Die dritte Frage wird aufgeworfen, da die staatliche Unterstützung die zentrale Rolle des Staates im Marktgeschehen mit dem besonderen Umgang der Verbraucher bezüglich Werbeaussagen und Werbung in einen Zusammenhang bringt, der sich auf das Marktgeschehen auswirkt.

Die Beantwortung dieser drei Fragen führt zu einer umfassenden Bewertung staatlicher Unterstützung von Werbung für landwirtschaftliche Erzeugnisse als Instrument der Agrarpolitik. Einen Beitrag zur umfassenden Bewertung der staatlichen Unterstützung zu leisten, ist die Motivation der vorliegenden Arbeit. Dazu setzt sie sich mit den drei aufgeworfenen Fragen auf Basis der Unterstützung von Werbung, die die EG im Rahmen ihrer Gemeinsamen Agrarpolitik gewährt, auseinander.[8] Sie geht dabei insbesondere über die ausschließliche Betrachtung der absatzfördernden Wirkung der Unterstützung, d.h. der Beurteilung des ökonomischen Werbeerfolgs, hinaus.

1.2 Ziel und Vorgehensweise

Ziel der Arbeit ist es, am Beispiel der von der EG gewährten Unterstützung von Werbung für landwirtschaftliche Erzeugnisse die staatliche Unterstützung von Werbung für landwirtschaftliche Erzeugnisse auf eine Basis zu stellen, die alle drei Funktionen staatlicher Unterstützung berücksichtigt. Die formulierte Zielsetzung der Arbeit macht folgende Vorgehensweise erforderlich (siehe Abbildung 1).

[8] Die Arbeit beschränkt sich auf die Auseinandersetzung mit der staatlichen Unterstützung, die die EG gewährt. Die Auseinandersetzung mit der staatlichen Unterstützung von Werbung, die auf Ebene der Mitgliedstaaten und der deutschen Bundesländer gewährt wird, erfolgte an anderer Stelle (vgl. Benner, E. 2000b).

Abbildung 1: Vorgehensweise der Arbeit

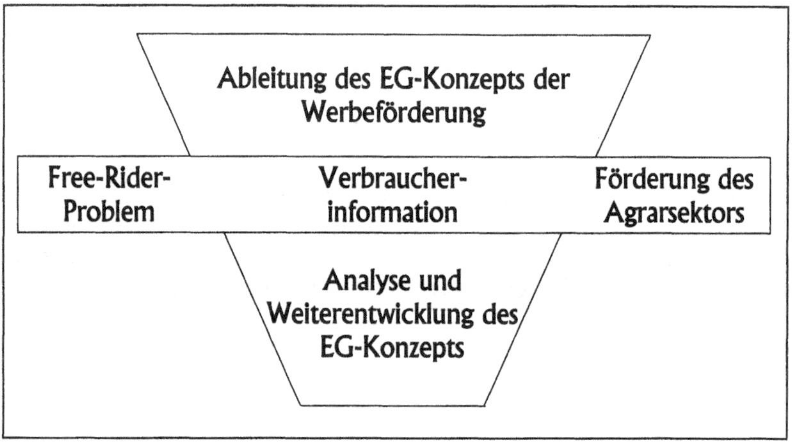

Quelle: eigene Darstellung

Kapitel 2 leitet aus den EG-Bestimmungen der Gemeinsamen Agrarpolitik das allen Maßnahmen zugrunde liegende *EG-Konzept der Werbeförderung* ab. Erst durch eine solche explizite Formulierung des in den Bestimmungen implizit enthaltenen Konzepts werden sowohl die grundlegende Gestaltungsform als auch die Funktionen der Unterstützung konzeptionell fassbar und analysierbar.

Die Analyse orientiert sich an den drei aufgeworfenen Fragen bezüglich der Zielsetzungen staatlicher Unterstützung von Werbung, die in Kapitel 3 bis Kapitel 5 aufgegriffen werden. Kapitel 3 analysiert die ökonomischen Effekte der unterstützten Werbung, um vor diesem Hintergrund klären zu können, wie eine staatliche Unterstützung prinzipiell zu gestalten ist, die der Förderung des gesamten Agrarsektors dienen soll.

Kapitel 4 untersucht die staatliche Unterstützung von Werbung im Hinblick auf deren Beitrag zur Überwindung des Free-Rider-Problems. Die Ergebnisse werden zur Entwicklung einer prinzipiellen Lösung des Free-Rider-Problems herangezogen, die von der typisch herkunftsbezogenen Ausgestaltung der staatlichen Unterstützung ausgeht und die Handlungsfreiheit der betroffenen Akteure des Agrarsektors bewahrt.

Kapitel 5 erörtert Werbung als Instrument der Informationsvermittlung an die Verbraucher und die Rolle, die dem Staat dabei zukommt. Vor diesem Hintergrund wird die Wirkung der staatlichen Unterstützung von Werbung für landwirtschaftliche Erzeugnisse auf das Marktgeschehen analysiert.

Kapitel 6 zieht die gewonnenen Erkenntnisse heran, um das EG-Konzept der Werbeförderung im Hinblick auf die drei genannten Zielsetzungen staatlicher

Unterstützung von Werbung zu analysieren und es entsprechend weiter zu entwickeln. Diese Weiterentwicklung bezieht sich in ihren wesentlichen Teilen dabei auf die Rahmenbedingungen der staatlichen Informationsvermittlung und wird in Form einer EG-Verordnung dargestellt. Die Arbeit schließt mit einer Zusammenfassung in Kapitel 7.

2 Staatliche Unterstützung von Werbung am Beispiel der EG

Die Unterstützung von Werbung für landwirtschaftliche Erzeugnisse, die die EG gewährt, beruht auf einer grundlegenden Gestaltungsform und besitzt Funktionen, die sichtbar werden, wenn die einzelnen Maßnahmen der Unterstützung vor dem Hintergrund der agrarpolitischen und rechtlichen Rahmenbedingungen zu einem Konzept der Werbeförderung zusammengeführt werden. In diesem Kapitel wird aus den Bestimmungen, die für die von der EG gewährten Unterstützung relevant sind, das EG-Konzept der Werbeförderung abgeleitet und explizit formuliert.

Abschnitt 2.1 stellt die EG-rechtlichen Bestimmungen zur Unterstützung von Werbemaßnahmen für landwirtschaftliche Erzeugnisse dar. In Abschnitt 2.2 werden diese Bestimmungen in die agrarpolitischen Rahmenbedingungen eingeordnet. Die relevanten Rahmenbedingungen des internationalen Rechts zur staatlichen Unterstützung von Werbung und die gemeinschaftsrechtliche Basis der EG-Verbraucherinformation legt Abschnitt 2.3 dar. Auf diesen Grundlagen wird in Abschnitt 2.4 das EG-Konzept der Werbeförderung abgeleitet und dargestellt.

2.1 Rechtliche Grundlagen

Die rechtlichen Grundlagen der Unterstützung von Werbemaßnahmen für landwirtschaftliche Erzeugnisse, die die EG gewährt,[9] sind in Form von Verordnungen niedergelegt. In diesem Abschnitt werden diese Grundlagen ausgeführt. Unterabschnitt 2.1.1 stellt die rechtlichen Anforderungen an die Niederlegung der Unterstützung dar. An diese Darstellung schließt sich in Unterabschnitt 2.1.2

---

[9] Zu den EG-rechtlichen Bestimmungen, die die staatliche Unterstützung von Werbung für landwirtschaftliche Erzeugnisse auf Ebene der Mitgliedstaaten regeln, siehe BECKER und BENNER (2000) (Becker, T., Benner, E. 2000).

die konzeptionelle Aufbereitung der EG-Verordnungen an, in denen die Bestimmungen zur Unterstützung von Werbemaßnahmen für landwirtschaftliche Erzeugnisse niedergelegt sind.

2.1.1 Verordnungen - die gemeinschaftlichen Rechtsakte

Die Verordnungen der EG sind bestimmte rechtliche Instrumente (Rechtsakte) der gemeinschaftlichen Gesetzgebung, die sowohl in ihrer Niederlegung (Rechtsetzung) als auch in ihrer formalen Form festgelegten Kriterien entsprechen müssen. Im Folgenden wird daher zunächst der Rechtsakt *Verordnung* definiert. Anschließend werden die unterschiedlichen Verfahren seiner Rechtsetzung und die bei seiner Formulierung einzuhaltenden Formalien dargestellt.

Definition

Allgemein besteht das EG-Recht aus dem Primär- und dem Sekundärrecht. Während das Primärrecht den Vertrag zur Gründung der Europäischen Gemeinschaft (EG-Vertrag) umfasst, besteht das Sekundärrecht aus allen durch die Organe der EG auf Grundlage des EG-Vertrages erlassenen Rechtsnormen. Zu den sekundärrechtlichen Rechtsnormen zählen auch die Verordnungen. Diese sind neben den Richtlinien und den Entscheidungen die verbindlichen Rechtsakte der Europäischen Gemeinschaft.[10]

Im Primärrecht ist der Rechtsakt *Verordnung* folgendermaßen definiert:

> *„Die Verordnung hat allgemeine Geltung. Sie ist in allen ihren Teilen verbindlich und gilt unmittelbar in jedem Mitgliedstaat."*[11]

Gemäß ihrer Definition regelt eine Verordnung eine unbestimmte Zahl von Sachverhalten abstrakt-generell.[12] Dies bedeutet zum einen, dass der Kreis ihrer Adressaten nach allgemeinen Kriterien festgelegt wird und zum Zeitpunkt ihrer Niederlegung nicht abgeschlossen ist. Ihre Adressaten sind sowohl die Marktbürger (juristische und natürliche Personen) als auch die Mitgliedstaaten und ihre Behörden. Zum anderen meint dies, dass die von einer Verordnung geregelten Sachverhalte allgemeiner Art sind und auch zukünftig entstehende Sachverhalte gleicher Art mit gleicher Rechtswirkung von ihr erfasst werden.[13] Dabei ist eine Verordnung in allen ihren Teilen und nicht nur hinsichtlich ihres Ziels verbindlich.[14] Sie gilt unmittelbar, d.h., sie bedarf weder der Ratifizierung durch

---

[10] Vgl. Gündisch, J., Mathijsen, P. 1999, S. 18ff.
[11] Vertrag zur Gründung der Europäischen Gemeinschaft, Artikel 249 Absatz 2, S. 132.
[12] Vgl. Gündisch, J., Mathijsen, P. 1999, S. 22.
[13] Vgl. Gündisch, J., Mathijsen, P. 1999, S. 22f.
[14] Vgl. Gündisch, J., Mathijsen, P. 1999, S. 23.

die Mitgliedstaaten noch dürfen die Mitgliedstaaten eine ihr entgegenstehende rechtliche Regelung erlassen.[15, 16]

Funktional werden zwei Arten von Verordnungen unterschieden: Grund- und Durchführungsverordnungen.[17] Während zu regelnde Sachverhalte in ihrer grundsätzlichen Bedeutung durch Grundverordnungen niedergelegt werden, enthalten Durchführungsverordnungen die Bestimmungen zur Umsetzung der Grundverordnungen.[18] Grundverordnungen werden vom Rat und dem Parlament gemeinsam oder vom Rat alleine erlassen, Durchführungsverordnungen in der Regel von der Kommission. Zum Erlass einer Durchführungsverordnung wird die Kommission im Rahmen der entsprechenden Grundverordnung ermächtigt.[19]

Rechtsetzungsverfahren

Das EG-Recht kennt verschiedene Verfahren der Rechtsetzung seiner Rechtsakte. Die Verfahren unterscheiden sich durch die Beteiligung der einzelnen Rechtsetzungsorgane, die für das Sekundärrecht der Rat der Europäischen Gemeinschaft (der Rat), die Europäische Kommission (die Kommission) und das Europäische Parlament (das Parlament) sind. Diese drei Organe besitzen unterschiedliche Rechtsetzungskompetenzen. Während der Rat und die Kommission in bestimmten Fällen alleine Recht setzen können, ist dies dem Parlament grundsätzlich nicht möglich. Das Parlament wird an der Rechtsetzung immer nur nach festgelegten Verfahren beteiligt.[20] Bezüglich dieser Beteiligungsmöglichkeiten des Parlaments werden vier Verfahren der Rechtsetzung unterschieden:[21]

- Zustimmung
- Mitentscheidung
- Zusammenarbeit und
- Anhörung.

Die Verfahren der Zustimmung und der Mitentscheidung erfordern für die Niederlegung einer Verordnung die Einwilligung des Parlaments. Während jedoch im Zustimmungsverfahren das Parlament keine Änderungen im Text der zu er-

---

15 Vgl. Gündisch, J., Mathijsen, P. 1999, S. 24.

16 So dürfte etwa der Erlass einer spanischen Vorschrift von vornherein zum Scheitern verurteilt sein, der die Aufhebung der durch die Gemeinschaft geschützten Bezeichnung „Bio" bewirken soll (vgl. Europäisches Parlament 2001b, S. 3).

17 Vgl. Gündisch, J., Mathijsen, P. 1999, S. 21.

18 Vgl. Gündisch, J., Mathijsen, P. 1999, S. 21.

19 Vgl. Gündisch, J., Mathijsen, P. 1999, S. 22.

20 Vgl. Gündisch, J., Mathijsen, P. 1999, S. 129.

21 Vgl. Gündisch, J., Mathijsen, P. 1999, S. 145.

lassenen Verordnung vornehmen kann,[22] ist ihm dies im Mitentscheidungsverfahren möglich.[23] Das Verfahren der Zustimmung ist bei Fragen der verfassungsrechtlichen Struktur der Institutionen, der Ratifikation völkerrechtlicher Abkommen, der Währungsunion und des Beitritts zur EG anzuwenden.[24] Das Verfahren der Mitentscheidung wird bspw. bei Regelungen angewendet, die den Verbraucherschutz betreffen.[25]

Das Verfahren der Zusammenarbeit schließt formal das Mitentscheidungsverfahren mit ein, spielt aber in der Praxis eine weitaus geringere Rolle. Im Gegensatz zum Mitentscheidungsverfahren kann dabei das Parlament durch einen einstimmigen Beschluss vom Rat überstimmt werden. Die Anwendung dieses Verfahrens ist auf vier Bereiche der Wirtschafts- und Währungspolitik begrenzt,[26] wie bspw. der multilateralen Überwachung der Wirtschaftspolitik der Mitgliedstaaten, sowie Maßnahmen zur Harmonisierung der Stückelung und technischen Merkmale aller für den Umlauf bestimmter Münzen.[27]

Im Verfahren der Anhörung hat das Parlament lediglich das Recht eine Stellungnahme abzugeben. Die Stellungnahme hat jedoch keinen bindenden Charakter und wirkt sich nicht auf den Inhalt des zu erlassenden Rechtsaktes aus. Anwendungsbereich dieses Verfahrens ist bspw. das gesamte Agrarrecht.[28]

Die Regeln der Rechtsetzungsverfahren sind im Allgemeinen nur für die wesentlichen Elemente eines zu regelnden Gegenstandes zu befolgen, d.h. für den Erlass einer Grundverordnung und nicht für den Erlass einer Durchführungsverordnung.[29] So ist etwa das Parlament im Rahmen des Verfahrens der Zustimmung an der Rechtsetzung einer Grundverordnung beteiligt, nicht aber notwendigerweise am Erlass oder der Änderung einer Durchführungsverordnung.

Formvorschriften

Formale Anforderungen existieren an die Begründungspflicht und die Publikation einer Verordnung. Ein Verstoß gegen diese Anforderungen kann zur Nichtigkeit einer Verordnung führen.[30]

---

[22] Vgl. Gündisch, J., Mathijsen, P. 1999, S. 145f.
[23] Vgl. Gündisch, J., Mathijsen, P. 1999, S. 148.
[24] Vgl. Gündisch, J., Mathijsen, P. 1999, S. 145f.
[25] Vgl. Gündisch, J., Mathijsen, P. 1999, S. 234.
[26] Vgl. Gündisch, J., Mathijsen, P. 1999, S. 150f.
[27] Vgl. Gündisch, J., Mathijsen, P. 1999, S. 235f.
[28] Vgl. Gündisch, J., Mathijsen, P. 1999, S. 151ff.
[29] Vgl. Gündisch, J., Mathijsen, P. 1999, S. 22.
[30] Vgl. Gündisch, J., Mathijsen, P. 1999, S. 41ff.

Die Begründungspflicht dient dem Rechtsschutz und der Selbstkontrolle der Gemeinschaftsbehörden. So sind im Rahmen einer Verordnung diejenigen Erwägungen zu benennen, die zur Verordnung geführt haben, um die Gründe der Rechtslegung nachvollziehbar zu machen. Für eine Verordnung als abstrakt-generelle Rechtsnorm ist die Darstellung der allgemeinen Sachlage und des grundsätzlichen Regelungsziels ausreichend.[31]

Neben der Darlegung der Erwägungsgründe ist die Nennung der Rechtsgrundlage einer Verordnung von wesentlicher Bedeutung. Sie ermöglicht, diejenigen Bestimmungen des EG-Vertrages zu erkennen, auf denen die betreffende Verordnung beruht. Die Rechtsgrundlage ist darüber hinaus für die Wahl des Rechtsetzungsverfahrens wichtig, da unterschiedliche Rechtsgebiete unterschiedlichen Rechtsetzungsverfahren unterliegen.[32]

Die Publikation einer Verordnung hat konstituierende Wirkung und ist Wirksamkeitsvoraussetzung. Sie muss die Kenntnisnahme des betroffenen Kreises gemäß der allgemeinen Verkehrsanschauung gewährleisten. Für eine Verordnung ist die Publikation im Amtsblatt der Europäischen Gemeinschaften ausreichend.[33]

Die äußere Form einer Verordnung ist in der Geschäftsordnung des Rates für die Verordnungen festgelegt, die der Rat alleine oder der Rat und das Parlament zusammen erlassen (siehe Übersicht 1).[34] Gemäß der Geschäftsordnung besitzt eine Verordnung eine Überschrift mit der Bezeichnung „Verordnung“, einer Ordnungsnummer, dem Zeitpunkt der Annahme und der Bezeichnung des Gegenstandes. Der Überschrift folgt je nach Rechtsetzungsverfahren entweder die Formel „Das Europäische Parlament und der Rat der Europäischen Union“ oder die Formel „Der Rat der Europäischen Union“. Anschließend wird die Rechtsgrundlage genannt, aufgrund derer die Verordnung erlassen wird, wobei die Worte „gestützt auf“ vorangestellt werden. Dann werden die Hinweise auf die erfolgten Vorschläge und Stellungnahmen aufgeführt. Daran schließt sich die Darstellung der Erwägungsgründe an. Der Darstellung der Erwägungsgründe werden die Worte „in Erwägung nachstehender Gründe“ vorangestellt und die Erwägungsgründe werden nummeriert aufgeführt. Im Anschluss an die Gründe der Verordnung steht je nach Rechtsetzungsverfahren die Formel „haben folgende Verordnung erlassen“ oder „hat folgende Verordnung erlassen“.

---

[31] Vgl. Gündisch, J., Mathijsen, P. 1999, S. 41.

[32] Vgl. Gündisch, J., Mathijsen, P. 1999, S. 42.

[33] Vgl. Gündisch, J., Mathijsen, P. 1999, S. 43f.

[34] Vgl. im Folgenden Beschluss des Rates vom 5. Juni 2000, Artikel 27 und Anhang II. Sie ist allerdings nicht gerichtlich überprüfbar, da sie nicht zu den wesentlichen Formvorschriften gehört (vgl. Gündisch, J., Mathijsen, P. 1999, S. 45).

Übersicht 1: Verbindliche Elemente einer EG-Verordnung

Verordnung (EG)
[Ordnungsnummer, Zeitpunkt der Annahme,
Bezeichnung des Gegenstandes]

Das Europäische Parlament und der Rat der Europäischen Union

gestützt auf: [Rechtsbezug, Vorschläge, Stellungnahmen]

In Erwägung nachstehender Gründe: [nummerierte Erwägungsgründe]

hat folgende Verordnung erlassen:

[Verordnungstext]

Diese Verordnung ist in allen ihren Teilen verbindlich und gilt unmittelbar in allen Mitgliedstaaten.

Geschehen zu...am...

Im Namen des Europäischen Parlaments — **Der Präsident**

Im Namen des Rates — **Der Präsident**

Quelle: eigene Darstellung

Dieser Formel folgt der Verordnungstext. Der Verordnungstext wird in Artikel eingeteilt und gegebenenfalls werden diese Artikel in Kapitel oder Abschnitte zusammengefasst. Falls der Zeitpunkt des Inkrafttretens vor oder nach dem zwanzigsten auf den der Veröffentlichung folgenden Tag fällt, enthält der letzte Artikel den Zeitpunkt des Inkrafttretens. Auf den letzten Artikel einer Verordnung folgt die Formel „Diese Verordnung ist in allen ihren Teilen verbindlich und gilt unmittelbar in allen Mitgliedstaaten".[35] Im Anschluss daran wird die Formel „Geschehen zu... am..." aufgeführt, wobei als Datum der Zeitpunkt des Erlasses der Verordnung eingesetzt wird. Wird die Verordnung im Namen des Parlaments und des Rats erlassen, so folgen die Formeln: „Im Namen des Europäischen Parlaments Der Präsident" und „Im Namen des Rates Der Präsident", auf die die Namen der beiden Präsidenten folgen. Wird die Verordnung nur im Namen des Rats erlassen, wird nur die entsprechende Teilformel aufgeführt.

2.1.2 Gemeinschaftliche Unterstützung von Werbemaßnahmen

Die Unterstützung von Werbemaßnahmen ist in einer Reihe von Verordnungen niedergelegt, die sich anhand ihres Inhaltes und ihrer Zielsetzung inhaltlich in

[35] Gilt die Verordnung nicht in allen Mitgliedstaaten ist dies entsprechend der Bestimmungen der Geschäftsordnung hervorzuheben (vgl. Beschluss des Rates vom 5. Juni 2000, Anhang II Punkt 4. a) ii)).

zwei unterschiedliche Kategorien einteilen lassen. Jede dieser beiden Kategorien begründet eine bestimmte konzeptionelle Ausrichtung der Unterstützung.

Abbildung 2: Unterstützung von Werbemaßnahmen für landwirtschaftliche Erzeugnisse

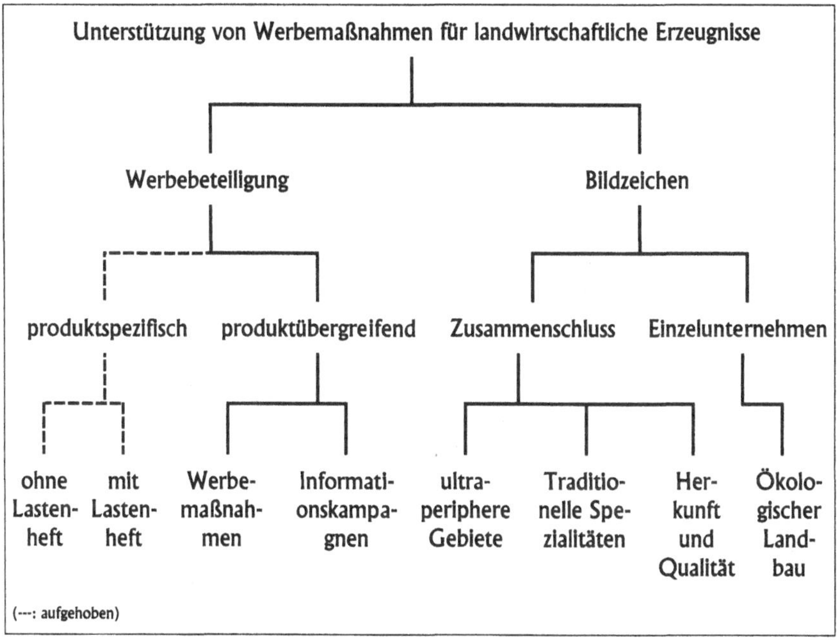

Quelle: eigene Darstellung

Während die erste Kategorie von Verordnungen aus solchen Verordnungen besteht, deren Inhalt die finanzielle Unterstützung von Werbemaßnahmen („Werbebeteiligung" in Abbildung 2) regelt, gehören zur zweiten Kategorie diejenigen Verordnungen, deren Bestimmungen den Werbenden Bildzeichen zur Verfügung stellen („Bildzeichen" in Abbildung 2). Den Verordnungen beider Kategorien ist der durch Artikel 37 des EG-Vertrages gegebene Rechtsbezug gemeinsam.[36] Die folgenden beiden Unterabschnitte erläutern den Inhalt der Verordnungen aus beiden Kategorien im Einzelnen.

[36] Vgl. Kapitel 2.1.1und siehe die im Folgenden aufgeführten EG-Verordnungen (vgl. Übersicht 2 und Fußnote 72).

2.1.2.1 Werbebeteiligung

Die Verordnungen zur Werbebeteiligung begründen eine Form der Unterstützung, die in der anteiligen Finanzierung von Werbemaßnahmen besteht.[37] Diese Beteiligung wird nur auf Antrag gewährt und steht ausschließlich Branchen- und Berufsverbänden zur Verfügung, die ihren Sitz in einem Mitgliedstaat haben.[38] Die finanziellen Aufwendungen zählen zu den Ausgaben, die von der Abteilung Garantie des Europäischen Ausrichtungs- und Garantiefonds für die Landwirtschaft (EAGFL) im Rahmen der Umsetzung der Gemeinsamen Agrarpolitik (GAP) bestritten werden.[39, 40]

Die Verordnungen regeln einerseits die Werbebeteiligung für einzelne Gattungserzeugnisse („produktspezifische Werbebeteiligung" in Abbildung 2) und andererseits die Werbebeteiligung für mehrere Gattungserzeugnisse und spezifische Produktgruppen („produktübergreifende Werbebeteiligung" in Abbildung 2).[41] Beide Formen der Werbebeteiligung schließen sowohl den Bezug auf eine Handelsmarke als auch die Hervorhebung des nationalen bzw. regionalen Ursprungs eines Erzeugnisses in den unterstützten Werbemaßnahmen aus. Die finanzielle Beteiligung wird jeweils bevorzugt gewährt, wenn die betreffende Werbung länderübergreifend, d.h. in mehreren Mitgliedstaaten oder von Organisationen aus mehreren Mitgliedstaaten, durchgeführt wird.[42]

Für die ordnungsgemäße Mittelbewirtschaftung und zur Sicherstellung ihres Erfolgs muss sich jede geförderte Werbung einer internen und einer externen Bewertung unterziehen.[43] Die interne Bewertung misst während der Durchführung der geförderten Werbung die vor einem festgelegten Zeitpunkt feststellbaren Ergebnisse und deren weitere Nutzungsmöglichkeit. Die externe Bewertung muss im letzten Durchführungsjahr[44] bzw. innerhalb der ersten vier Monate nach

---

[37] Vgl. alle Verordnungen zur Werbebeteiligung, die im Folgenden ausgeführt werden (vgl. Übersicht 2 und Fußnote 72).

[38] Vgl. Fußnote 37. Einige der Organisationen, bspw. die CMA, finanzieren sich über parafiskalische Abgaben (vgl. zu den geförderten Organisationen Anhang 14 und zu deren Finanzierung Benner, E. 2000a).

[39] Es handelt sich damit um Interventionen im Sinne des Artikel 1 Absatz 2 Buchstabe e) der Verordnung (EG) Nr. 1258/1999 des Rates (vgl. Verordnung (EG) Nr. 1258/1999 des Rates).

[40] Siehe Fußnote 37.

[41] Diese Unterteilung bezieht sich auf den Zeitraum, in dem die vorliegende Arbeit verfasst wird (siehe Fußnote 71).

[42] Siehe Fußnote 37.

[43] Vgl. Verordnung (EG) Nr. 481/1999 der Kommission, Artikel 4 und Artikel 6, S. 10f.

[44] Dies gilt für Waren des Blumenhandels und lebende Pflanzen (vgl. Verordnung (EG) Nr. 481/1999 der Kommission, Artikel 6, S. 11).

Abschluss der Maßnahmen[45] erstellt werden. Sie umfasst die Begleitung der geplanten Maßnahmen auf Basis einer signifikanten Stichprobe, die nachträgliche Bewertung der erzielten Ergebnisse bezogen auf die gesetzten Ziele und die Messung der Wirksamkeit der wichtigsten Maßnahmen der geförderten Werbung anhand von Leistungsindikatoren (Kosten, Ergebnisse und Wirkung).[46]

Produktspezifische Werbebeteiligung

Im Rahmen der produktspezifischen Werbebeteiligung finanziert die EG Werbekampagnen für verschiedene Gattungserzeugnisse auf Grundlage produktspezifischer Verordnungen (siehe Übersicht 2).[47]

Übersicht 2: Produktspezifische Werbebeteiligung

Gattungserzeugnis	Rechtsquellen
Getrocknete Weintrauben	Verordnung (EG) Nr. 399/94 des Rates, Verordnung (EG) Nr. 1905/94 der Kommission
Tafeloliven	Verordnung (EWG) Nr. 1332/92 des Rates, Verordnung (EWG) Nr. 3601/92 der Kommission
Traubensaft	Verordnung (EG) Nr. 1493/1999 des Rates (Artikel 35), Verordnung (EWG) Nr. 3461/85 der Kommission[48]

...

[45] Dies gilt für alle anderen Gattungsprodukte (vgl. Verordnung (EG) Nr. 481/1999 der Kommission, Artikel 6, S. 11).

[46] Vgl. Verordnung (EG) Nr. 481/1999 der Kommission, Artikel 6, S. 11.

[47] Nicht behandelt werden Maßnahmen zur Verwendungssteigerung von Flachs, da diese sich an die Berufskreise richten, nicht aber an die Endverbraucher (vgl. Verordnung (EWG) Nr. 1423/82 des Rates, Verordnung (EWG) Nr. 2015/83 der Kommission, Verordnung (EWG) Nr. 1963/87 des Rates).

[48] Siehe auch Verordnung (EWG) Nr. 1107/86 der Kommission, Verordnung (EWG) Nr. 2400/86 der Kommission, Verordnung (EWG) Nr. 2887/86 der Kommission, Verordnung (EWG) Nr. 1337/87 der Kommission, Verordnung (EWG) Nr. 2106/89 der Kommission, Verordnung (EWG) Nr. 2083/91 der Kommission, Verordnung (EWG) Nr. 1977/93 der Kommission, Verordnung (EG) Nr. 1828/95 der Kommission, Verordnung (EG) Nr. 1421/96 der Kommission und Verordnung (EG) Nr.1646/96 der Kommission, Verordnung (EG) Nr. 1402/97 der Kommission.

...noch Übersicht 2

Äpfel und deren Verarbeitungsprodukte	Verordnung (EWG) Nr. 1195/90 des Rates, Verordnung (EWG) Nr. 2282/90 der Kommission[49]
Zitrusfrüchte und deren Verarbeitungsprodukte	Verordnung (EWG) Nr. 1201/90 des Rates, Verordnung (EWG) Nr. 2282/90 der Kommission[50]
Milch und Milcherzeugnisse	Verordnung (EWG) Nr. 2073/92 des Rates, Verordnung (EWG) Nr. 3582/93 der Kommission[51]
Lebende Pflanzen und Waren des Blumenhandels	Verordnung (EG) Nr. 2275/96 des Rates, Verordnung (EG) Nr. 832/97 der Kommission[52]
Rind- und Kalbfleisch	Verordnung (EWG) Nr. 2067/92 des Rates, Verordnung (EG) Nr. 1720/97 der Kommission[53]
Olivenöl	Verordnung Nr. 136/66/EWG des Rates (Artikel 11), Verordnung (EG) Nr. 1638/98 des Rates
Schalenfrüchte	Verordnung (EG) Nr. 2200/96 des Rates (Artikel 54), Verordnung (EWG) Nr. 2159/89 der Kommission

Quelle: eigene Darstellung

Die finanzielle Beteiligung an Werbekampagnen für diese Gattungserzeugnisse wird ohne Vorgaben an eine Vermittlung produkttypischer Informationen gewährt. Lediglich bei Werbekampagnen für Tafeloliven, Äpfel und Zitrusfrüchte sowie Milch und Milcherzeugnisse ist als zu vermittelnde Information die Beteiligung der EG herauszustellen.[54]

[49] Siehe auch Verordnung (EWG) Nr. 2400/91 der Kommission, Verordnung (EWG) Nr. 1065/92 der Kommission, Verordnung (EWG) Nr. 516/93 der Kommission, Verordnung (EG) Nr. 1907/94 der Kommission, Verordnung (EG) Nr. 2404/96 der Kommission, Verordnung (EG) Nr. 1099/1999 der Kommission, Verordnung (EG) Nr. 1375/2000 der Kommission und Verordnung (EG) Nr. 940/2001 der Kommission.

[50] Siehe auch Fußnote 49.

[51] Siehe auch Berichtigung der Verordnung (EG) Nr. 3582/93 der Kommission, Verordnung (EG) Nr. 2134/96 der Kommission, Verordnung (EG) Nr. 750/97 der Kommission, Verordnung (EG) Nr. 1312/97 der Kommission und Verordnung (EG) Nr. 1432/97 der Kommission.

[52] Siehe auch Verordnung (EG) Nr. 931/97 der Kommission und Verordnung (EG) Nr. 1429/97 der Kommission.

[53] Siehe auch Verordnung (EG) Nr. 1849/97 der Kommission und Berichtigung für Verordnung (EG) Nr. 1720/97 der Kommission.

[54] Siehe die in Übersicht 2 angegebenen Verordnungen.

Abbildung 3: Produktspezifische Werbebeteiligung

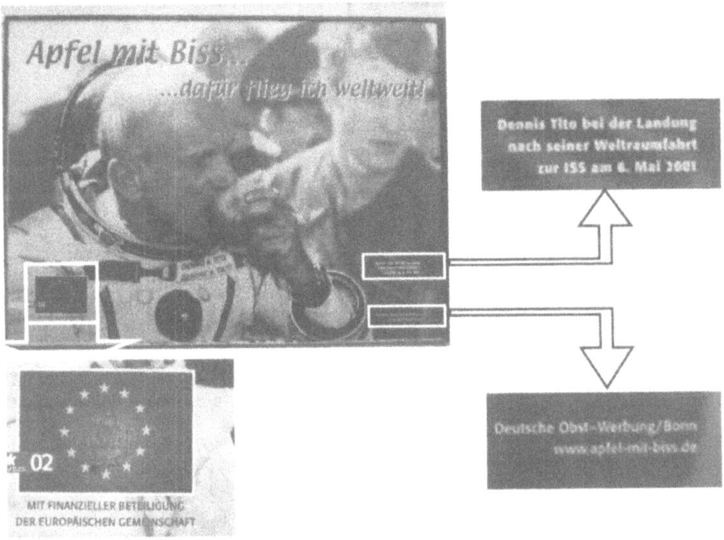

Quelle: eigene Darstellung nach Deutsche Obst-Werbung/Bonn 2002

So erfolgt die Herausstellung auf Großflächenplakaten bspw. mit der Angabe der Europäischen Flagge und dem Zusatz „Mit finanzieller Beteiligung der Europäischen Gemeinschaft" (siehe zur Veranschaulichung Abbildung 3, für weitere Beispiele wie Rindfleisch[55] und Milch siehe Anhang 15).[56]

Bei Rind- und Kalbfleisch ist die Gewährung der finanziellen Beteiligung an die Erfüllung produkt- bzw. prozessbezogener Mindestanforderungen („mit Lasten-

---

[55] Die Angabe des Zusatzes und der Flagge im Rahmen der geförderten Werbung für Rindfleisch zeigt, dass die Beteiligung der EG nicht nur im Rahmen der Werbung kenntlich gemacht wird, bei der dies ausdrücklich vorgeschrieben ist.

[56] Zusätzliche Informationen der Werbung können Informationen über die Informationsmaßnahme und ihrer Beteilgten erhalten. So weist die in Abbildung 3 angegeben Internetseite www-apfel-mit-biss.de die Deutsche Obst-Werbung/Bonn als eine Organisation der Bundesvereinigung der Erzeugerorganisationen Obst und Gemüse e.V., Bonn und der Centrale Marketinggesellschaft der deutschen Agrarwirtschaft mbH (CMA), Bonn, aus, die mit finanziellen Mitteln der deutschen Obstwirtschaft und der Europäischen Gemeinschaft für die Gesundheitswerte und den Mehrverzehr von Tafeläpfeln wirbt (vgl. Deutsche Obst-Werbung 2002).

heft“ in Abbildung 2) gebunden.[57] Diese Mindestanforderungen beziehen sich auf die Bereiche Tierhaltung, Tiertransport, Schlachtung, Vermarktung und Herkunftssicherung.[58] Bei allen anderen Gattungserzeugnissen erfolgt eine finanzielle Beteiligung ohne derartige Anforderungen („ohne Lastenheft“ in Abbildung 2).

Der Umfang der finanziellen Beteiligung ist von Gattungserzeugnis zu Gattungserzeugnis unterschiedlich (siehe Tabelle 1). So übernimmt die EG für Milch[59], getrocknete Weintrauben[60] und Olivenöl[61] die anfallenden Kosten zu 100%, während der Anteil der Beteiligung an Werbekampagnen für Traubensaft 80% beträgt.[62] Bei Tafeloliven[63] und Blumen und Waren des Blumenhandels[64] werden die Kosten zu 60% übernommen. Auch bei Äpfeln[65] und Zitrusfrüchten[66] beläuft sich die Beteiligung auf 60% der Kosten, wohingegen die Beteiligung bei Verarbeitungsprodukte von Äpfeln 50% der Kosten beträgt.[67] Dieser Anteil kann jedoch auf 60% erhöht werden, wenn die zu fördernde Maßnahme auch den Abschluss von Lieferverträgen zwischen Erzeuger und Verarbeiter umfasst.[68] Werbung für Schalenfrüchte fördert die EG mit 50% der Kosten.[69]

---

[57] Vgl. Verordnung (EWG) 2067/92 des Rates, Artikel 1, S. 57.

[58] Vgl. im Einzelnen den Anhang zur Verordnung (EG) Nr. 1720/97 des Rates, S. 34 - 36.

[59] Vgl. Verordnung (EG) Nr. 3582/93 der Kommission, Artikel 1, S. 23. Zur Vergabe der finanziellen Mittel an Branchen- und Berufsverbände siehe bspw. Entscheidung der Kommission (1999/838/EG).

[60] Vgl. Verordnung (EG) Nr. 399/94 des Rates, Artikel 6, S. 22.

[61] Vgl. Verordnung (EG) Nr. 1638/98 des Rates, Artikel 1, S. 35.

[62] Vgl. Verordnung (EWG) Nr. 3461/85 der Kommission, Artikel 5, S. 23. Zur Aufteilung auf die Mitgliedstaaten siehe Verordnung (EG) Nr. 1593/1999 der Kommission, Verordnung (EG) Nr. 1893/98 der Kommission, Verordnung (EG) Nr. 1435/97 der Kommission, Verordnung (EG) Nr. 1422/96 der Kommission, Verordnung (EG) Nr. 1829/95 der Kommission, Verordnung (EG) Nr. 1817/94 der Kommission, Verordnung (EG) Nr. 2043/93 der Kommission, Verordnung (EG) Nr. 2180/92 der Kommission, Verordnung (EG) Nr. 2183/91 der Kommission, Verordnung (EG) Nr. 2247/90 der Kommission und Verordnung (EG) Nr. 2121/89 der Kommission. Die zur Verfügung gestellte Summe zur Finanzierung der Werbekampagnen für Traubensaft beläuft sich dabei auf 25% der Beihilfezahlungen für den Weinsektor (vgl. Verordnung (EG) Nr. 2122/95 der Kommission, Artikel 1, S. 7).

[63] Vgl. Verordnung (EWG) Nr. 1332/92 des Rates, Artikel 1, S. 1.

[64] Vgl. Verordnung (EG) Nr. 779/1999 der Kommission, Artikel 5, S. 42, Verordnung (EG) Nr. 803/98 der Kommission, Artikel 5, S. 7 und Verordnung (EG) Nr. 832/97 der Kommission, Artikel 5, S. 17.

[65] Vgl. Verordnung (EWG) Nr. 1195/90 des Rates, Artikel 1, S. 53.

[66] Vgl. Verordnung (EWG) Nr. 1201/90 des Rates, Artikel 1, S. 65.

[67] Vgl. Verordnung (EWG) Nr. 1195/90 des Rates, Artikel 2, S. 53.

[68] Vgl. Verordnung (EWG) Nr. 1195/90 des Rates, Artikel 2, S. 53.

[69] Vgl. Verordnung (EG) Nr. 2200/96 des Rates, Artikel 54, S. 22.

Die Förderung der Werbung für Rind- und Kalbfleisch beläuft sich auf 40%, wenn die Einhaltung der Produkt- bzw. Prozessanforderungen lediglich auf einer Vermarktungsstufe erfüllt ist. Werden die Produkt- bzw. Prozessanforderungen auf allen Vermarktungsstufen eingehalten, werden 60% der Kosten übernommen.[70]

Tabelle 1: Finanzierung der Werbebeteiligung

	40%	50%	60%	70%	80%	90%	100%
Traubensaft					X		
Weintrauben							X
Tafeloliven			X				
Milch							X
Lebende Pflanzen und Waren des Blumenhandels			X		X		
Äpfel		X	X				
Zitrusfrüchte		X	X				
Rindfleisch	X		X				
Olivenöl							X
Schalenfrüchte		X					

Quelle: eigene Darstellung unter Berücksichtigung der entsprechenden EG-Verordnungen (siehe Übersicht 2)

Insgesamt hat sich die EG im Zeitraum von 1997 bis 1999 jeweils mit einem Finanzvolumen von 42,6 bis 66,1 Mio. € an produktspezifischer Werbung beteiligt (siehe Tabelle 2). Dabei flossen im Jahr 1999 rund drei Viertel der Fördersumme in die Werbung für Olivenöl, Rindfleisch und Blumen.

---

[70] Vgl. Verordnung (EWG) Nr. 2067/92 des Rates, Artikel 1, S. 57.

Tabelle 2: Umfang der finanziellen Beteiligung der EG

In Mio. €	1997	1998	1999
Traubensaft	6,3	5,8	3,2
Getrocknete Weintrauben	0,0	0,0	0,0
Tafeloliven	0,0	0,1	0,0
Milch	7,3	8,0	8,5
Lebende Pflanzen und Waren des Blumenhandels	2,1	6,3	13,2
Äpfel und Zitrusfrüchte	8,0	5,2	6,6
Rindfleisch	7,2	10,0	15,8
Olivenöl	17,7	6,9	18,8
Schalenfrüchte	0,7	0,3	0,0
Summe	49,3	42,6	66,1

Quelle: eigene Darstellung nach Europäische Kommission 1999a, 2000, 2001a, jeweils Anhang 7a

Produktübergeifende Werbebeteiligung

Die produktübergreifende Werbebeteiligung beruht auf einer Verordnung, in der die finanzielle Beteiligung für alle landwirtschaftlichen Erzeugnisse gemeinsam geregelt wird.[71] Mit der produktübergreifenden Werbebeteiligung strebt die EG die Schaffung einer EG-weit kohärenten Informations- und Absatzförderungspolitik für landwirtschaftliche Erzeugnisse an.[72] Im Vordergrund steht die Ansehenssteigerung von Erzeugnissen aus der EG. Dazu beteiligt sich die EG an Werbe- und an so genannten Informationskampagnen. Werbe- und Informationskampagnen unterscheiden sich durch den Gegenstand, über den sie Informationen verbreiten. Werbekampagnen beziehen sich auf Gattungserzeugnisse. Informationskampagnen nehmen auf den Inhalt bestimmter Gemeinschaftsrege-

[71] Vgl. Verordnung (EG) Nr. 2826/2000 des Rates. Diese Verordnung gilt ab Januar 2001 und hebt alle Regelungen der produkspezifischen Werbebeteiligung auf (vgl. Verordnung (EG) Nr. 2826/2000 des Rates, Artikel 17, S. 6 und Artikel 15, S. 5). Die vor dem Inkrafttreten der entsprechenden Durchführungsverordnung gewährten Beteiligungen der produktspezifischen Werbebeteiligung bleiben in Kraft (vgl. Verordnung (EG) Nr. 2826/2000 des Rates, Artikel 15, S. 5). Es werden also nach dem 01.01.2002 noch Werbe- und Informationsmaßnahmen der produktspezifischen Werbebeteiligung durchgeführt.

[72] Vgl. Verordnung (EG) Nr. 2826/2000 des Rates, Erwägungsgründe 2, 3 und 7, S. 2.

lungen Bezug, die spezifische Produktgruppen definieren[73] (siehe Abbildung 2).[74]

Die Werbekampagnen sollen die wesentlichen Merkmale und Vorzüge von Erzeugnissen aus der EG vermitteln. Als Inhalt solcher Kampagnen sind daher generell die Aspekte Qualität, Lebensmittelsicherheit, besondere Produktionsverfahren, ernährungswissenschaftliche Gesichtspunkte und Aspekte der Gesundheit, der Etikettierung bzw. des Tier- oder Umweltschutzes vorgesehen.[75]

Die Informationskampagnen sollen zum einen über die Gemeinschaftsregelungen für geschützte Ursprungsbezeichnungen (g.U.), für geschützte geographische Angaben (g.g.A.), für garantiert traditionelle Spezialitäten (g.t.S.), zur Etikettierung von Wein und Spirituosen, zur Etikettierung von Erzeugnissen des ökologischen Landbaus[76] sowie über die Gemeinschaftsregelungen, die für einen Teilsektor (bspw. Rindfleisch) von besonderer Bedeutung sind,[77] informieren. Zum anderen sollen sie die Bildzeichen bekannt machen, die durch Gemeinschaftsregelungen für geschützte Ursprungsbezeichnungen, geschützte geographische Angaben, garantiert traditionelle Spezialitäten, ökologische Erzeugnisse und Erzeugnisse aus den ultraperipheren Gebieten etabliert wurden.[78]

Sowohl für die Werbekampagnen als auch für die Informationskampagnen gibt die Kommission die Hauptaussagen, Hauptzielgruppen und Zielvorgaben im Einzelnen vor und legt mindestens alle zwei Jahre die Erzeugnisse und Gemeinschaftsregelungen, für die eine Kampagne in Frage kommt,[79] fest.[80] Die Auswahl der Erzeugnisse für Werbekampagnen orientiert sich dabei an festgelegten Kriterien. Neben der Eignung der Erzeugnisse für eine Vermittlung der vorgesehenen Inhalte zählen hierzu insbesondere erzeugnisspezifische oder konjunktur-

73 Vgl. Kapitel 2.2.2.

74 Vgl. Artikel 2 der Verordnung (EG) Nr. 2826/2000 des Rates Artikel 2, S. 3.

75 Vgl. Artikel 2 der Verordnung (EG) Nr. 2826/2000 des Rates, Artikel 2, S. 3.

76 Vgl. Verordnung (EG) Nr. 2826/2000 des Rates, Artikel 2, S. 3. Siehe auch die Ausführungen zu „Definition von Verständigungsnormen“ in Kapitel 2.2.2.

77 Vgl. Verordnung (EG) Nr. 1358/2001 der Kommission, Rechtsbezug, S. 34.

78 Vgl. Verordnung (EG) Nr. 2826/2000 des Rates, Artikel 2, S. 3. Siehe auch Kapitel 2.1.2.2.

79 Die EG nennt auch Teilsektoren, die im Rahmen der vorliegenden Arbeit durch die Nennung deren Erzeugnisse als repräsentiert angesehen werden (vgl. Verordnung (EG) Nr. 2826/2000 des Rates, Artikel 5, S. 3).

80 Vgl. Verordnung (EG) Nr. 2826/2000 des Rates, Artikel 2, S. 3. Zur gegenwärtigen Auswahl der Gemeinschaftsregelungen für die Informationskampagnen, der Erzeugnisse für die Werbekampagnen sowie deren vorgegebenen Hauptaussagen, Hauptzielgruppen und Zielvorgaben siehe Anhang 1 bis Anhang 11.

bedingte Absatzprobleme.[81] Weder bei der Auswahl der Erzeugnisse noch bei der Vergabe der finanziellen Mittel finden ökonomische Kriterien, die sich auf die Wirkung der unterstützten Werbung beziehen, Berücksichtigung.[82]

An der Finanzierung der Werbe- und Informationskampagnen sind neben der EG und den jeweiligen Mitgliedstaaten, in denen die antragstellenden Organisationen ihren Sitz haben, auch die antragstellenden Organisationen selbst beteiligt. Die finanzielle Beteiligung der EG beträgt 50% der tatsächlichen Kosten.[83] Weitere 20% der Kosten sind von den Mitgliedstaaten durch direkte Beteiligung oder über parafiskalische Mittel beizusteuern. Der Restbetrag ist von der antragstellenden Organisation bereitzustellen.[84]

Tabelle 3: Veranschlagter Finanzbedarf

in Mio. €	Finanzielle Mittel
Milch und Milcherzeugnisse	6
Wein	6
Obst und Gemüse	6
Verarbeitungserzeugnisse von Obst und Gemüse	3
Lebende Pflanzen und Waren des Blumenhandels	4
Informationen über die EG-Regelungen (g.U., g.g.A., g.t.S.)	4
Informationen über das Bildzeichen der Regionen in ultraper i-pheren Gebieten	3
Informationen über die ökologische Erzeugung	6
Summe	38

Quelle: eigene Darstellung nach Verordnung (EG) Nr. 94/2002, S. 33ff., Verordnung (EG) Nr. 305/2002 der Kommission, S. 13

Die EG hat im Jahr 2001 8,34 Mio. € für Informationskampagnen über die Regelungen zum Rindfleischsektor (siehe Anhang 14) bereitgestellt.[85] Für die weiteren Maßnahmen der produktübergreifenden Werbebeteiligung hat sie einen

[81] Vgl. Verordnung (EG) Nr. 2826/2000 des Rates, Artikel 3 S. 3, sowie Verordnung (EG) Nr. 1358/2001 der Kommission, Erwägungsgrund 2 und 10, S. 34.

[82] Vgl. Verordnung (EG) Nr. 2826/2000 des Rates, Artikel 3 und Artikel 9, S. 3f.

[83] Informationskampagnen über die Regelungen zum Rindfleischsektor, die von Mitgliedstaaten durchgeführt werden, können mit bis zu 60% der Kosten gefördert werden (vgl. Verordnung (EG) Nr. 1358/2001, Artikel 9, S. 36).

[84] Vgl. Verordnung (EG) Nr. 2826/2000 des Rates, Artikel 9, S. 4.

[85] Vgl. Europäische Kommission 2001b.

Finanzbedarf in Höhe von 38 Mio. € veranschlagt (siehe Tabelle 3) und im Jahr 2002 rund 32 Mio. € zur Verfügung gestellt (siehe Anhang 14).[86] Diese finanziellen Mittel verteilen sich auf Kampagnen für Obst, Gemüse, Milchprodukte, lebende Pflanzen, Waren des Blumenhandels, Wein und ökologische Produkte, die eine Laufzeit zwischen einem und drei Jahren haben.[87]

2.1.2.2 Bildzeichen

Die Verordnungen der zweiten Kategorie stellen den Werbenden Bildzeichen zur Kennzeichnung von Erzeugnissen zur Verfügung. Es handelt sich dabei um Bildzeichen für Erzeugnisse:

- aus dem ökologischen Landbau,[88]
- aus den ultraperipheren Gebieten der EG,[89]
- mit einer geschützten geographischen Angabe oder einer geschützten Ursprungsbezeichnung,[90] oder
- die eine garantiert traditionelle Spezialität sind.[91]

Die Bildzeichen stehen den Erzeugern bzw. Verarbeitern zur freiwilligen Verfügung, sofern ihre zu kennzeichnenden Erzeugnisse bzw. deren Produktionsprozess die Anforderungen erfüllen, die den Bildzeichen zugrunde liegen.[92] Ihre Vergabe soll zur Steigerung des Bekanntheitsgrades der gekennzeichneten Erzeugnisse beitragen und deren Vermarktung erleichtern.[93]

Die Vergabe der Bildzeichen erfolgt nach zwei Prinzipien (siehe Abbildung 2). Zum einen werden Bildzeichen für Erzeugnisse von Einzelunternehmen vergeben und zum anderen für Erzeugnisse von Zusammenschlüssen mehrerer Unternehmen.[94]

Für Erzeugnisse von Einzelunternehmen stehen zur Zeit zwei Bildzeichen zur Verfügung, mit denen Erzeugnisse als aus dem ökologischen Landbau stam-

---

[86] Vgl. Verordnung (EG) Nr. 94/2002 der Kommission, S. 30 - 36, und Europäische Kommission 2002.
[87] Vgl. Europäische Kommission 2002.
[88] Vgl. Verordnung (EG) Nr. 331/2000 der Kommission.
[89] Vgl. Verordnung (EG) Nr. 2054/96 der Kommission.
[90] Vgl. Verordnung (EG) Nr. 1726/98 der Kommission.
[91] Vgl. Verordnung (EG) Nr. 2515/94 der Kommission.
[92] Vgl. die Ausführungen zu „Definition von Verständigungsnormen“ in Kapitel 2.2.2.
[93] Vgl. die in Fußnote 88 bis 91 angegebenen Verordnungen.
[94] Vgl. die Ausführungen zu „Definition von Verständigungsnormen“ in Kapitel 2.2.2.

mend ausgewiesen werden können. Die beiden Bildzeichen unterscheiden sich lediglich durch den aufgedruckten Schriftzug (siehe Abbildung 4).[95]

Abbildung 4: Bildzeichen für Erzeugnisse von Einzelunternehmen

a) ökologischer Landbau b) biologische Landwirtschaft

Quelle: Verordnung (EG) Nr. 331/2000 der Kommission

Basis ihrer Vergabe sind die gesetzlichen Produkt- bzw. Prozessanforderungen der Verordnung (EWG) Nr. 2092/91 des Rates.[96, 97]

Für die Kennzeichung von Erzeugnissen, die von Unternehmenszusammenschlüssen vermarktet werden, stehen vier Bildzeichen zur Verfügung. Diese Bildzeichen stützen sich auf die Verordnungen (EWG) Nr. 2081/92,[98] Nr. 2082/92[99] und die Verordnungen (EG) Nr. 1452/2001,[100] Nr. 1453/2001[101] und Nr. 1454/2001[102] des Rates.

---

95 Vgl. Verordnung (EG) Nr. 331/2000 der Kommission.

96 Vgl. Verordnung (EWG) Nr. 2092/91 des Rates und Verordnung (EG) Nr. 1804/1999 des Rates.

97 Vgl. die Ausführungen zu „Definition von Verständigungsnormen“ in Kapitel 2.2.2.

98 Vgl. Verordnung (EWG) Nr. 2081/92 des Rates, Artikel 16, S. 7 und Verordnung (EG) 1428/97 der Kommission, Artikel 1, S. 39.

99 Vgl. Verordnung (EWG) Nr. 2082/92 des Rates, Artikel 12, S. 12.

100 Vgl. Verordnung (EG) Nr. 1452/2001 des Rates, Artikel 19, S. 19.

101 Vgl. Verordnung (EG) Nr. 1453/2001 des Rates, Artikel 11, S. 32.

102 Vgl. Verordnung (EG) Nr. 1454/2001 des Rates, Artikel 18, S. 53.

Abbildung 5: Bildzeichen für Erzeugnisse von Unternehmenszusammenschlüssen

a) geschützte Ursprungsbezeichnung | b) geschützte geographische Angabe | c) garantiert traditionelle Spezialität | d) ultraperiphere Gebiete

Quelle: Verordnung (EG) Nr. 1726/98 der Kommission, Verordnung (EG) Nr. 2515/94 der Kommission, Verordnung (EG) Nr. 2054/96 der Kommission

So hat die EG, gestützt auf die Verordnung (EWG) Nr. 2081/92 des Rates,[103] zwei Bildzeichen zur Verfügung gestellt (siehe Abbildung 5 Bildzeichen a) und b)).[104] Beide Bildzeichen kommunizieren jeweils eine gesetzlich definierte Beziehung zwischen Produktherkunft und Qualität (Herkunft-Qualitäts-Beziehung), die von dem Zusammenschluss auszugestalten ist.[105]

Auf der Grundlage der Verordnung (EWG) Nr. 2082/92 des Rates hat die EG das Bildzeichen für garantiert traditionelle Spezialitäten (siehe Abbildung 5 Bildzeichen c)) eingeführt.[106] Dieses Bildzeichen kommuniziert die traditionelle Zusammensetzung eines Erzeugnisses oder ein zu dessen Erzeugung eingesetztes traditionelles Herstellungs- und/oder Verarbeitungsverfahren.[107]

Die Verordnungen (EG) Nr. 1452/2001, Nr. 1453/2001 und Nr. 1454/2001 des Rates regeln die Vergabe eines Bildzeichens für die ultraperipheren Regionen Guadeloupe, Guyana, Martinique, Réunion, die Azoren, die Region Madeira und

---

[103] In Ausnahmefällen können auch natürliche oder juristische Personen die Bildzeichen verwenden (vgl. Verordnung (EWG) Nr. 2081/92 des Rates, Artikel 5, S. 3f.).

[104] Vgl. Verordnung (EG) Nr. 1726/98 der Kommission, Rechtsbezug, S. 1.

[105] Vgl. die Ausführungen zu „Definition von Verständigungsnormen" in Kapitel 2.2.2.

[106] Vgl. Verordnung (EG) Nr. 2515/94 der Kommission, Rechtsbezug, S. 1.

[107] Vgl. die Ausführungen zu „Definition von Verständigungsnormen" in Kapitel 2.2.2.

Kanarische Inseln. Das Bildzeichen kommuniziert im wesentlichen die ultraperiphere Herkunft der derart gekennzeichneten unbearbeiteten und verarbeiteten landwirtschaftlichen Erzeugnisse.[108] Die Gestaltung des Bildzeichens unterscheidet die einzelnen ultraperipheren Gebiete lediglich durch die Angabe des Namens der jeweiligen Region (siehe Abbildung 5, Bildzeichen d) als Beispiel für das Bildzeichen für Erzeugnisse von den Kanarischen Inseln).[109]

2.2 Agrarpolitische Rahmenbedingungen

Die Unterstützung von Werbemaßnahmen ist kein Instrument, das isoliert von anderen agrarpolitischen Maßnahmen steht.[110] In diesem Abschnitt wird daher für die EG die Beziehung zwischen ihren rechtlichen Bestimmungen zur Unterstützung von Werbemaßnahmen und ihren anderen agrarpolitischen Instrumenten präzisiert. Zunächst werden die grundlegenden Ziele der GAP erläutert und das wirtschaftspolitische Instrumentarium der GAP dargestellt. Anschließend wird die Unterstützung von Werbemaßnahmen in das Instrumentarium der GAP eingeordnet und die Beziehung zwischen ihr und anderen agrarpolitischen Instrumenten aufgezeigt.

2.2.1 Ziele der Gemeinsamen Agrarpolitik

Die EG gestaltet ihre Gemeinsame Agrarpolitik auf Grundlage des Titels II „Die Landwirtschaft" des EG-Vertrages.[111] Die Ziele der GAP sind in Artikel 33 des EG-Vertrages niedergelegt. Sie bestehen in der Produktivitätssteigerung in der Landwirtschaft, die der landwirtschaftlichen Bevölkerung eine angemessene Lebenshaltung gewährleisten soll, sowie der Marktstabilisierung, der Sicherstellung der Versorgung mit Lebensmitteln und der Belieferung der Verbraucher zu angemessenen Preisen.[112]

Die Formulierung der Ziele berücksichtigt sowohl die Probleme und Interessen der Angebots- als auch die Probleme und Interessen der Nachfrageseite. Mit Rücksicht auf die Angebotsseite werden einkommenspolitische Anliegen der landwirtschaftlichen Bevölkerung aufgegriffen und Instabilitätstendenzen der Agrarmärkte in die Agrarpolitik mit einbezogen. Für die Nachfrageseite wird auf die Ernährungssicherung und die Preisgestaltung eingegangen.[113]

---

108 Vgl. die Ausführungen zu „Definition von Verständigungsnormen" in Kapitel 2.2.2.
109 Vgl. Verordnung (EG) Nr. 2054/96 der Kommission, S. 3.
110 Vgl. schon Schmitt, G. 1966.
111 Vgl. Vertrag zur Gründung der Europäischen Gemeinschaft, S. 48ff.
112 Vgl. Vertrag zur Gründung der Europäischen Gemeinschaft, Artikel 33. S. 48f.
113 Vgl. Koester, U. 1992, S. 230f.

Zur Verfolgung ihrer agrarpolitischen Ziele hat sich die EG im EG-Vertrag die Möglichkeit der Etablierung angebots- und nachfrageseitiger Instrumente zur Regulierung des Agrarmarktes gegeben. Während Artikel 34 des EG-Vertrages die Verpflichtung zur Errichtung einer gemeinsamen Marktorganisation (GMO) beinhaltet und so die Voraussetzungen zur Etablierung angebotsseitiger Instrumente schafft,[114] setzt Artikel 35 des EG-Vertrages die rechtlichen Voraussetzungen, solche Instrumente zur Förderung des Verbrauchs bestimmter Erzeugnisse zu etablieren, die auf eine nachfrageseitige Regulierung des Agrarmarktes abzielen.[115, 116] Bei der Auswahl der Instrumente muss die EG stets beachten, dass sie sich mit Artikel 131 des EG-Vertrages auf den Abbau von Beschränkungen verpflichtet, die den internationalen Handel behindern.[117]

Die im EG-Vertrag in allgemeiner Form festgehaltenen wirtschaftspolitischen Instrumente sind in einer Vielzahl von Verordnungen detailliert aufgeführt. Auf der Grundlage dieser Verordnungen werden im folgenden Abschnitt die Instrumente dargelegt.

2.2.2 Instrumentarium der Gemeinsamen Agrarpolitik

Das wirtschaftspolitische Instrumentarium der GAP unterscheidet agrarmarkt- und strukturpolitische Instrumente (siehe Übersicht 3).[118]

---

[114] Vgl. Vertrag zur Gründung der Europäischen Gemeinschaft, Artikel 34 Absatz 2, S. 49, Piccinini, A., Loseby, M. 2000, S. 21, siehe folgendes Unterkapitel.

[115] Vgl. Vertrag zur Gründung der Europäischen Gemeinschaft, Artikel 35, S. 49f. und Anderegg, R. 1999, S. 211.

[116] KOESTER (1992) führt aus, dass das Ziel der Gewährung eines angemessenen Lebensstandards nur mit solchen Instrumenten verfolgt werden kann/darf, die gleichzeitig auch der Produktionssteigerung dienen. Werbemaßnahmen können zwar zu Einnahmenssteigerungen führen, sie dienen aber weder der Produktionssteigerung, der Versorgungssicherung noch der Versorgung der Verbraucher zu angemessenen Preisen, vielmehr führt sie zu Preissteigerungen (siehe unten). In diesem Sinne dient das Instrument der Verbrauchsförderung, d.h., die Unterstützung von Werbemaßnahmen, ausschließlich dem Ziel der Marktstabilisierung (vgl. Koester, U. 1992, S. 230f.).

[117] Vgl. Vertrag zur Gründung der Europäischen Gemeinschaft, Artikel 131, S. 90 und vgl. Koester, U. 1992, S. 230.

[118] Vgl. Piccinini, A., Loseby, M. 2000, S. 27.

Übersicht 3: Agrarmarkt- und strukturpolitische Instrumente der GAP

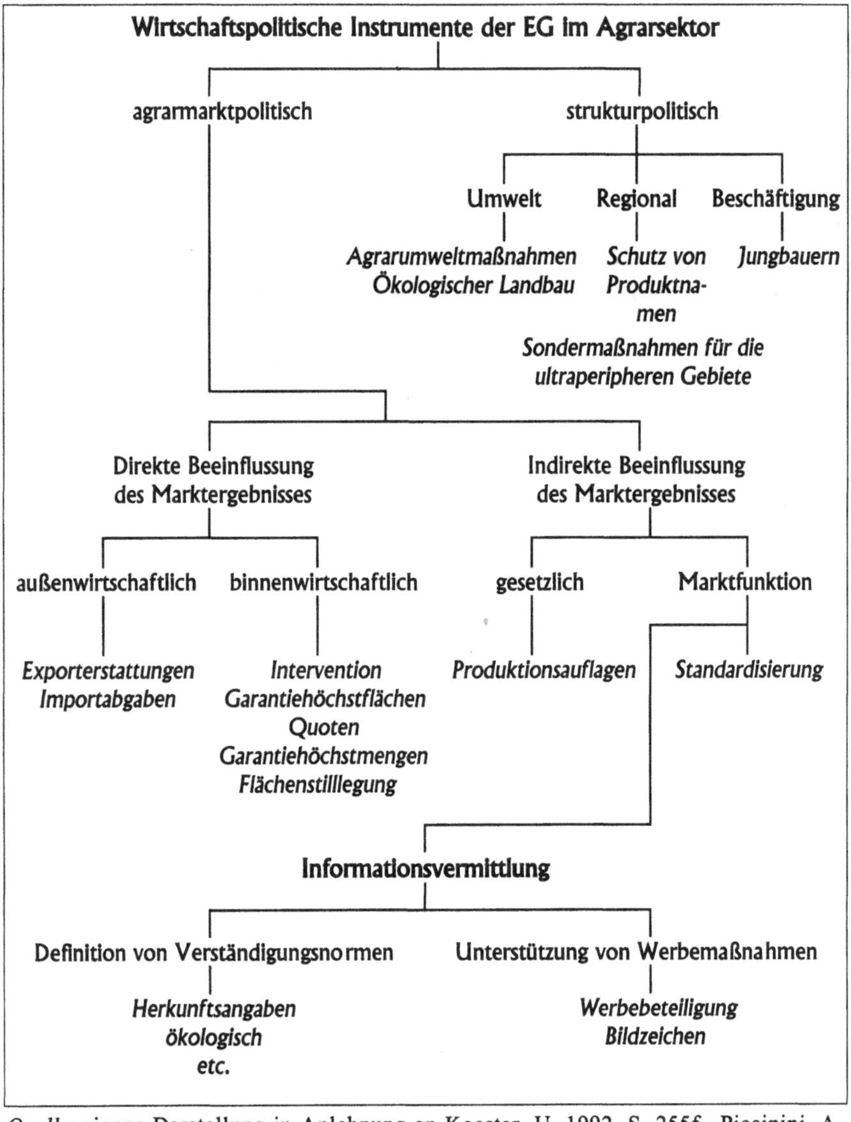

Quelle: eigene Darstellung in Anlehnung an Koester, U. 1992, S. 255f., Piccinini, A., Loseby, M. 2000, S. 23f.

Strukturpolitische Instrumente

Strukturpolitische Instrumente sollen über die Entwicklung des ländlichen Raums zur Erreichung der Ziele der GAP beitragen. Sie bilden die in der GAP implizit enthaltene EG-Strukturpolitik,[119] deren Ziel die Entwicklung ländlicher Räume ist. Zu den strukturpolitischen Instrumenten gehören umwelt-, beschäftigungs- und regionalpolitische Maßnahmen.[120] Bei diesen Maßnahmen handelt es sich bspw. um Agrarumweltprogramme, die Förderung von Junglandwirten und die Förderung der Anpassung und Entwicklung von ländlichen Gebieten (siehe Übersicht 3).[121]

Strukturpolitische Instrumente sind auch in den Verordnungen (EWG) Nr. 2081/92, Nr. 2082/92 und Nr. 2092/91 des Rates enthalten. Gemäß der Erwägungsgründe dieser Verordnungen sollen die Instrumente über die Einkommenssicherung bzw. -steigerung der Landwirtschaft zur Entwicklung des ländlichen Raums beitragen.[122] Hierzu unterstützen die jeweiligen Instrumente die Vermarktung landwirtschaftlicher Erzeugnisse aus den ländlichen Gebieten auf unterschiedliche Weise.

Die Verordnungen (EWG) Nr. 2081/92 und Nr. 2082/92 des Rates bieten einen Rahmen für den rechtlichen Schutz herkunftsbezogener und traditioneller Produktnamen (siehe Übersicht 3). Dieser Schutz dient der Unterstützung der Vermarktung landwirtschaftlicher Erzeugnisse und soll dadurch zur Entwicklung derjenigen ländlichen Gebiete beitragen, in denen diese Erzeugnisse produziert werden.[123] Er wird einem Zusammenschluss von Erzeugern bzw. Verarbeitern auf Antrag gewährt, wobei ein solcher Antrag die Darstellung von Produkt- und Prozessanforderungen bezüglich der Erzeugung bzw. Verarbeitung des jeweiligen Erzeugnisses enthält, die von dem betreffenden Zusammenschluss definiert werden. Werden diese Anforderungen von der EG auf Grundlage der Verordnungen anerkannt,[124] so ist der Produktname vor missbräuchlicher kommerziel-

119 Vgl. Piccinini, A., Loseby, M. 2000, S. 27.
120 Vgl. Piccinini, A., Loseby, M. 2000, S. 27.
121 Vgl. Verordnung (EG) Nr. 1257/1999 des Rates, divers. Artikel, S. 85ff.
122 Vgl. Wichard, J.C. 1999, S. 1008, Verordnung (EWG) Nr. 2081/92 des Rates, Erwägungsgrund 2, S. 1, und Verordnung (EWG) Nr. 2082/92 des Rates, Erwägungsgrund 2, S. 9 und Verordnung (EWG) Nr. 2092/91 des Rates, Erwägungsgrund 2 und 5, S. 1.
123 Vgl. Verordnung (EWG) Nr. 2081/92 des Rates, Erwägungsgrund 2, S. 1 und Verordnung (EWG) Nr. 2082/92 des Rates, Erwägungsgrund 2, S. 9.
124 Vgl. die Ausführungen zu „Definition einer Verständigungsnorm" in diesem Abschnitt.

ler Verwendung im Verkehr geschützt.[125] Mithin handelt es sich bei dem Schutz von Produktnamen um eine regionalpolitische Maßnahme.

Die Verordnung (EWG) Nr. 2092/91 des Rates enthält hingegen eine umweltpolitische Maßnahme (siehe Übersicht 3). Die Bestimmungen der Verordnung legen diejenigen Nutzungseinschränkungen natürlicher Ressourcen gesetzlich nieder,[126] die das Produktionsverfahren des ökologischen Landbaus kennzeichnen, und regeln die staatliche Überwachung deren Einhaltung.[127] Mit dieser gesetzlichen Fixierung soll die Produktvermarktung derjenigen Erzeuger und Hersteller vor unlauterem Wettbewerb geschützt werden, die dieses Produktionsverfahren anwenden und damit einen Beitrag zum Schutz der Umwelt leisten.[128]

Die Sondermaßnahmen für die ultraperipheren Gebiete der EG (Verordnungen (EG) Nr. 1452/2001, Nr. 1453/2001 und Nr. 1454/2001 des Rates) sind regionalpolitische Maßnahmen (siehe Übersicht 3). Die Bestimmungen dieser Verordnungen umfassen Beihilferegelungen für die Versorgung mit und die Produktion von bestimmten landwirtschaftlichen Erzeugnissen.[129] Diese Maßnahmen sollen die wirtschaftliche und soziale Entwicklung der ultraperipheren Regionen fördern, um diesen die Möglichkeit zu geben, von den Vorteilen des Binnenmarktes zu profitieren, obwohl sie in der EG eine geographische und wirtschaftliche Randlage einnehmen.[130]

Agrarmarktpolitische Instrumente

Im Rahmen der GMO sind verschiedene agrarmarktpolitische Instrumente etabliert worden, die den Agrarmarkt mit der Absicht regulieren, die agrarpolitischen Ziele zu erreichen.[131] Hauptziele sind dabei stets Marktstabilisierung und

---

[125] Vgl. Verordnung (EWG) Nr. 2081/92 des Rates, Artikel 13, S. 6 und Verordnung (EWG) Nr. 2082/92 des Rates, Artikel 17, S. 13.

[126] Vgl. die Ausführungen zu „Definition einer Verständigungsnorm" in diesem Abschnitt.

[127] Vgl. Verordnung (EWG) Nr. 2092/91 des Rates, Artikel 8, siehe auch Verordnung (EG) Nr. 1804/1999 des Rates.

[128] Vgl. Verordnung (EWG) Nr. 2092/91 des Rates, Erwägungsgrund 2 und 5, S. 1 und Verordnung (EG) Nr. 1804/1999 des Rates, Erwägungsgrund 3, S. 1.

[129] Siehe Anhang 12 und Anhang 13.

[130] Vgl. Verordnung (EG) Nr. 1452/2001 des Rates, Erwägungsgrund 1, S. 11, Verordnung (EG) Nr. 1453/2001 des Rates, Erwägungsgrund 1, S. 26 und Verordnung (EG) Nr. 1454/2001 des Rates, Erwägungsgrund 2, S. 45.

[131] Vgl. Koester, U., 1992, S. 255f. und vgl. Piccinini, A., Loseby, M. 2000, S. 20ff.

Sicherung einer angemessenen Lebenshaltung für die landwirtschaftliche Bevölkerung.[132]

Je nachdem wie die Instrumente in das Marktgeschehen eingreifen, lassen sie sich in direkt und indirekt wirkende Instrumente unterscheiden.[133] Die direkt wirkenden Instrumente untergliedern sich weiter in binnen- und außenwirtschaftliche Instrumente.[134] Binnenwirtschaftliche Instrumente regeln den Handel mit landwirtschaftlichen Erzeugnissen im europäischen Binnenmarkt, außenwirtschaftliche Instrumente regeln den Im- und Export von landwirtschaftlichen Erzeugnissen. Zu den binnenwirtschaftlichen Instrumenten gehören der staatliche Aufkauf (Intervention) von Rind-[135] und Schweinefleisch.[136] die Garantiehöchstflächenregelung bei getrockneten Weintrauben,[137] die Quotenregelung bei Milch,[138] die Mindestpreisregelungen bei Verarbeitungserzeugnissen von Obst und Gemüse[139] und die Prämienregelungen für Rindfleisch.[140] Die Gewährung von Exporterstattungen für Rindfleisch,[141] Äpfel,[142] Zitrusfrüchte,[143] Schalenfrüchte,[144] Olivenöl,[145] Geflügelfleisch,[146] Schweinefleisch,[147] Getreideerzeug-

132 Vgl. bspw. Verordnung (EG) Nr. 1254/1999 des Rates Erwägungsgrund 2, S. 21, Verordnung (EG) Nr. 1255/1999 des Rates Erwägungsgrund 2, S. 48 und Verordnung (EWG) Nr. 2759/75 des Rates Erwägungsgrund 3, S. 1.

133 Vgl. Koester, U., 1992, S. 255f.

134 Vgl. Koester, U., 1992, S. 256.

135 Vgl. Verordnung (EG) Nr. 1254/1999 des Rates.

136 Vgl. Verordnung (EWG) Nr. 2759/75 des Rates und Verordnung (EG) Nr. 1365/2000 des Rates.

137 Vgl. Verordnung (EG) Nr. 1621/1999 der Kommission.

138 Vgl. Verordnung (EG) Nr. 1255/1999 des Rates.

139 Vgl. Verordnung (EG) Nr. 2201/96 des Rates.

140 Vgl. Verordnung (EG) Nr. 1254/1999 des Rates.

141 Vgl. Verordnung (EG) Nr. 1254/1999 des Rates.

142 Vgl. Verordnung (EG) Nr. 2200/96 des Rates.

143 Vgl. Verordnung (EG) Nr. 2200/96 des Rates.

144 Vgl. Verordnung (EG) Nr. 2200/96 des Rates.

145 Vgl. Verordnung Nr. 136/66/EWG des Rates und Verordnung (EG) Nr. 1638/98 des Rates.

146 Vgl. Verordnung (EWG) Nr. 2777/75 des Rates und Verordnung (EG) Nr. 2916/95 der Kommission.

147 Vgl. Verordnung (EWG) Nr. 2759/75 des Rates und Verordnung (EG) Nr. 1365/2000 des Rates.

nisse,[148] Wein[149] oder Milch[150] ist ein Beispiel für ein außenwirtschaftliches Instrument der EG.

Die indirekt wirkenden Instrumente unterteilen sich je nach Wirkungsbereich in gesetzliche Regelungen und in Instrumente, die der Verbesserung der Marktfunktion dienen. Gesetzliche Regelungen, die indirekt auf das Marktergebnis Einfluss nehmen, sind bspw. Produktionsauflagen (siehe Übersicht 3).[151] Zu den Instrumenten, die sich auf die Marktfunktion auswirken, zählen Instrumente, die die Transaktionskosten senken (bspw. Produktstandardisierung) und Instrumente, die der Veränderung des Informationsstandes der Verbraucher und der Informationsvermittlung an die Verbraucher dienen (im Folgenden „Instrumente der Informationsvermittlung", siehe Übersicht 3).[152, 153]

Ein Instrument der Informationsvermittlung ist die „Definition einer Verständigungsnorm". Mit der Definition einer Verständigungsnorm[154] wird ein normativer Begriff gesetzlich fixiert, der der Kennzeichnung von Produkten dient und vor Irreführung schützt.[155]

Eine Verständigungsnorm legt Mindestanforderungen fest, die die gekennzeichneten Produkte erfüllen müssen. Ihre gesetzliche Fixierung gewährleistet den Verbrauchern, dass Produkte unterschiedlicher Anbieter, die mit derselben Verständigungsnorm gekennzeichnet sind, diesen einheitlichen Mindestanforderungen entsprechen.[156]

In ihren Verordnungen und Richtlinien, die ihren Rechtsbezug in der GAP, d.h. in Artikel 37 des EG-Vertrages, haben, legt die EG eine Vielzahl von Verständi-

---

148 Vgl. Verordnung (EWG) Nr. 1766/92 des Rates und Verordnung (EG) Nr. 1666/2000 des Rates.

149 Vgl. Verordnung (EG) Nr. 1493/1999 des Rates.

150 Vgl. Verordnung (EG) Nr. 1255/1999 des Rates.

151 Vgl. Koester, U., 1992, S. 256.

152 Vgl. Koester, U., 1992, S. 257.

153 Auf die Erwähnung der Verbraucherberatung als agrarmarktpolitisches Instrument, wie KOESTER (1992) nahelegt, wird an dieser Stelle verzichtet. Denn im Rahmen der vorliegenden Arbeit wird nicht erörtert, ob Verbraucherberatung ein agrarmarktpolitisches Instrument sein sollte (vgl. Koester, U. 1992, S. 257). Siehe dazu aber insbesondere Kapitel 2.4 und Kapitel 5.3.2 sowie jeweils die dortigen Ausführungen zur Verbraucherinformation.

154 Vgl. Kruse, J., Berger, U.E. 1996, S. 435.

155 Vgl. auch Wrage, H. 1986. Es besteht allerdings das Problem der normativen Irreführung. Darunter ist das Problem zu verstehen, das entsteht, wenn Verbraucher nicht über die Bedeutung des normativen Begriffs informiert sind und sich eine eigene aber abweichende Definition zurecht legen (vgl. Wrage, H. 1986).

156 Vgl. Kruse, J,. Berger, U.E. 1996, S. 435.

gungsnormen nieder.[157] So fixieren sowohl die Verordnungen, die zur europäischen Qualitätspolitik zählen,[158] als auch die Verordnungen bezüglich der Sondermaßnahmen für die ultraperipheren Gebiete der EG[159] Verständigungsnormen.

Prinzipiell sind in diesen Verordnungen zwei unterschiedliche Formen der Definition einer Verständigungsnorm enthalten (siehe Übersicht 4). Eine Verordnung gibt entweder einen allgemeinen Rahmen für die Ausgestaltung der Verständigungsnorm vor oder sie definiert eine Verständigungsnorm detailliert anhand von gesetzlichen Mindeststandards bezüglich der einzuhaltenden Produkt- und Prozesseigenschaften.[160]

Übersicht 4: Formen der Definition einer Verständigungsnorm

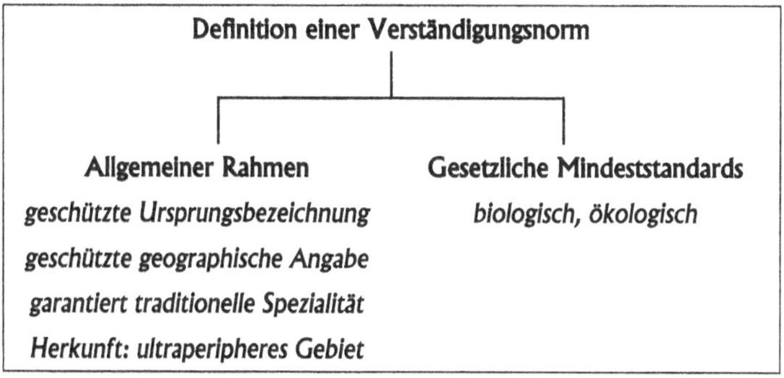

Quelle: eigene Darstellung

Mit der Verordnung (EWG) Nr. 2081/92 des Rates legt die EG jeweils einen allgemeinen Rahmen für zwei Verständigungsnormen fest, die Herkunftsangaben repräsentieren, die auf bestimmten Herkunft-Qualitäts-Beziehungen beruhen (siehe Anhang 17). Dabei handelt es sich um die *geschützte Ursprungsbezeich-*

[157] Auch die Richtlinie 2000/13/EG des Europäischen Parlaments und des Rates legt Verständigungsnormen zur Etikettierung von Lebensmitteln nieder. Aber sie ist kein Instrument, das nach Rechtsbezug originär den Agrarmarkt regeln soll, sie wird daher hier nicht besprochen (vgl. Richtlinie 2000/13/EG des Europäischen Parlaments und des Rates).

[158] Dies sind die Verordnungen (EWG) Nr. 2081/92 des Rates, Nr. 2082/92 des Rates und Nr. 2092/91 des Rates (vgl. Benner, E. 2000a).

[159] Vgl. die Verordnungen (EG) Nr. 1452/2001 des Rates, Nr. 1453/2001 des Rates und Nr. 1454/2001 des Rates.

[160] Vgl. die folgenden Ausführungen, siehe auch Kapitel 2.1.2.2.

nung (g.U.) und die *geschützte geographische Angabe* (g.g.A.).[161, 162] Die detaillierte Ausgestaltung der jeweiligen Herkunft-Qualitäts-Beziehung obliegt dem Unternehmenszusammenschluss,[163] dessen Mitglieder das Erzeugnis produzieren bzw. verarbeiten. Sie bezieht sich bei einer g.U. auf die drei Vermarktungsstufen Erzeugung, Herstellung und Verarbeitung, während sie bei einer g.g.A. lediglich eine Vermarktungsstufe zu umfassen braucht. An die Einhaltung der Ausgestaltung ist auch die Vergabe der Bildzeichen *geschützte geographische Angabe* und *geschützte Ursprungsbezeichnung* gebunden.[164] Ein Beispiel für eine g.U. ist „Allgäuer Bergkäse" und Beispiele für eine g.g.A. sind „Schwarzwälder Schinken"[165] und „Schwäbisch-Hällisches Qualitätsschweinefleisch".[166, 167] Ein Erzeugnis kann jedoch nur dann als g.U. oder g.g.A. gekennzeichnet werden, wenn die EG die Ausgestaltung, die der betreffende Unternehmenszusammenschluss formuliert, anerkennt.[168]

Auch die Verordnung (EWG) Nr. 2082/92 des Rates gibt einen allgemeinen Rahmen für eine Verständigungsnorm (*garantiert traditionelle Spezialität*) vor, die eine spezifische Qualitätsangabe repräsentiert. Diese Qualitätsangabe beruht darauf, dass sich das betreffende Erzeugnis durch einen Faktor oder eine Reihe von Faktoren „von anderen gleichartigen Erzeugnissen oder Lebensmitteln der gleichen Kategorie deutlich unterscheidet".[169] Der Unterschied zu gleichartigen Erzeugnissen oder Lebensmitteln beruht dabei entweder auf der Herstellung aus traditionellen Rohstoffen, einer traditionellen Zusammensetzung oder auf einer Herstellungs- bzw. Verarbeitungsart, „die zum traditionellen Herstellungs- und/oder Verarbeitungstyp gehört".[170] Die Ausgestaltung der entsprechenden

---

161 Vgl. Verordnung (EWG) Nr. 2081/92 des Rates.

162 Der Inhalt der Herkunftsangabe geht dabei über die der Verordnung (EWG) Nr. 802/68 des Rates und der Richtlinie 2000/13/EG des Europäischen Parlaments und des Rates hinaus (vgl. Verordnung (EWG) Nr. 802/68 des Rates, Richtlinie 2000/13/EG des Europäischen Parlaments und des Rates; siehe auch Benner, E. 2000b). Siehe auch Verordnung (EG) Nr. 40/94 des Rates zum Schutz von Gemeinschaftskollektivmarken (vgl. Verordnung (EG) Nr. 40/94 des Rates).

163 Vgl. Kapitel 2.1.2.2; siehe auch Fußnote 103.

164 Vgl. Kapitel 2.1.2.2.

165 Vgl. Verordnung (EG) Nr. 123/97 der Kommission.

166 Vgl. Verordnung (EG) Nr. 644/98 der Kommission.

167 Der Unterschied der beiden geschützten geographischen Angaben besteht darin, dass sich die Herkunftsangabe des Schwarzwälder Schinkens auf die Verarbeitungsstufe und die des Schwäbisch-Hällisches Qualitätsschweinefleisches auf die Erzeugerstufe bezieht (vgl. Department for Environment, Food and Rural Affairs 2002a, 2002b).

168 Vgl. Verordnung (EWG) Nr. 2081/92 des Rates, Artikel 5, S. 4.

169 Vgl. Verordnung (EWG) Nr. 2082/92 des Rates, Artikel 2, S. 10.

170 Vgl. Verordnung (EWG) Nr. 2082/92 des Rates, Artikel 4, S. 10.

Produkt- und Prozessanforderungen obliegt dem Unternehmenszusammenschluss.[171] Darüber hinaus muss der Name des Erzeugnisses selbst ein besonderes Merkmal aufweisen oder ein solches zum Ausdruck bringen.[172] Die Verständigungsnorm kann auf Antrag verwendet werden.[173] Ein Beispiel für eine *garantiert traditionelle Spezialität* ist der Schinken „Jamón Serrano".[174] Die Vergabe des entsprechenden Bildzeichens ist an die Einhaltung der Ausgestaltung der Verständigungsnorm gebunden.[175]

Die Verordnungen (EG) Nr. 1452/2001, Nr. 1453/2001 und Nr. 1454/2001 des Rates stellen einen allgemeinen Rahmen für eine herkunftsbezogene Verständigungsnorm zur Verfügung,[176] mit der unverarbeitete bzw. verarbeitete Erzeugnisse als aus einem ultraperipheren Gebiet der EG stammend gekennzeichnet werden können, wenn sie dort nach festgelegten Kriterien erzeugt bzw. verarbeitet worden sind. Diese Kriterien wurden von den zuständigen Regionalbehörden der nationalen Landwirtschaftsministerien auf Vorschlag der Branchenverbände ausgestaltet und von der EG auf Grundlage der genannten Verordnungen mit den Entscheidungen der Kommission 1999/165/EG, 1999/124/EG, 1999/266/EG und 99/315/EG für die ultraperipheren Gebiete Guadeloupe, Guyana, Martinique, Réunion, die Azoren, die Region Madeira und Kanarische Inseln anerkannt (siehe Anhang 18).[177]

Im Gegensatz zu der vorstehenden Form der Definition einer Verständigungsnorm hat die EG auf Grundlage der Verordnung (EWG) Nr. 2092/91 des Rates zwei Verständigungsnormen (*ökologisch* und *biologisch*) für Lebensmittel festgelegt, die auf einem gesetzlichen Mindeststandard hinsichtlich der Produktionsmethode des ökologischen Landbaus beruhen.[178] Nur Erzeugnisse, die diesen Mindeststandard erfüllen und nach Maßgabe der gesetzlichen Regelung kontrolliert werden, dürfen als ökologische bzw. biologische Lebensmittel gekenn-

---

171 Vgl. Verordnung (EWG) Nr. 2082/92 des Rates, Artikel 7, S. 11.

172 Vgl. Verordnung (EWG) Nr. 2082/92 des Rates, Artikel 5, S. 10.

173 Vgl. Verordnung (EWG) Nr. 2082/92 des Rates, Artikel 7, S. 11.

174 Vgl. Verordnung (EG) Nr. 2419/1999 der Kommission.

175 Vgl. Kapitel 2.1.2.2.

176 Vgl. Verordnung (EG) Nr. 1452/2001 des Rates, Verordnung (EG) Nr. 1453/2001 des Rates und Verordnung (EG) Nr. 1454/2001 des Rates.

177 Vgl. Entscheidung der Kommission (1999/165/EG), Entscheidung der Kommission (1999/124/EG), Entscheidung der Kommission (1999/266/EG) und Entscheidung der Kommission (99/315/EG).

178 Vgl. Verordnung (EG) Nr. 1804/1999 des Rates, Artikel 1, Absatz 2, S. 3 und vgl. die Ausführungen zu „strukturpolitische Instrumente" in diesem Abschnitt.

zeichnet werden.[179] Mit der Erfüllung dieser gesetzlichen Anforderungen ist es ohne weiteres Anerkennungsverfahren möglich, das Lebensmittel mit einem der beiden zur Verfügung stehenden Bildzeichen zu kennzeichnen.[180]

2.2.3 Die Beziehung der Instrumente

Die Beziehung der Unterstützung von Werbemaßnahmen zu anderen agrarpolitischen Instrumenten ergibt sich über ihre Einordnung in die Systematik der wirtschaftspolitischen Instrumente der GAP. Die Art der Beziehung wird aus der Zuordnung der Unterstützung von Werbemaßnahmen zu den gemeinschaftsrechtlich vorgesehenen Instrumenten, deren Unterteilung auf Artikel 34 und Artikel 35 des EG-Vertrages beruht,[181] deutlich.

Die Unterstützung von Werbemaßnahmen umfasst die Beteiligung an Werbe- und Informationskampagnen und die Bereitstellung von Bildzeichen. Diese Instrumente dienen der Vermittlung von Informationen an die Verbraucher und verändern deren Informationslage.[182] Gemäß der Systematik der wirtschaftspolitischen Instrumente ist die Unterstützung von Werbemaßnahmen daher der Informationsvermittlung zuzuordnen (siehe Übersicht 3).

Die Informationskampagnen machen die bereitgestellten Bildzeichen bekannt und heben die Besonderheit und Qualität spezifischer Produktgruppen hervor (siehe Anhang 6). Die Bildzeichen repräsentieren Verständigungsnormen, auf deren Grundlage diese spezifischen Produktgruppen von anderen Erzeugnissen abgegrenzt werden und abzugrenzen sind. Hintergrund der Verständigungsnormen sind Instrumente (Ökologischer Landbau, Schutz von Produktnamen, Sondermaßnahmen für ultraperiphere Gebiete), die zu den agrarpolitischen Instrumenten der gemeinschaftlichen Strukturpolitik zählen.[183] Die Beteiligung an Informationskampagnen und die Bereitstellung von Bildzeichen stehen also mit strukturpolitischen Instrumenten in Beziehung und sind über diese Beziehung mit der Zielsetzung der Strukturpolitik verbunden (siehe Abbildung 6).

---

[179] Siehe im Einzelnen Verordnung (EWG) Nr. 2092/91 des Rates und Verordnung (EG) Nr. 1804/1999 des Rates.

[180] Vgl. Kapitel 2.1.2.2.

[181] Vgl. Kapitel 2.2.1.

[182] Vgl. Kapitel 2.1.2.

[183] Vgl. in Kapitel 2.2.2die Ausführungen zu „Strukturpolitische Instrumente".

Abbildung 6: Informationsvermittlung und Strukturpolitik

Quelle: eigene Darstellung

Die Werbekampagnen vermitteln Eigenschaften von ausgewählten Gattungserzeugnissen (bspw. Milch, Rindfleisch, Äpfel), deren Absatz zugleich durch binnenwirtschaftliche Instrumente (bspw. Produktionsquoten, Intervention, Garantiehöchstflächen) zum Zweck der Marktstabilisierung reguliert wird. Die Beteiligung an Werbekampagnen steht also mit diesen Instrumenten in Beziehung und ist darüber mit dem Marktstabilisierungsziel verbunden (siehe Abbildung 7).

Abbildung 7: Informationsvermittlung und Marktstabilisierung

Quelle: eigene Darstellung

Vor dem Hintergrund des Artikels 35 des EG-Vertrages ist die Unterstützung von Werbemaßnahmen darüber hinaus als ein Instrument der GAP anzusehen, das der Verbrauchsförderung dient und den Binnenmarkt nachfrageseitig reguliert.[184] Die Verbindung der Unterstützung mit der Strukturpolitik und der Marktstabilisierung bedeutet daher prinzipiell, dass die Unterstützung in die Verfolgung des strukturpolitischen Ziels und des Marktstabilisierungsziels der GAP eingebunden ist.

2.3 Rechtliche Rahmenbedingungen

In diesem Abschnitt werden die rechtlichen Rahmenbedingungen der Unterstützung von Werbemaßnahmen dargestellt, die es erlauben, diese nicht nur in den gemeinschaftlich agrarpolitischen Rahmen einzuordnen, sondern auch in einen weitergefassten Rahmen. Dieser weitergefasste Rahmen wird sowohl durch die internationalen Bestimmungen, die staatliche Eingriffe in den internationalen Handel mit Agrargütern regeln, als auch durch die EG-rechtlichen Bestimmungen zur Verbraucherinformation abgesteckt.

---

[184] Vgl. Kapitel 2.2.1.

Der Handel mit Agrargütern wird durch die Bestimmungen des *Agreement on Agriculture* (Übereinkommen über die Landwirtschaft) der Welthandelsorganisation (WTO) geregelt. Die grundlegenden Bestimmungen der EG-Verbraucherinformation sind im EG-Vertrag enthalten.

2.3.1 Internationale Bestimmungen

Staatliche Maßnahmen zur Förderung des Agrarsektors müssen immer im Einklang mit internationalen Handelsübereinkommen stehen.[185] Im internationalen Handel mit landwirtschaftlichen Erzeugnissen ist das maßgebliche Übereinkommen das *Übereinkommen über die Landwirtschaft* der WTO (WTO-Agreement). Das WTO-Agreement wurde am 1. Januar 1995 in Kraft gesetzt und enthält Bestimmungen zur Reduzierung der staatlichen Unterstützung (bspw. der Exporterstattungen), zum Schutz landwirtschaftlicher Märkte sowie zur Erleichterung des Marktzugangs. Mit der Umsetzung seiner Bestimmungen soll ein faires und marktorientiertes internationales Handelssystem etabliert werden.[186]

Entgegen des allgemeinen Tenors des WTO-Agreement enthalten sein Artikel 6 und insbesondere Annex 2 Ausnahmeregelungen bezüglich der generellen Verpflichtung zur Reduktion der staatlichen Unterstützung.[187] Zu diesen Ausnahmen zählt die staatliche Unterstützung von Maßnahmen, die keinen oder einen vernachlässigbaren Einfluss auf den internationalen Handel haben. Die finanziellen Mittel der Unterstützung müssen dabei direkt durch die Regierung bereitgestellt werden. Sie dürfen also nicht aus Transferzahlungen von den Konsumenten stammen, und die Maßnahmen dürfen keinen Preisstützungseffekt für die Produzenten haben.[188]

Maßnahmen, deren staatliche Finanzierung gestattet sind, werden in der sogenannten Green-Box zusammengefasst und unterliegen keiner finanziellen Begrenzung.[189] In der Green-Box wird auch die staatliche Unterstützung für Marktforschungs- und Marktförderungsmaßnahmen (*marketing and promotion services*) aufgeführt.[190]

185 Vgl. Fußnote 117.
186 Vgl. Beschluß des Rates vom 22. Dezember 1994, S. 22.
187 Vgl. Beschluß des Rates vom 22. Dezember 1994, S. 25f.
188 Vgl. Beschluß des Rates vom 22. Dezember 1994, S. 32.
189 Vgl. Beschluß des Rates vom 22. Dezember 1994, S. 32.
190 Vgl. Beschluß des Rates vom 22. Dezember 1994, S. 32.

Die staatliche finanzielle Unterstützung der Werbung für landwirtschaftliche Erzeugnisse ist damit im internationalen Handel prinzipiell als zulässig anerkannt und frei von finanzieller Begrenzung.[191]

2.3.2 Rechtliche Grundlagen der EG-Verbraucherinformation

Die Förderung der Verbraucherinformation gehört zu den grundlegenden Zielen der EG-Verbraucherschutzpolitik.[192] Die entsprechende Bestimmung ist in Artikel 153 des EG-Vertrages niedergelegt, der 1997 mit dem Vertrag von Amsterdam in den EG-Vertrag aufgenommen wurde.[193]

Aus Artikel 153 geht hervor, dass die EG im Rahmen ihrer Verbraucherschutzpolitik den Verbrauchern ein Recht auf Information zugesteht und sich verpflichtet, dieses Recht in allen ihren Politikbereichen zu berücksichtigen (siehe Übersicht 5).

Übersicht 5: Artikel 153 des EG-Vertrages

Artikel 153 (ex Artikel 129a)

(1) Zur Förderung der Interessen der Verbraucher und zur Gewährleistung eines hohen Verbraucherschutzniveaus leistet die Gemeinschaft einen Beitrag [...] zur Förderung ihres [der Verbraucher] Rechtes auf Information.

(2) Den Erfordernissen des Verbraucherschutzes wird bei der Festlegung und Durchführung der anderen Gemeinschaftspolitiken und -maßnahmen Rechnung getragen.

(3) Die Gemeinschaft leistet einen Beitrag zur Erreichung der in Absatz 1 genannten Ziele durch
   a) Maßnahmen, die sie im Rahmen der Verwirklichung des Binnenmarkts nach Artikel 95 erläßt;
   b) Maßnahmen zur Unterstützung, Ergänzung und Überwachung der Politik der Mitgliedstaaten.

(4) Der Rat beschließt gemäß dem Verfahren des Artikels 251 und nach Anhörung des Wirtschafts- und Sozialausschusses die Maßnahmen nach Absatz 3 Buchstabe b.

(5) Die nach Absatz 4 beschlossenen Maßnahmen hindern die einzelnen Mitgliedstaaten nicht daran, strengere Schutzmaßnahmen beizubehalten oder zu ergreifen. Diese Maßnahmen müssen mit diesem Vertrag vereinbar sein. Sie werden der Kommission mitgeteilt.

Quelle: Vertrag zur Gründung der Europäischen Gemeinschaft, Artikel 153, S. 101

---

191 Vgl. Europäische Gemeinschaft 1999 und Foreign Agricultural Service, U.S. Department of Agriculture 1998, S. 2.

192 Vgl. Europäische Kommission 1998, S. 10.

193 Vgl. Europäische Kommission 1999b, S. 13f.

Dabei erkennen die Bestimmungen die wechselseitige Verflechtung der Interessen der Verbraucher und der sonstigen Marktteilnehmer sowie der Interessen staatlicher Politik ausdrücklich an.[194]

Dem in Artikel 153 erwähnten Verweis auf Artikel 95 folgend muss die Kommission in ihren Vorschlägen zur Niederlegung einer Verordnung im Bereich Verbraucherschutz/Verbraucherinformation von einem hohen Schutzniveau ausgehen. Sie muss dabei insbesondere alle auf wissenschaftliche Ergebnisse gestützte neue Entwicklungen berücksichtigen.[195]

2.4 Das EG-Konzept der Werbeförderung

Die bisherigen Ausführungen stellten die Bestimmungen der EG zur Unterstützung von Werbemaßnahmen dar und zeigten ihre Beziehung zu dem Instrumentarium der GAP auf. Darüber hinaus wurden die internationalen Rahmenbedingungen der staatlichen Unterstützung von Werbemaßnahmen und die rechtlichen Rahmenbedingungen der EG-Verbraucherinformation ausgeführt.

In diesem Abschnitt wird das EG-Konzept der Werbeförderung, das in den Bestimmungen zur Unterstützung von Werbemaßnahmen[196] und deren Beziehung zu den Instrumenten der GAP implizit enthalten ist,[197] explizit formuliert. Hierzu wird zunächst die grundlegende Gestaltungsform der Unterstützung herausgearbeitet. Anschließend wird aufgezeigt, in welcher Form die Funktionen staatlicher Unterstützung von Werbemaßnahmen in der von der EG gewährten Unterstützung enthalten sind. Aus der Gestaltungsform und den Funktionen wird dann das EG-Konzept synthetisiert und abschließend anhand der internationalen Rahmenbedingungen der staatlichen Unterstützung von Werbemaßnahmen und der rechtlichen Rahmenbedingungen der EG-Verbraucherinformation diskutiert.

2.4.1 Grundlegende Gestaltungsform

Im Rahmen der Unterstützung von Werbemaßnahmen werden inhaltlich zum einen die Qualität, die ernährungsphysiologischen Eigenschaften, die Berücksichtigung von Tierschutz- und Umweltschutzstandards sowie Aspekte der Lebensmittelsicherheit immer für eine ganze Branche, d.h. bezogen auf ein Gattungserzeugnis (bspw. Milch, Rindfleisch), hervorgehoben.[198] Zum anderen werden bestimmte, in den Gemeinschaftsregelungen niedergelegte Verständi-

[194] Vgl. Europäische Kommission 1998, S. 10.
[195] Vgl. Vertrag zur Gründung der Europäischen Gemeinschaft, Artikel 95, S. 69f.
[196] Vgl. Kapitel 2.1.2.
[197] Vgl. Kapitel 2.2.3.
[198] Vgl. Kapitel 2.1.2.1.

gungsnormen (bspw. garantiert traditionelle Spezialität), die unternehmensübergreifend Produktgruppen definieren, und Bildzeichen vermittelt.[199] Die Verbraucher werden also jeweils über bestimmte einer Produktgruppe oder einem Gattungserzeugnis zugrunde liegende Eigenschaften informiert. Die Durchführung der entsprechenden Informations- und Werbekampagnen liegt dabei in den Händen von Berufs- bzw. Branchenverbände, die auch zur Finanzierung der Kampagnen beitragen.[200] Die Form der Informationsvermittlung, die zugrunde liegende Eigenschaften herausstellt und sich dabei Werbemaßnahmen bedient, wird als *generische Werbung* bezeichnet.[201]

Die EG beschränkt sich bei der Unterstützung von Werbemaßnahmen auf die Gattungserzeugnisse und Produktgruppen, die in ihrem Gebiet erzeugt werden, und auf die Form der Ansehenssteigerung, die nicht auf eine Marke oder eine lokale/regionale/nationale geographische Herkunft Bezug nimmt. Sie finanziert mit ihrer Beteiligung also die generische Werbung, die sich in erster Linie auf das Attribut „europäische" Herkunft bezieht.[202] Grundlegende Gestaltungsform der Unterstützung ist somit die generische Werbung für europäische Erzeugnisse.

2.4.2 Funktionen

Generell besitzt die staatliche Unterstützung von Werbemaßnahmen drei Funktionen: die Überwindung des Free-Rider-Problems,[203] die Förderung des Agrarsektors[204] und die Information der Verbraucher.[205] Diese drei Funktionen sind auch in der Unterstützung von Werbemaßnahmen zu finden, die die EG gewährt.

Mit Werbung, die sich in erster Linie auf das Attribut „europäische" Herkunft bezieht (siehe oben), ist weder eine unternehmensbezogene noch eine geographische Abgrenzung möglich. Für die geförderten nationalen Berufs- und Branchenverbände[206] ergäbe sich bei der Durchführung einer solchen Werbung das

---

199 Vgl. Kapitel 2.2.3und Kapitel 2.1.2.2.

200 Vgl. Kapitel 2.1.2.1.

201 Vgl. inhaltsbezogen die Definition von FORKER und WARD (Forker, O.D., Ward, R.W. 1993 S. 6.) Für diese Autoren ist zwar generische Werbung auch über die kooperative Organisationsform definiert, allerdings führen sie an anderer Stelle aus, dass generische Werbung auch nicht-kooperativ durchgeführt wird (vgl. Forker, O.D., Ward, R.W. 1993 S. 10).

202 Vgl. Kapitel 2.1.2.1.

203 Vgl. Forker, O.D., Ward, R.W. 1993, S. 10.

204 Vgl. Forker, O.D., Ward, R.W. 1993, S. 88.

205 Vgl. Forker, O.D., Ward, R.W. 1993, S. 257.

206 Vgl. den Verweis in Fußnote 38.

zentrale Problem generischer Werbung auf europäischer Ebene: Generische Werbung lässt grundsätzlich auch die Unternehmen und Erzeuger am Nutzen der Werbung partizipieren, die keinen Anteil an den anfallenden Kosten übernehmen (Free-Rider-Problem).[207]

Die unterstützten Verbände würden mit einer „europäisch" ausgerichteten Werbung also den Absatz von Unternehmen aus anderen Mitgliederstaaten fördern, die nicht zu ihren Mitgliedern gehören. Die finanzielle Beteiligung der EG besitzt daher die Funktion der Überwindung des Free-Rider-Problems auf europäischer Ebene. Der Verteilung der finanziellen Mittel auf die Antragsteller, Erzeugnisse bzw. Märkte legt die EG allerdings keine ökonomischen Kriterien[208] zugrunde.[209] Unterhalb der europäischen Ebene bietet sie darüber hinaus einen Schutz für spezifische Herkunftsangaben.[210]

Die Funktion der Förderung des Agrarsektors liegt im Rechtsbezug der zugrunde liegenden Verordnungen begründet. Die Verordnungen stützen sich auf Artikel 37 des EG-Vertrages,[211] der die Rechtsgrundlage für die gemeinschaftsrechtlichen Regelungen ist, die der Verwirklichung der GAP dienen.[212] Die Einordnung der Unterstützung in das Instrumentarium der GAP zeigt, dass sie insbesondere in die Marktstabilisierung und die Strukturpolitik eingebunden ist.[213]

Die Funktion der Information der Verbraucher ergibt sich prinzipiell aus der Beteiligung der EG an Informations- und Werbekampagnen, die grundsätzlich Instrumente der Informationsvermittlung sind.[214] Unter Berücksichtigung der Verbindung zwischen der Unterstützung von Werbemaßnahmen und der Definition von Verständigungsnormen[215] wählt die EG allerdings eine besondere Form der Informationsvermittlung.

Die festgelegten Verständigungsnormen „geschützte geographische Angabe", „geschützte Ursprungsbezeichnung", „ökologisch", „biologisch", „Herkunft: ultraperipheres Gebiet" und „garantiert traditionelle Spezialität"[216] definieren Qualitätsbegriffe, die gesetzlich festgelegte Kriterien erfüllen und den Verbrau-

[207] Vgl. Forker, O.D., Ward, R.W. 1993, S. 10 und Richards, T.J., Patterson, P.M. 1998, S. 1.
[208] Hinsichtlich ökonomischer Kriterien, die bei der Verteilung der finanziellen Mittel zu beachten sind, siehe Kapitel 3.1.
[209] Vgl. Kapitel 2.1.2.1.
[210] Vgl. Kapitel 2.1.2.1, Kapitel 2.1.2.2und Kapitel 2.2.3.
[211] Vgl. Kapitel 2.1.2.
[212] Vgl. Gerichtshof der Europäischen Gemeinschaften 2000, Randnummer 47.
[213] Vgl. Kapitel 2.2.3.
[214] Vgl. Kapitel 2.2.3.
[215] Vgl. Kapitel 2.2.3.
[216] Vgl. Ausführungen zu „Definition von Verständigungsnormen" in Kapitel 2.2.2.

chern die Einhaltung dieser Kriterien gewährleisten sollen.[217] Die zur Verfügung gestellten Bildzeichen dienen der visuellen Repräsentation dieser Qualitätsbegriffe.[218]

Ein gesetzlich festgelegter Qualitätsbegriff etabliert in Verbindung mit einem entsprechenden Bildzeichen eine „amtliche Marke"[219] (bspw. die amtliche Marke: geschützte Ursprungsbezeichnung), die sich im Gegensatz zu einer privaten Marke nicht auf Erzeugnisse eines oder einiger Anbieter bezieht, sondern auf eine ganze Produktgruppe bzw. auf ein Gattungserzeugnis aller Anbieter.[220]

Mit ihren Verständigungsnormen und den dazugehörigen Bildzeichen etabliert die EG also mehrere amtliche Marken. Über ihre amtlichen Marken klärt die EG die Verbraucher mit Hilfe von Informationskampagnen auf, die in die Strukturpolitik der GAP eingebunden sind. Diese Verbraucheraufklärung ergänzt sie durch die Förderung solcher Werbekampagnen, die gesundheitsrelevante Eigenschaften ausgewählter landwirtschaftlicher Erzeugnisse (bspw. den Nährwert) zum Inhalt haben und in die Marktstabilisierung eingebunden sind.[221]

Die Definition von amtlichen Marken und deren Vermittlung, die Vermittlung von gesundheitsrelevanten Eigenschaften landwirtschaftlicher Erzeugnisse sowie die Einbindung der Vermittlung in agrarpolitische Zielsetzungen macht aus der Information der Verbraucher eine besondere Form der Informationsvermittlung: die Vorbereitungswerbung.[222] Als solche ist die Information der Verbraucher der Einzelproduktwerbung vorgeschaltet und dient dazu, den Verbrauchern die Kenntnisse zu vermitteln, die diese benötigen, um ihre Kaufentscheidungen in Übereinstimmung mit agrarpolitischen Zielsetzungen (hier: Strukturpolitik, Marktstabilisierung) zu treffen.[223]

2.4.3 Synthese und Diskussion des EG-Konzepts der Werbeförderung

Die Unterstützung von Werbemaßnahmen, die die EG gewährt, enthält implizit das folgende Konzept der Werbeförderung (siehe Abbildung 8).

---

[217] Vgl. Kapitel 2.2.2.
[218] Vgl. Kapitel 2.1.2.1.
[219] Vgl. Reichardt, F. 1933, S. 60.
[220] Vgl. Reichardt, F. 1933, S. 60.
[221] Vgl. Kapitel 2.1.2 und Kapitel 2.2.3.
[222] Vgl. auch Reichardt, F. 1933, S. 58.
[223] Vgl. auch Reichardt, F. 1933, S. 19 und S. 23.

Abbildung 8: Das EG-Konzept der Werbeförderung

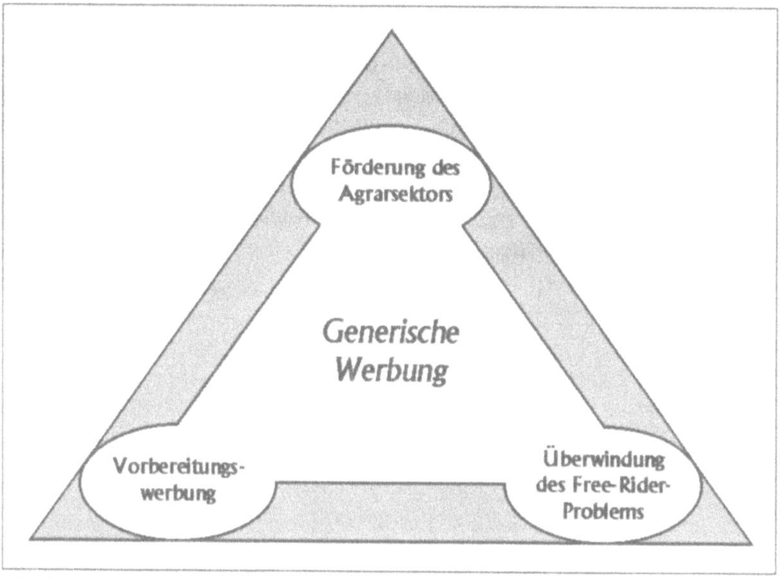

Quelle: eigene Darstellung

Die Basis des Konzepts ist die finanzielle Beteiligung der EG an generischer Werbung von Branchen- und Berufsverbänden, die sich auf die europäische Herkunft der beworbenen Erzeugnisse bezieht. Seine drei Eckpunkte, die sich aus den Funktionen der Unterstützung ergeben, sind:

- Förderung des EG-Agrarsektors
- Überwindung des Free-Rider-Problems auf europäischer Ebene
- Vorbereitungswerbung.

Diese Eckpunkte stellen zugleich die drei Zielsetzungen des Konzepts dar. Für die Beurteilung, ob das EG-Konzept mit den internationalen Handelsbestimmungen übereinstimmt, ist lediglich die unterstellte Auswirkung der finanzierten Maßnahme auf den internationalen Handel entscheidend.[224] Mit der finanziellen Beteiligung der EG wird generische Werbung, d.h. eine Marketingmaßnahme, finanziert. Marketingmaßnahmen gelten im Sinne des WTO-Agreement als vernachlässigbar den internationalen Handel verzerrend. Damit ist davon auszugehen, dass das Konzept der EG mit den WTO-Bestimmungen vereinbar ist.

---

[224] Vgl. Kapitel 2.3.1.

Die Ausführungen über die rechtlichen Bestimmungen der EG-Verbraucherinformation verdeutlichen, dass die EG in der Förderung der Verbraucherinformation einen Beitrag zum Verbraucherschutz und zur Berücksichtigung der Interessen der Verbraucher sieht. Zwar wird den Interessen der Verbraucher in den agrarpolitischen Zielsetzungen mit den Aspekten Ernährungssicherheit und Preisgestaltung Rechnung getragen,[225] aber die Information der Verbraucher findet nur indirekt über die Möglichkeit, Instrumente der Verbrauchsförderung, d.h. der Förderung von Werbung, zu etablieren, Berücksichtigung. Mit diesem Hintergrund erfolgt, wie oben gezeigt, die Information der Verbraucher allerdings in Form der Vorbereitungswerbung.

---

[225] Vgl. Kapitel 2.2.1. Für eine ausführliche Analyse der Berücksichtigung von Verbraucherinteressen im Rahmen der Agrarpolitik bezüglich Versorgung zu angemessenen Preisen und Versorgungssicherheit siehe AMBROS (1986) (Ambros, W. 1986).

3 Werbung als Instrument der Förderung des Agrarsektors

Die staatliche Unterstützung von Werbung für landwirtschaftliche Erzeugnisse ist ein agrarpolitisches Instrument, das über die Beeinflussung der Nachfrage einen Beitrag zur Förderung des Agrarsektors leistet.[226] Unterstützt wird generell generische Werbung.[227]

Generische Werbung ist eine Form der Werbung, mit der ganze Warengruppen beworben werden.[228] Bei den Warengruppen handelt es sich um Gattungserzeugnisse (bspw. Rindfleisch, Milch) oder spezifische Produktgruppen (bspw. ökologische Erzeugnisse). Generische Werbung hebt die zugrunde liegenden Eigenschaften der beworbenen Warengruppe hervor oder stellt lediglich deren Namen in ein positives Assoziationsumfeld.[229] Zugrunde liegende Eigenschaften sind Produkt- und Prozesseigenschaften wie die geographische Herkunft, ernährungsphysiologische Eigenschaften oder ein spezifisches Produktionsverfahren (ökologischer Landbau). Das primäre Ziel generischer Werbung ist die Gesamtmarkterweiterung für die beworbene Warengruppe.[230]

In diesem Kapitel wird herausgearbeitet, ob und in welchem Maße generische Werbung überhaupt zur Verfolgung agrarpolitischer Ziele geeignet ist. Dazu wird im Folgenden zunächst der Einfluss generischer Werbung auf die Nachfrage nach landwirtschaftlichen Erzeugnissen und die Produzentenrente landwirtschaftlicher Erzeuger betrachtet. Daran schließt sich die Diskussion der Wechselwirkungen zwischen Werbung und anderen agrarmarktpolitischen Instrumenten an. Anschließend wird mittels der Ergebnisse empirischer Studien dargestellt, welche Einflüsse generischer Werbung auf die Nachfrage nachweisbar

---

226 Vgl. Anderegg, R. 1999, S. 211 und siehe Kapitel 2.4.
227 Vgl. Forker, O.D., Ward, R.W. 1993, S. 6.
228 Vgl. Forker, O.D., Ward, R.W. 1993, S. 6.
229 Vgl. Balling, R. 1997, S. 63.
230 Vgl. Forker, O.D., Ward, R.W. 1993, S. 6.

sind und welche Bedeutung diese Einflüsse für die Erzeuger und den Staat haben. Vor dem aufgezeigten Hintergrund wird schließlich die Eignung generischer Werbung als agrarpolitisches Instrument herausgearbeitet.

3.1 Wirkungen generischer Werbung

Generell hat generische Werbung für landwirtschaftliche Erzeugnisse eine Wirkung sowohl auf die Nachfrage nach dem beworbenen Erzeugnis als auch auf andere Erzeugnisse.[231] Daher wird von einem Eigeneffekt der Werbung und einem Kreuzeffekt der Werbung ausgegangen.

Beide Effekte haben mittels der Wirkung auf die Nachfrage unterschiedlicher Erzeugnisse auch eine Bedeutung für die Produzenten der jeweiligen Erzeugnisse bzw. für den Agrarsektor insgesamt. Diese Bedeutung wird in den beiden folgenden Unterabschnitten näher ausgeführt.

3.1.1 Eigeneffekt

Der Eigeneffekt bezeichnet die Wirkungskomponente der generischen Werbung, die diese auf die Nachfrage nach dem beworbenen Erzeugnis hat. Seine Bedeutung für die Produzenten des beworbenen Erzeugnisses wird im Folgenden veranschaulicht.[232]

Ist ein Markt mit zwei Erzeugnissen *i* und *j* gegeben und wird Erzeugnis *i* beworben, bewirkt der Eigeneffekt prinzipiell eine Ausdehnung der Absatzmenge und einen Anstieg des Preises für das Erzeugnis *i*. In der grafischen Analyse bedeutet dies eine Rechtsverschiebung der Nachfragekurve für das Erzeugnis *i* (von *d* nach *d'* in Abbildung 9).[233]

[231] Vgl. Alston, J.M., Freebairn, J.W., James, J.S. 2001, S. 888 und die dort angegebene Literatur, sowie Alvensleben, R.v. 1991, S. 60.

[232] Es wird der Idealfall eines Zwei-Güter-Marktes betrachtet.

[233] Vgl. Forker, O. D., Ward, R.W. 1993 S. 6 und S. 50.

Abbildung 9: Eigeneffekt der Werbung

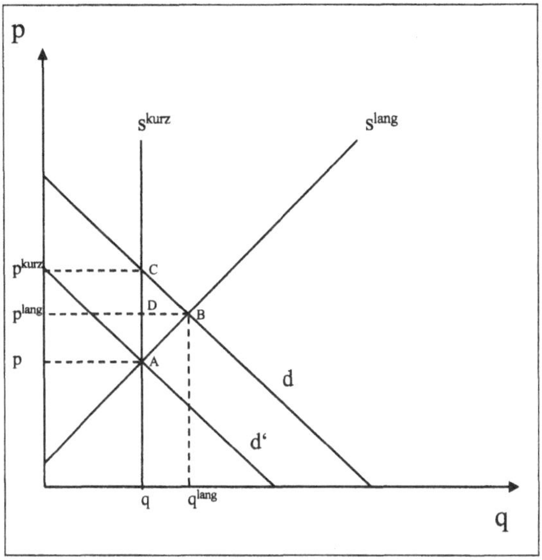

Quelle: eigene Darstellung in Anlehnung an Forker, O.D., Ward, R.W. 1993, S. 53, 54

Der Preisanstieg (p nach p^{lang}) und die Ausdehnung der Absatzmenge des Erzeugnisses (q^{lang} statt q) führen zu einem Gewinn an Produzentenrente um den in Abbildung 9 durch die Fläche $pABp^{lang}$ repräsentierten Betrag.[234]

Wird berücksichtigt, dass die Verbraucher im Blickfeld des Werbetreibenden liegen, ist das eigentliche Ziel der Werbung die Steigerung der Einzelhandelsnachfrage.[235] Die Betrachtung der Werbewirkung ist dann auf den Einzelhandelssektor auszudehnen (siehe Abbildung 10).

234 Es handelt sich hierbei um die langfristige Betrachtung der Werbewirkung, d.h. es wird berücksichtigt, dass die Erzeuger auf die sich ändernden Marktverhältnisse reagieren. In der kurzfristigen Betrachtung (das Angebot ist fix) führt Werbung nur zu einem Anstieg an Produzentenrente, der nur durch den Preisanstieg (p nach p^{kurz} in Abbildung 9) des beworbenen Erzeugnisses bewirkt wird (vgl. Forker, O.D., Ward, R.W. 1993, S. 50f.).

235 Vgl. Forker, O.D., Ward, R.W. 1993, S. 58.

Abbildung 10: Wirkung von Werbung auf Einzelhandelsebene

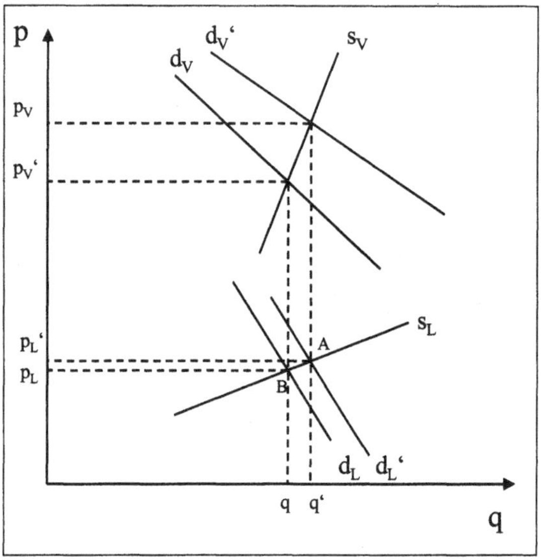

Quelle: eigene Darstellung in Anlehnung an Forker, O.D., Ward, R.W. 1993, S. 59

Die Nachfrage auf Erzeugerebene ist dann eine abgeleitete Nachfrage der Einzelhandelsnachfrage (siehe Abbildung 10). Durch die Ausdehnung der Endverbrauchsnachfrage (d_v nach d_v') wird der Einzelhandelssektor verstärkt auf Erzeugerebene nachfragen (Verschiebung der Nachfragekurve auf Erzeugerebene von d_L nach d_L'). Für die Erzeuger ergibt sich dadurch ein Gewinn an Produzentenrenten in der durch die Fläche $p_L A B p_L'$ repräsentierten Höhe.[236]

Die Überwälzung der positiven Erträge der Werbewirkung auf die Erzeugerebene hängt dabei von den Distributions- und Verarbeitungstechnologien sowie dem Grad des Wettbewerbs ab.[237] Prinzipiell bestimmt damit die Preiselastizität des Angebotes auf den jeweiligen Vermarktungsstufen die Überwälzung.[238] So bewirkt die abgeleitete Verschiebung der Nachfragekurve auf Erzeugerebene eine umso geringere Änderung des Erzeugerpreises, je preiselastischer die Angebotskurve der Erzeuger ist. Je elastischer die Angebotskurve auf Einzelhandelsebene ist, umso größer wird bei gegebener Verschiebung der Nachfragekur-

236 Vgl. Forker, O.D., Ward, R.W. 1993, S. 59.
237 Vgl. Forker, O.D., Ward, R.W. 1993, S. 58f.
238 Vgl. Forker, O.D., Ward, R.W. 1993, S. 58.

ve auf Einzelhandelsebene die Mengen- und Preisänderung auf Erzeugerebene sein.[239]

3.1.2 Kreuzeffekt

Neben dem Eigeneffekt hat generische Werbung für ein Erzeugnis *i* auch Kreuzeffekte auf Konkurrenzprodukte (Substitute) und damit auf den Absatz anderer Branchen des Agrarsektors. Auf einem Markt mit zwei Erzeugnissen *i* und *j* bewirkt der Kreuzeffekt der Werbung für Erzeugnis *i* eine Änderung der Absatzmenge und des Preises für das Erzeugnis *j*.

In der grafischen Analyse bedeutet dies eine Linksverschiebung der Nachfragekurve für das Erzeugnis *j* (siehe Abbildung 11). Dies wird als „Produktkannibalismus“ bezeichnet.[240] Die Linksverschiebung führt für die Erzeuger des Substituts *j* zu einem Verlust an Produzentenrente in Höhe des durch die Fläche *p'DFp* repräsentierten Betrages (siehe Abbildung 11).

Abbildung 11: Kreuzeffekt der Werbung

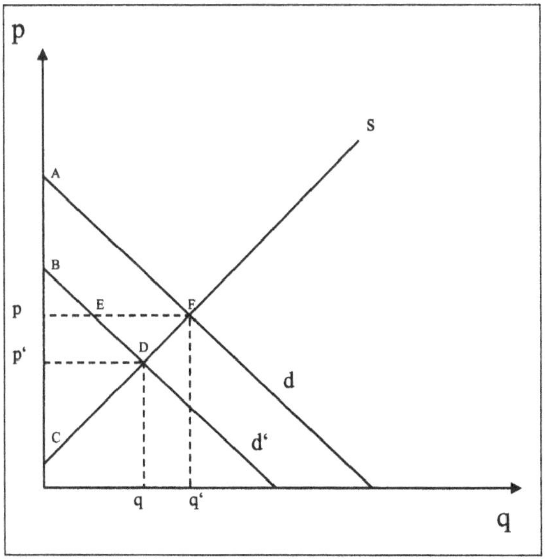

Quelle: eigene Darstellung

[239] Der analytischen Klarheit wegen beschränkt sich im Folgenden die Analyse der Werbewirkung auf die langfristige Betrachtung auf Erzeugerebene.

[240] Vgl. Alvensleben, R.v. 1991, S. 60.

Neben der Auswirkung auf die Absatzmenge des Substituts wirkt sich der Kreuzeffekt auf die Änderung des Preises des beworbenen Erzeugnisses aus. Dies zeigt die algebraische Analyse.[241]

Sind die Nachfragefunktionen für Erzeugnis *i* und Erzeugnis *j*:[242]

$$d\ln Q_1 = -N_{11} d\ln P_1 + N_{12} d\ln P_2 + B_{11} d\ln A_1$$

$$d\ln Q_2 = -N_{21} d\ln P_1 + N_{22} d\ln P_2 + B_{21} d\ln A_1$$

mit:

Q_1: Nachfrage nach Erzeugnis i

Q_2: Nachfrage nach Erzeugnis j

P_1: Preis von Gut *i*

P_2: Preis von Erzeugnis *j*

N_{11}: Eigenpreiselastizität Erzeugnis *i*

N_{22}: Eigenpreiselastizität Erzeugnis *j*

N_{12}: Kreuzpreiselastizität (Preis Erzeugnis *j* für Erzeugnis *i*)

N_{21}: Kreuzpreiselastizität (Preis Erzeugnis *i* für Erzeugnis *j*)

B_{11}: Eigenwerbeeffekt (Werbung Erzeugnis *i* auf Nachfrage Erzeugnis *i*)

B_{21}: Kreuzwerbeeffekt (Werbung Erzeugnis *i* auf Nachfrage Erzeugnis *j*)

A_1: Werbeausgaben für Erzeugnis *i*

Sind die Angebotsfunktionen:[243]

$$d\ln Q_1 = E_1 d\ln P_1$$

$$d\ln Q_2 = E_2 d\ln P_2$$

mit:

E_1: Angebotselastizitäten für Erzeugnis *i*

E_2: Angebotselastizitäten für Erzeugnis *j*

So ist die Änderung des Preises des beworbenen Erzeugnisses *i* dann:[244]

$$d\ln P_1 = \frac{B_{11}(E_2 + N_{22}) - N_{12}B_{21}}{(E_1 + N_{11})(E_2 + N_{22}) - N_{12}N_{21}} d\ln A_1$$

241 Vgl. Kinnucan, H.W. 1996.
242 Vgl. Kinnucan, H.W. 1996, S. 262.
243 Vgl. Kinnucan, H.W. 1996, S. 264.
244 Vgl. Kinnucan, H.W. 1996, S. 264.

Wird nun der Kreuzwerbeeffekt vernachlässigt ($B_{21} = 0$), reduziert sich die Beschreibung der Preisänderung zu:

$$d \ln P_1 = \frac{B_{11}(E_2 + N_{22})}{(E_1 + N_{11})(E_2 + N_{22}) - N_{12}N_{21}} d \ln A_1$$

Da definitionsgemäß gilt[245]

$$N_{12}B_{21} > 0$$

ist der Preiseffekt ohne Berücksichtigung des Kreuzeffekts größer als bei seiner Berücksichtigung. Wird der Kreuzeffekt berücksichtigt, ist bei gegebener Mengenänderung zudem die Produzentenrente geringer.[246]

3.2 Wechselwirkungen generischer Werbung

Generische Werbung als nachfrageseitig wirkendes Instrument steht mit dem agrarmarktpolitischen Instrumentarium in Wechselbeziehung.[247] Diese Beziehung hat Einfluss auf die Wirkung der Werbung und ist deshalb bei der Betrachtung ihrer Eignung als agrarmarktpolitisches Instrument zu berücksichtigen.

Im Folgenden wird die Wechselwirkung zwischen generischer Werbung und den folgenden Instrumenten aufgezeigt:

- Intervention,
- Exporterstattungen,
- Deficiency Payment und
- Kontingentierung.

Im Vordergrund stehen dabei die Auswirkungen, die generische Werbung bei gegebenem Instrumenteneinsatz auf die Produzentenrente der Erzeuger und das Staatsbudget[248] hat.[249]

---

245 Vgl. Kinnucan, H.W. 1996, S. 264.

246 Vgl. Kinnucan, H.W. 1996, S. 265.

247 Vgl. hierzu auch Forker, O.D., Kinnucan, H.W. 1992, S. 36 - 43 und Forker, O.D., Ward, R.W. 1993, S. 266 - 273.

248 ALVENSLEBEN (1991) merkt an, dass die Budgetentlastung das einzige Ziel solcher Maßnahmen sein kann (Alvensleben, R.v. 1991, S. 60).

249 Für die Analyse wird davon ausgegangen, dass der Staat die gesamten Werbeausgaben trägt, und für das beworbene Erzeugnis und sein Substitut das gleiche Instrument eingesetzt wird.

3.2.1 Intervention

Das binnenwirtschaftliche Instrument der Intervention besteht aus dem staatlichen Mengenankauf des betreffenden landwirtschaftlichen Erzeugnisses, um so den inländischen Erzeugerpreis auf einem bestimmten Niveau zu stabilisieren.[250]

In der Ausgangssituation ohne Werbung wird bei einem Preis p_E (= Stützpreis, Interventionspreis) die Menge q_E^N des Erzeugnisses nachgefragt und die Menge q_E^S angeboten (siehe Abbildung 12). Um den Preis auf diesem Niveau zu halten, kauft der Staat die Differenzmenge q_E^S - q_E^N auf. Da diese Differenzmenge zum Weltmarktpreis (p_E^W) auf dem Weltmarkt abgesetzt wird, repräsentiert die Fläche *AEGC* die Ausgaben des Staates für diese Intervention.[251]

Verschiebt sich in dieser Situation die Nachfragekurve durch Werbung von d_E nach d_E', werden die Verbraucher die Menge $q_E^{N\prime}$ nachfragen, und der staatliche Mengenaufkauf wird um $q_E^{N\prime}$ - q_E^N sinken. Da der Erzeugerpreis dem Stützpreis entspricht, bleiben sowohl Erzeugerpreis als auch die von den Erzeugern abzusetzende Menge unverändert.

Für die Erzeuger ergibt sich in dieser Situation keine Veränderung der Produzentenrente, da sich trotz der Ausweitung der Verbrauchernachfrage der Preis nicht ändert. Allerdings sinken durch die Intervention die Staatsausgaben (Fläche *AEFB* in Abbildung 12). Der Nutzen der Werbung für den Staat ergibt sich dann aus der Differenz zwischen diesen eingesparten Ausgaben und den Kosten der Werbung.

Eine andere Situation ergibt sich, wenn die Nachfragekurve durch Werbung so weit verschoben wird (von d_E nach d_E''), dass der Marktpreis (p_E') über den Stützpreis (p_E) steigt. In diesem Fall setzen die Produzenten zusätzlich die Menge ($q_E^{N\prime\prime}$ - q_E^S) ab (siehe Abbildung 12).

---

[250] Vgl. Koester, U. 1981, S. 254.

[251] Die Ausgaben sind entsprechend höher, wenn die Interventionsmenge auf dem Inlandsmarkt zu einem geringeren Preis als dem Stützpreis (>Weltmarktpreis) auf dem inländischen Markt verkauft (bspw. Weihnachtsbutter), verschenkt (bspw. internationale Lebensmittelhilfe) oder vernichtet wird.

Abbildung 12: Intervention und Werbung

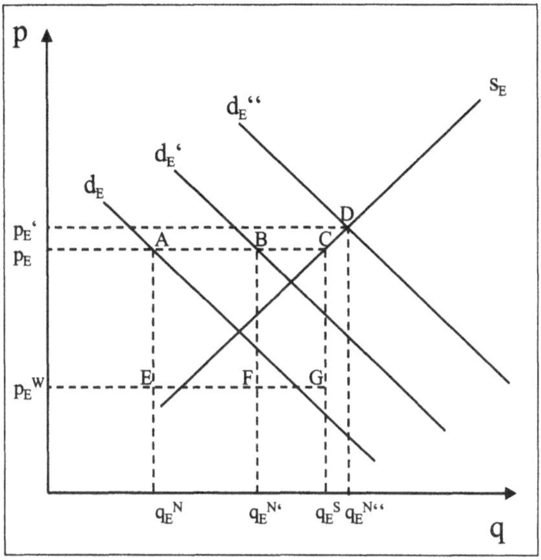

Quelle: eigene Darstellung

Jetzt spart der Staat die Interventionsausgaben ein, da das Angebot vollständig am Markt nachgefragt wird und die Interventionsmenge auf Null sinkt. Auch in diesem Fall erzielt der Staat einen Nettonutzen, wenn die Kosten für die Werbung geringer sind als die eingesparten Interventionsausgaben. Die Erzeuger gewinnen dabei die durch die Fläche *pCDp'* repräsentierte Produzentenrente hinzu.[252]

Wegen des Kreuzeffektes der Werbung geht die Nachfrage nach dem Substitut des beworbenen Erzeugnisses zurück. Wenn für dieses Substitut ebenfalls Interventionsregeln in Kraft sind, hat der Kreuzeffekt nicht nur eine Bedeutung für die Produzentenrente, sondern auch für das Staatsbudget (siehe Abbildung 13).

[252] FORKER und KINNUCAN (1992) geben zu bedenken, dass sich angesichts der Budgetentlastung möglicherweise der politische Druck hinsichtlich einer Senkung des Stützpreises verringert und plädieren dafür, diesen politischen Nutzen für die Erzeuger bei der Bewertung der Politik zu berücksichtigen (vgl. Forker, O.D., Kinnucan, H.W. 1992, S. 38).

Abbildung 13: Intervention und Kreuzeffekt

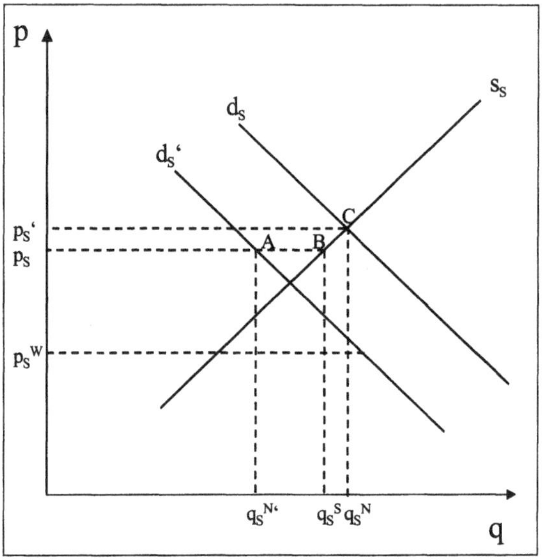

Quelle: eigene Darstellung

In der Ausgangssituation ohne Werbung gilt der Marktpreis (p_S'), der höher als der Stützpreis (p_S) ist. In diesem Fall wird die Menge (q_S^N) nachgefragt, die von den Erzeugern produziert wird. In dieser Situation sind keine Ausgaben für Intervention notwendig.

Wenn sich allerdings aufgrund des Kreuzeffektes die Nachfragekurve so weit nach links verschiebt (von d_S nach d_S'), dass Intervention notwendig wird, wird der Staat die Menge $q_S^S - q_S^{N'}$ aufkaufen. Somit entstehen dem Staat Ausgaben in Höhe von $(p_S - p_S^W) * (q_S^N - q_S^{N'})$, die er zusammen mit den Ausgaben für Werbung tragen muss.

Gilt nach der Linksverschiebung der Nachfragekurve der Stützpreis (p_S), verlieren die Erzeuger den durch die Fläche p_SEGp_S' repräsentierten Betrag an Produzentenrente. Ohne Intervention verlieren sie die durch die Fläche $p_S''DGp_S'$ repräsentierte Produzentenrente. Im Vergleich zu der Situation, in der keine Intervention stattfindet, sind die Verluste mit Intervention also um die Fläche $p_S''DEp_S$ geringer (siehe Abbildung 14).

Abbildung 14: Intervention, Kreuzeffekt und Produzentenrente

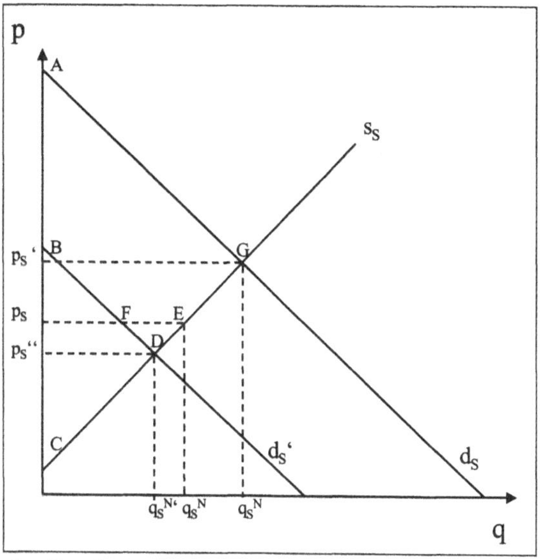

Quelle: eigene Darstellung

Werden sowohl Eigeneffekt und Kreuzeffekt berücksichtigt, erzielt der Staat bei Intervention (Marktpreis = Stützpreis) des beworbenen Erzeugnisses und seines Substituts nur dann Einsparungen im Staatsbudget, wenn die Ausgaben für Werbung und die zusätzlichen Ausgaben für Intervention des Substituts geringer sind als Einsparungen durch die verringerte Intervention des beworbenen Erzeugnisses. Die Produzentenrente des Agrarsektors als Summe der Produzentenrenten der Erzeuger des beworbenen Erzeugnisses und der Erzeuger des Substituts ändert sich in dieser Situation hingegen nicht.

3.2.2 Exporterstattungen

Exporterstattungen (Ex) werden für Exporte gezahlt, wenn der Inlandspreis auf einem höheren Niveau gehalten werden soll als der Weltmarktpreis. Sie sind das Produkt aus der Differenz des Inlands- (p) und Weltmarktpreises (p^w) und der Differenz der Inlandsproduktion (q_S) und -nachfrage (q_N) des zu bewerbenden Erzeugnisses:[253]

$$Ex_E = (p_E - p_E^w) * (q_E^S - q_E^N)$$

---

[253] Vgl. Koester, U. 1981, S. 247.

In der Ausgangssituation ohne Werbung wird bei einem Inlandspreis p_E die Menge q_E^N des Erzeugnisses nachgefragt. Die Erzeuger produzieren q_E^S, der Staat wird die Menge $q_E^S - q_E^N$ zum Preis p_E aufkaufen und zu p_E^w am Weltmarkt absetzen. Damit belaufen sich die Staatsausgaben für Exporterstattungen auf $e_E * (q_E^S - q_E^N)$, mit e = mit $(p_E - p_E^W)$ (siehe Abbildung 15)

Abbildung 15: Exporterstattungen und Werbung

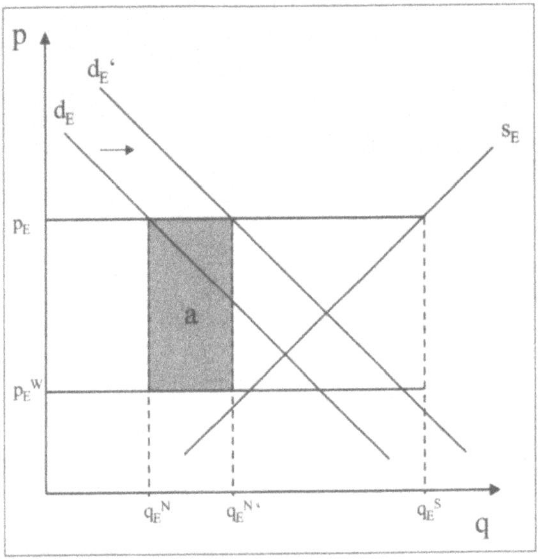

Quelle: eigene Darstellung

Die Werbung hebt in dieser Situation die Nachfrage auf $q_E^{N'}$. Dadurch sinkt die vom Staat aufzukaufende Menge um die gestiegene Nachfragemenge $(q_E^{N'} - q_E^N)$ und die Ausgaben des Staates für Exporterstattungen gehen um den Betrag $(q_E^{N'} - q_E^N) * e_E$ (Fläche *a* in Abbildung 15) zurück. Unter Berücksichtigung der Ausgaben für Werbung *W* belaufen sich dann die Staatsausgaben somit auf $(q_S - q_{N'}) * e_E + W$. Wenn die Ausgabeneinsparung $(q_E^{N'} - q_E^N) * e_E$ größer als *W* ist, sinken die Ausgaben des Staates für Exportförderung.[254]

Falls der Marktpreis weiterhin gleich dem Stützpreis ist, ändert sich die Produzentenrente nicht.

[254] Der Terms of Trade-Effekt verstärkt diese Wirkung (vgl. Koester, U. 1992, S. 245).

Abbildung 16: Exporterstattungen, Eigeneffekt und Produzentenrente

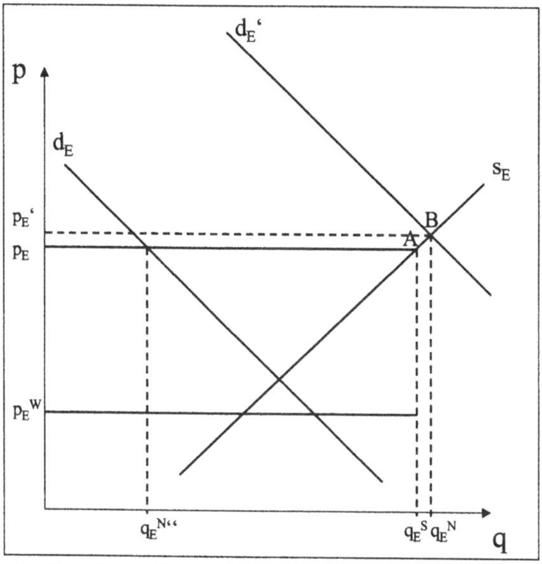

Quelle: eigene Darstellung

Nur wenn es gelingt, die Nachfrage von q_E^N auf $q_E^{N''}$ auszudehnen, steigt der Marktpreis auf p_E' und liegt damit über dem Stützpreis p_E. In diesem Fall steigt die Produzentenrente um den durch die Fläche p_EABp_E' repräsentierten Betrag an. Gleichzeitig sinken die Ausgaben für Exporterstattungen auf Null (siehe Abbildung 16).

Über den Kreuzeffekt der Werbung wird es annahmegemäß zu einem Nachfrageückgang des Substituts kommen (siehe Abbildung 17).

Abbildung 17: Exporterstattungen und Kreuzeffekt

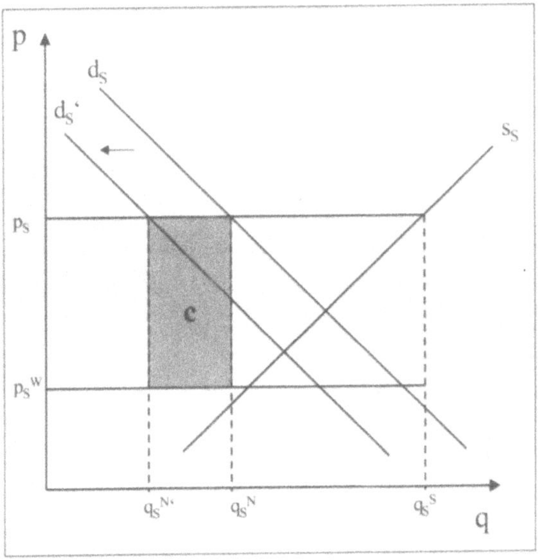

Quelle: eigene Darstellung

Die Nachfrage nach dem Substitut wird damit auf $q_S^{N'}$ sinken. Aufgrund der Senkung der Nachfrage steigt die vom Staat aufzukaufende Menge um die verringerte Nachfragemenge an und damit die Ausgaben für Exporterstattungen um den Betrag $(q_S^{N'} - q_S^{N}) * e_S$ (Fläche *c* in Abbildung 17).

Die Exporterstattungen für das beworbene Erzeugnis gehen zwar zurück (Fläche *a* in Abbildung 15), aber die Exporterstattungen für das Substitut steigen (Fläche *c* in Abbildung 17). Das gesamte Staatsbudget kann also nur dann gesenkt werden, wenn die zusätzlichen Exporterstattungen für das Substitut ebenfalls von den Einsparungen der Exporterstattungen für das beworbene Erzeugnis (neben den Werbeausgaben *W*) gedeckt werden.

Auf die Produzentenrente wirkt sich der Kreuzeffekt nur dann aus, wenn der Marktpreis in der Ausgangssituation ohne Werbung über dem Stützpreis lag (siehe Abbildung 18).

Abbildung 18: Exporterstattungen, Kreuzeffekt und Produzentenrente

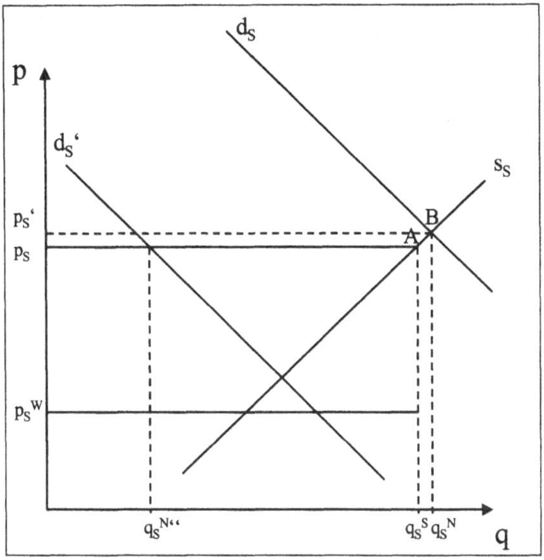

Quelle: eigene Darstellung

Liegt in der Ausgangssituation der Marktpreis p_S' über dem Stützpreis p_S, wird wegen des Kreuzeffektes der Werbung die Produzentenrente um maximal den Betrag sinken, der in Abbildung 18 durch die Fläche p_SABp_S' repräsentiert wird. Hingegen kommt es zu keiner Veränderung der Produzentenrente, wenn in der Ausgangssituation der Marktpreis gleich dem Stützpreis ist, da die Erzeuger auch nach der Verschiebung der Nachfragekurve die Menge q_S^S zum Stützpreis p_S absetzen werden.

Werden Eigen- und Kreuzeffekt der Werbung bei gegebener Exporterstattung zusammen betrachtet, dann sinken die Staatsausgaben für Exporterstattungen in der Situation (Marktpreis = Stützpreis) nur dann, wenn die Summe aus Ausgaben für Werbung und zusätzlichen Exporterstattungen für das Substitut kleiner ist als die Einsparungen der Exporterstattungen für das beworbene Erzeugnis. Die Produzentenrente des Agrarsektors als Summe der Produzentenrente der Erzeuger des beworbenen Erzeugnisses und der Produzentenrente der Erzeuger des Substituts ändert sich hingegen in dieser Situation nicht.

3.2.3 Deficiency Payment

Bei dem Instrument des Deficiency Payment handelt es sich um eine besondere Form der Produktsubvention.[255] Auf Verbraucherseite behält der Marktpreis seine Gültigkeit, während den Erzeugern ein höherer Preis gewährt wird, indem die Differenz zwischen dem Marktpreis und dem gestützten Preis aus dem Staatshaushalt finanziert wird.[256]

Abbildung 19: Deficiency Payment und Werbung

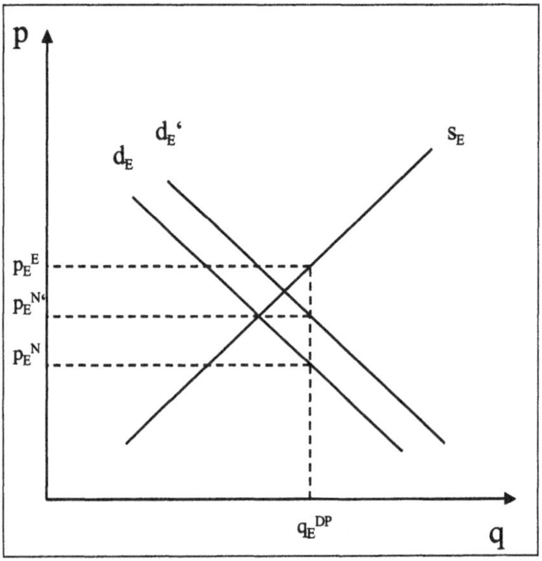

Quelle: eigene Darstellung

Gilt in der Ausgangssituation ohne Werbung für das zu bewerbende Erzeugnis der Erzeugerpreis p_E^E, produzieren die Erzeuger die Menge q_E^{DP}, die zum Preis p_E^N von den Verbrauchern nachgefragt wird. Den Differenzbetrag $(p_E^E - p_E^N) * q_E^{DP}$ erhalten die Erzeuger vom Staat (siehe Abbildung 19).

Infolge des Eigeneffekts der Werbung verschiebt sich die Nachfragekurve des beworbenen Erzeugnisses (von d_E nach d_E', siehe Abbildung 19). Steigt durch diese Verschiebung der Marktpreis des beworbenen Erzeugnisses nicht über dessen gestützten Erzeugerpreis, so kommt es zu keiner Mengensteigerung auf der Erzeugerseite. Damit ändert sich auch die Produzentenrente nicht. Da aller-

---

255 Vgl. Koester, U. 1981 S. 277.

256 Vgl. Forker, O.D., Kinnucan, H.W. 1992, S. 38f.

dings der Nachfragepreis von p_E^N auf $p_E^{N'}$ steigt, muss der Staat den Erzeugern den Betrag $(p_E^{N'} - p_E^N) * q_E^{DP}$ weniger erstatten.

Abbildung 20: Deficiency Payment und Kreuzeffekt

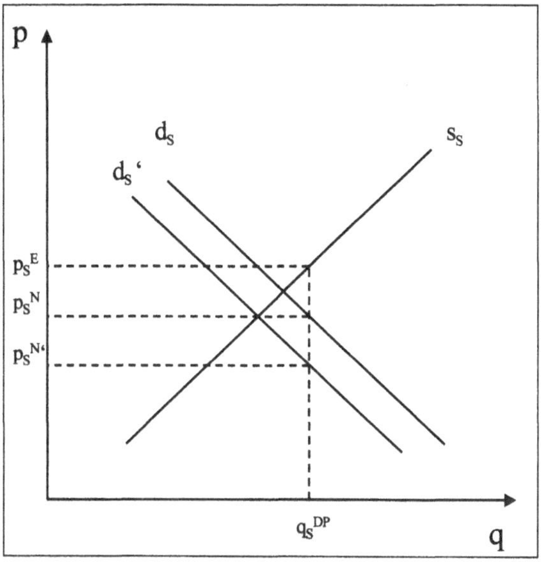

Quelle: eigene Darstellung

Wegen des Kreuzeffektes der Werbung verschiebt sich die Nachfragekurve des Substituts nach links (von d_S nach d_S', siehe Abbildung 20). Da dadurch der Nachfragepreis (von p_S^N auf $p_S^{N'}$) sinkt, steigen die Ausgaben des Staates um den Betrag $(p_S^{N'} - p_S^N) * q_S^{DP}$. Die Produzentenrente der Erzeuger bleibt hingegen unverändert, wenn vor der Werbung der Marktpreis gleich dem Stützpreis war.

Unter Berücksichtigung des Kreuzeffektes erzielt der Staat bei der Durchführung des Instruments Deficiency Payment also dann Einsparungen, wenn die werbebedingten Einsparungen für das beworbene Erzeugnis größer sind als die Summe aus Werbeausgaben und kreuzwerbebedingten Zusatzausgaben für die Produktsubvention des Substituts.

3.2.4 Kontingentierung

Die Kontingentierung wirkt als Produktionsmengenbegrenzung und kann nur bei solchen Erzeugnissen angewandt werden, bei deren Vermarktung das Flaschenhalsprinzip vorzufinden ist.[257] Der Staat hat dabei lediglich Verwaltungskosten zu tragen, die im gegebenen Zusammenhang als konstant angenommen werden. Die Wirkung der Werbung ergibt hier folgendes Bild.[258]

Abbildung 21: Kontingentierung und Werbung

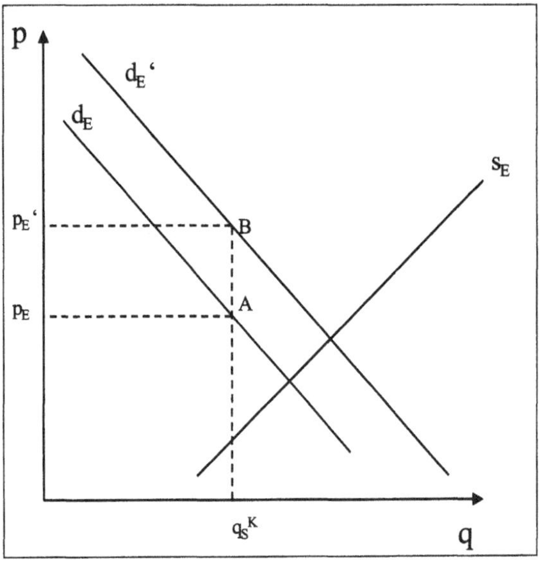

Quelle: eigene Darstellung

Die Ausgangssituation ohne Werbung ist durch den Preis p_E und die Kontingentmenge q_E^K gegeben (siehe Abbildung 21). Verschiebt sich die Nachfragekurve aufgrund der Werbung (von d_E nach d_E'), steigt bei unveränderter Kontingentmenge der Preis auf p_E'. Da der Staat neben den schon vorhandenen Verwaltungskosten der Kontingentierung auch für die Werbung aufkommt, sind die Ausgaben des Staates höher als in der Ausgangssituation.

Für die Erzeuger ergibt sich aus der Preissteigerung ein Anstieg der Produzentenrente in dem durch die Fläche p_EABp_E' repräsentierten Umfang.[259]

---

[257] Vgl. Koester, U. 1981, S. 271.

[258] Vgl. Forker, O.D., Kinnucan, H.W. 1992, S. 40.

[259] FORKER und KINNUCAN (1992) führen an, dass wegen des höheren Verbraucherpreises politischer Druck entstehen kann, die Produktion auszudehnen. Dies führt dann zu einer Preissenkung und der Nutzen der Werbung für die Erzeuger ginge verloren. Dennoch sehen sie kurzfristig in der Kontingentierung die besten Voraussetzungen für Werbemaß-

(...Fortsetzung nächste Seite...)

Der Kreuzeffekt, der die Linksverschiebung der Nachfragekurve des Substituts (von d_S nach d_S') hervorruft, bewirkt unter Annahme konstanter Verwaltungsausgaben keine Änderung der Staatsausgaben bezogen auf das Substitut. Da jedoch der Preis des Substituts sinkt (von p_S auf p_S'), verringert sich die Produzentenrente um den durch die Fläche $p_S p_S' AB$ repräsentierten Betrag (siehe Abbildung 22).

Abbildung 22: Kontingentierung und Kreuzeffekt

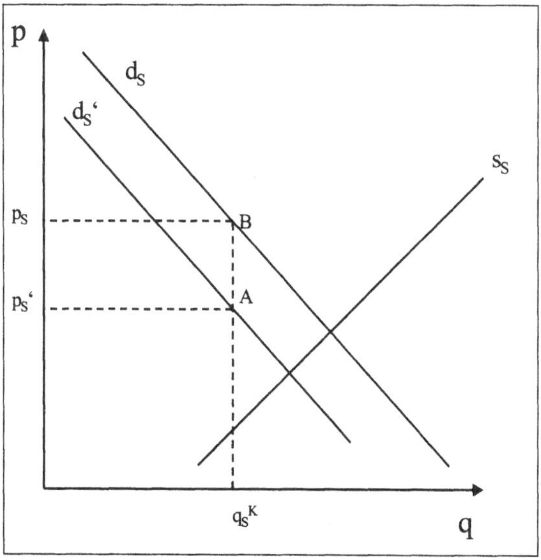

Quelle: eigene Darstellung

---

nahmen, welche die Erzeuger besser stellen sollen (vgl. Forker, O.D., Kinnucan, H.W. 1992, S. 40).

3.2.5 Resümee

Übersicht 6 fasst die Ergebnisse der Analyse zur Wechselwirkung zwischen generischer Werbung und den ausgewählten agrarpolitischen Instrumenten zusammen.

Übersicht 6: Agrarmarktpolitische Wechselwirkung der Werbung

	Staatsausgaben		Produzentenrente			
Instrument	**Eigeneffekt**	**Kreuzeffekt**	**Eigeneffekt**		**Kreuzeffekt**	
Kontingentierung	0	0	+		–	
Preisstützung			*S=M*	*S<M*	*S=M*	*S<M*
Intervention	–	+	0	+	0	–
Exporterstattung	–	+	0	+	0	–
Produktsubvention			*S=M*	*S<M*	*S=M*	*S<M*
Deficiency Payment	–	+	0	+	0	–

S: Stützpreis, M: Marktpreis; ohne Berücksichtigung der Ausgaben für Werbung; die Verwaltungsausgaben werden als konstant angenommen.

Quelle: eigene Darstellung

Durch die Unterstützung von Werbung lassen sich bei einer Preisstützungspolitik (Intervention, Exporterstattung) und einer Produktsubvention (Deficiency Payment) die Staatsausgaben senken. Treten Kreuzeffekte auf, können die Staatsausgaben allerdings auch steigen, wenn der Absatz des Substituts ebenfalls durch eine Preisstützungspolitik bzw. eine Produktsubvention gefördert wird. Einsparungen im Staatsbudget lassen sich dann erzielen, wenn der Absatz des Substituts durch das Instrument der Kontingentierung gefördert wird.

Die Produzentenrente ändert sich im Rahmen einer Preisstützungspolitik bzw. einer Produktsubvention nur dann, wenn der Marktpreis des beworbenen Erzeugnisses durch die Nachfrageverschiebung über den Stützpreis steigt bzw. der Marktpreis des Substituts auf den Stützpreis fällt. Sie erhöht sich also dann, wenn der Marktpreis des beworbenen Erzeugnisses über den Stützpreis steigt und der Preis des Substituts vor und nach der Werbung dessen Stützpreis entspricht. Bei Kontingentierung hingegen führt Werbung prinzipiell immer zur Erhöhung der Produzentenrente bezogen auf das beworbene Erzeugnis und zu deren Senkung bezogen auf das Substitut.

Insgesamt zeigt sich also, dass durch die Unterstützung generischer Werbung Staatsausgaben für Preisstützung und Produktsubvention prinzipiell gesenkt werden können, die Produzentenrente jedoch tendenziell unverändert bleibt. Inwieweit dieses Ergebnis auch empirisch bestätigt wird, zeigen die Ausführungen des folgenden Abschnitts.

3.3 Nachweisbare Wirkungen generischer Werbung

In diesem Abschnitt werden Ergebnisse empirischer Studien dargestellt, die Auskunft über den Erfolg generischer Werbung geben. Dadurch wird es möglich, Aussagen über die Wirksamkeit generischer Werbung als agrarmarktpolitisches Instrument entsprechend zu fundieren. Zunächst werden die im Allgemeinen verwendeten Messgrößen für die Bestimmung des Erfolgs generischer Werbung eingeführt und erläutert. Mit Hilfe dieser Messgrößen wird die empirisch nachweisbare Wirkung generischer Werbung dargelegt.

3.3.1 Messgrößen der Wirkung

Für eine Erfolgsbestimmung der Werbemaßnahmen ist der Nachweis eines kausalen Zusammenhangs zwischen Werbung und Nachfrage von entscheidender Bedeutung.[260] Für den Einfluss generischer Werbung auf die Nachfrage muss zunächst ein funktionaler Zusammenhang angenommen werden:[261]

$D = f(z, W)$,

d.h. die Nachfrage (D) ist eine Funktion der Werbeausgaben (W) und sonstiger Einflussfaktoren (z) wie bspw. Produktpreise und Einkommen. Dieses theoretische Modell muss empirisch überprüfbar sein, und die mit seiner Hilfe gefundenen Ergebnisse haben mit Blick auf die Untersuchungsfrage interpretierbar zu sein.[262]

Entscheidend für die Führung eines Nachweises ist die Wahl der Funktionsform.[263] Bei der Wahl der Funktionsform ist darauf zu achten, i) dass eine Nachfrage auch ohne Werbung existiert, ii) dass ein Sättigungsniveau der Informationsaufnahme erreicht wird, iii) dass ein zeitlicher Werbeeffekt (carry-over) besteht, und iv) dass die Effektivität der Werbung über die Zeit abnimmt.[264] Darüber hinaus sind die Kreuzeffekte der Werbung (spillover) zu berücksichtigen.[265] Ist die Funktionsform entsprechend festgelegt, erfolgt der Nachweis des kausalen Zusammenhangs mit Hilfe ökonometrischer Schätzung.

---

[260] Vgl. Forker, O.D., Ward, R.W. 1993, S. 161.
[261] Vgl. Forker, O.D., Ward, R.W. 1993, S. 162.
[262] Vgl. Forker, O.D., Ward, R.W. 1993, S. 160 - 161.
[263] Vgl. Forker, O.D., Ward, R.W. 1993, S. 162.
[264] Vgl. Forker, O.D., Ward, R.W. 1993, S. 162 -163.
[265] Vgl. Kinnucan, H.W. 1996.

Neben dem eingeführten Eingleichungsmodell stehen für die ökonometrische Schätzung auch Mehrgleichungsmodelle zur Verfügung. Im Rahmen von Eingleichungsmodellen wird der Zusammenhang zwischen Werbung und Absatz ausschließlich für ein Erzeugnis geschätzt. Mehrgleichungsmodelle ermöglichen hingegen die Integration mehrerer Erzeugnisse in die Schätzung.

Für die Modellauswahl zur Wirksamkeitsanalyse empfiehlt HOFF (1996) auf Grundlage einer Meta-Analyse den Einsatz von Eingleichungsmodellen, da sie eine sorgfältigere Auseinandersetzung mit dem Datenmaterial erlauben.[266, 267] HENRY und CLARY (1998) empfehlen hingegen ebenfalls auf Grundlage einer Meta-Analyse, die Wirkungsanalyse nicht ausschließlich mit Eingleichungsmodellen durchzuführen, da diese Inkonsistenzen mit der Nachfragetheorie aufweisen.[268] Allerdings besitzen für FORKER und WARD (1993) Mehrgleichungsmodelle dann Nachteile, wenn bei deren Aufstellung in erster Linie auf die Konsistenz mit der Nachfragetheorie und nicht auf die adäquate Integration der Werbung als exogene Variable geachtet wird.[269] KINNUCAN (1996) hält Eingleichungsmodelle nur dann für die Analyse geeignet, wenn das betrachtete Erzeugnis strikt separabel ist,[270] d.h. dessen Nachfrage unabhängig von der Nachfrage nach anderen Erzeugnissen ist.[271]

Ist der Nachweis eines statistisch signifikanten Einflusses der Werbung auf die Nachfrage gelungen, können Aussagen über den Erfolg der Werbung formuliert werden. Zur Formulierung solcher Aussagen werden im Allgemeinen die folgenden Messgrößen angewandt:[272]

- Werbeelastizität
- Kreuzwerbeelastizität
- Rentabilität der Werbeausgaben.

Die Werbeelastizität stellt das Verhältnis von prozentualer Änderung der Konsumausgaben zu prozentualer Änderung der Werbeausgaben bezogen auf das beworbene Erzeugnis dar:[273]

---

[266] Vgl. Hoff, K. 1996, S. 352.
[267] Vgl. auch Forker, O.D., Ward, R.W. 1993, S. 175f.
[268] Vgl. Henry, C.R., Clary, C.R. 1998.
[269] Vgl. Forker, O.D., Ward, R.W. 1993, S. 176.
[270] Vgl. Kinnucan, H.W. 1996, S. 265 und vgl. Kapitel 3.1.2.
[271] Vgl. Deaton, A., Muellbauer, J. 1994, S. 127.
[272] Vgl. Forker, O.D., Kinnucan, H.W. 1992, S. 17ff.
[273] Vgl. auch Forker, O.D., Ward, R.W. 1993, S. 165.

$$\varepsilon = \frac{\partial K}{\partial W}\frac{W}{K}$$

mit W: Werbeausgaben und K: Konsumausgaben.

Der Wert der Werbeelastizität liegt zwischen Null und Unendlich. Eine Werbeelastizität von Eins gibt eine proportionale Änderung der Konsumausgaben zu Werbeausgaben wieder. Eine Werbeelastizität von Null besagt, dass die Werbung keinen Effekt auf die Nachfrage hat. Bei einer Werbeelastizität kleiner als Eins bleibt die Änderung der Konsumausgaben hinter der Änderung der Werbeausgaben zurück, während bei einer Werbeelastizität größer als Eins eine einprozentige Änderung der Werbeausgaben zu mehr als einer einprozentigen Änderung der Konsumausgaben führt.[274]

Die Kreuzwerbeelastizität gibt das Verhältnis der prozentualen Änderung der Konsumausgaben eines Erzeugnisses *i* und der prozentualen Änderung der Werbeausgaben für ein weiteres Erzeugnis *j* wieder:

$$\varepsilon = \frac{\partial K_i}{\partial W_j}\frac{W_j}{K_i}$$

mit K_i: Konsumausgaben für Erzeugnis i, W_j: Werbeausgaben für Erzeugnis j.

Sie ist damit eine Messgröße für die Konkurrenzbeziehung (Substitutionsbeziehung) zwischen Erzeugnis *i* und Erzeugnis *j*. Je größer der Betrag der Kreuzwerbeelastizität ist, umso stärker ist die Substitutionsbeziehung der beiden Erzeugnisse bezogen auf die Werbeausgaben.[275]

Die Rentabilität der Werbeausgaben (Rate of Return on Investment, ROI) ermöglicht Aussagen darüber zu treffen, inwiefern die Werbung einen positiven Effekt für ihren Finanzierenden hat.[276]

Die Messung der Rentabilität einer Investition in Werbung erfolgt mit Hilfe der durchschnittlichen Rentabilität oder der marginalen Rentabilität, bei deren Berechnungen auch die Opportunitätskosten der eingesetzten Mittel berücksichtigt werden müssen.[277] Die marginale Rentabilität gibt die Änderung der Produktverkäufe bezogen auf eine zusätzliche Geldeinheit an Werbeausgaben an. Die durchschnittliche Rentabilität stellt deren durchschnittliche Werte bezogen auf

---

[274] Vgl. Forker, O.D., Kinnucan, H.W. 1992, S. 15.

[275] In der empirischen Literatur werden die Werbe- und die Kreuzwerbeelastizitäten nicht einheitlich definiert. So wird bei der Definition der Werbeelastizitäten statt der Änderung der Konsumausgaben auch die mengenmäßige Änderung der Nachfrage oder des Absatzes herangezogen (vgl. bspw. Thompson, S.T., Eiler, D.A. 1977).

[276] Vgl. Forker, O.D., Kinnucan, H.W. 1992, S. 15f.

[277] Vgl. Forker, O.D., Kinnucan, H.W. 1992, S. 22.

die Gesamtwerbeausgaben dar. Aus einer durchschnittlichen Rentabilität größer als Eins ist zu folgern, dass die Investition einen positiven Ertrag erwirtschaftet. Bei einer marginalen Rentabilität, die größer als Eins ist, wird die Maßnahme suboptimal durchgeführt, Werbeausgaben sollten also erhöht werden. Ist hingegen die marginale Rentabilität kleiner als Eins sollten die Werbeausgaben eingeschränkt werden.[278, 279]

3.3.2 Empirische Belege

Empirisch geschätzte Werte der drei genannten Messgrößen geben Auskunft über die nachweisbare Wirkung generischer Werbung. Im Folgenden werden diesbezügliche Ergebnisse empirischer Studien zur Wirksamkeitsmessung generischer Werbemaßnahmen dargestellt.[280] Zunächst wird die Wirkung des Eigeneffektes bei Milch und Rindfleisch dargelegt, die mit Eingleichungsmodellen analysiert wurde. Daran schließt sich die Darstellung der mit Hilfe von Mehrgleichungsmodellen untersuchten Eigeneffekte an. Dann folgen Ergebnisse, die die Wirkung der Kreuzeffekte wiedergeben (jeweils bei Rindfleisch). Abschließen werden die Ausführungen mit der Darstellung empirischer Ergebnisse hinsichtlich der Wirkung von Exportwerbung (verschiedene Erzeugnisse) und der Wirkung, die die Werbung auf die Staatsausgaben[281] für andere agrarmarktpolitische Instrumente (Milch) hat.

Milch

THOMPSON und EILER (1977) analysieren die Effektivität der generischen Milchwerbung in New York City.[282] Sie bestimmen eine Werbeelastizität von 0,0212. Ihre Untersuchung zeigt darüber hinaus, dass Werbung dann besonders effektiv ist, wenn im betreffenden Markt große institutionelle Preisunterschiede

---

278 Vgl. Forker, O.D., Kinnucan, H.W. 1992, S. 22.

279 Die genaue Definition der verwendeten Berechnungsformel für die Rentabilität ist nicht in jeder empirischen Studie gleich. Da sie nicht in jeder empirischen Studie veröffentlicht wird, kann oft nur vermutet werden, was der Autor darunter versteht (vgl. Forker, O.D., H. Kinnucan 1992, S. 22).

280 Dabei handelt es sich zwar im Wesentlichen um Studien, die parafiskalisch finanzierte Programme analysieren und nicht unmittelbar durch den Staat finanziert werden. Da es jedoch lediglich um die Darstellung der Wirkung generischer Werbung geht, können die zitierten Studien dazu herangezogen werden, empirische Belege für die Wirkung der Werbung zu bieten.

281 Zu beachten ist dabei, dass die finanziellen Mittel für die analysierten Werbeprogramme jeweils durch eine Zwangsabgabe bereitgestellt werden. Die Ergebnisse haben damit nur eingeschränkt Gültigkeit, wenn die Werbung aus dem Staatshaushalt ganz oder teilweise finanziert wird.

282 Vgl. Thompson, S.T., Eiler, D.A. 1977.

zwischen den unterschiedlichen Verwendungsarten von Milch bestehen oder ein hoher Anteil der Milch über den Frischmilchmarkt vermarktet wird.

KINNUCAN und FORKER (1986) analysieren in ihrer Studie ebenfalls den Milchmarkt der Stadt New York.[283] Die Autoren schätzen eine Nachfragefunktion und bestimmen dann eine Werbeelastizität von 0,056. Ihre Untersuchung zeigt, dass generische Milchwerbung zeitlich unterschiedliche Effekte hat, und legt eine entsprechende Anpassung der Verteilung der Werbeausgaben nahe, die sich auch am Verbrauchsmuster der Nachfrage orientieren sollte. Anhand einer Simulationsrechnung zeigen die Autoren auf, dass die Erzeuger durch die Anpassung der Werbeausgaben einen um neun Prozent höheren Gewinn erzielen könnten.

Auch LIU und FORKER (1988) untersuchen den Frischmilchmarkt in New York City.[284] Sie schätzen auf Grundlage einer Nachfragefunktion eine Werbeelastizität von 0,0028 für generische Milchwerbung. Gemäß dieser Untersuchung erhalten die Erzeuger für jeden in Werbung investierten US $ 1,5 US $ (ROI) zurück. Dennoch merken die Autoren an, dass für das Erzeugerangebot ein Effekt vernachlässigbar gering sei, denn das Angebot würde lediglich um 0,0217 Prozent zurückgehen, wenn die Werbeausgaben sich nur auf einen Umfang von zehn Prozent der tatsächlichen Ausgaben belaufen würden.

In einer weiteren Studie analysieren LIU und FORKER (1990) regional begrenzte Werbung auf drei Milchmärkte (New York, Syracuse und Albany) und schätzen sowohl eine Nachfragefunktion als auch eine Angebotsfunktion.[285] Sie zeigen, dass ein Gesamtwerbebudget für regional begrenzte Werbemaßnahmen entsprechend der jeweiligen Effektivität der Einzelmaßnahmen auf den in Betracht kommenden regionalen Märkten verteilt werden muss. Zudem führen die Autoren aus, dass die Verantwortlichen bei der Aufteilung des Werbebudgets eines regionalen Programms die Wirkung eines überregionalen Programms berücksichtigen sollten, um zu einer optimalen Verteilung der Werbeausgaben zu gelangen.

LIU et al. (1990) entwickeln zur Analyse der generischen Milchwerbung auf dem US-amerikanischen Milchmarkt ein Modell, das die drei klassischen Vermarktungsstufen für Milch und Milchprodukte umfasst.[286] Für jede Stufe etablieren die Autoren je eine Angebotsfunktion und auf der Einzelhandelsstufe darüber hinaus je eine Nachfragefunktion für Verarbeitungs- und Frischmilch. Zur Ana-

---

[283] Vgl. Kinnucan, H.W., Forker, O.D. 1986, S. 562f.
[284] Vgl. Liu, D.J., Forker, O.D. 1988.
[285] Vgl. Liu, D.J. , Forker, O.D. 1990.
[286] Vgl. Liu, D.J., Kaiser, H.M., Forker, O.D., Mount, T.D. 1990.

lyse der Werbewirkung entwerfen die Autoren vier unterschiedliche Szenarien hinsichtlich der Durchführung von Werbung. Im ersten Szenario wird keine Werbung durchgeführt; es dient als Referenzsituation. Im zweiten Szenario wird lediglich Werbung auf dem Milchmarkt durchgeführt, das dritte Szenario betrachtet Werbeausgaben auf dem Markt für Milcherzeugnisse und das vierte umfasst Werbeausgaben für Milch und Milcherzeugnisse. Der jeweilige Vergleich mit der Referenzsituation ermöglicht die Bestimmung der ROI.

Wird generische Werbung ausschließlich für Milch durchgeführt, berechnen die Autoren für die Erzeuger eine ROI von 7,04 US $ pro eingesetztem Werbedollar. Werbung für Milcherzeugnisse (Szenario drei) führt auf der Erzeugerstufe zu einer ROI von Null, da sie lediglich eine Verschiebung der Interventionsmenge in den Verarbeitungssektor verursacht.

KAISER et al. (1992) untersuchen die Auswirkung generischer Werbung auf den einzelnen Stufen der Vermarktungskette ebenfalls am Beispiel des US-Milchmarkts.[287] Im Vergleich zur Arbeit von LIU et al. (1990) disaggregieren sie die Milcherzeugnisse in gefrorene Produkte, Butter und Käse und schließen Markenwerbung in die Analyse ein.

Die Autoren schätzen eine Markenwerbeelastizität für Käse von 0,05, eine Elastizität der generischen Frischmilch-Werbung von 0,035, eine Markenwerbeelastizität für gefrorene Produkte von 0,02 und eine Elastizität für generische Butterwerbung von 0,0016. Generische Werbung für Käse und Markenwerbung für Butter ist hingegen statistisch nicht signifikant.[288] Insgesamt konstatieren die Autoren den Erfolg des untersuchten Programms, denn anhand einer Simulationsberechnung weisen sie aus, dass das Programm die Preise für Milch, Käse und Butter auf Einzelhandelsebene, deren Mengen sowie die Preise für Milch und gefrorene Milchprodukte auf der Großhandelsstufe positiv beeinflusst hat. Insbesondere ist der Milchpreis auf Einzelhandels- und Großhandelsebene im Vergleich zur Situation, in der keine Werbung stattfindet, um rund sechs bzw. fünf Prozent höher. Auch der Interventionspreis liegt um 2,3 Prozent sowie der Erzeugerpreis für Milch um 2,22 Prozent höher.

KINNUCAN und VENKATESWARAN (1994) untersuchen am Beispiel eines kanadischen Werbeprogramms (Ontario Fluid Milk Campaign) die Änderung der Effektivität der generischen Werbung über die Zeit auf dem kanadischen

---

287 Vgl. Kaiser, H.M., Forker, O.D., Lenz, J., Sun, C-H. 1992.

288 Die Autoren weisen darauf hin, dass diese Elastizitäten lediglich die partialen Elastizitäten aus der Strukturgleichung sind, nicht aber die totalen aus der reduzierten Form (vgl. Kaiser, H.M., Forker, O.D., Lenz, J., Sun, C-H. 1992, S. 11, Fußnote 6).

Milchmarkt. Dabei wird sowohl der Einfluss von systematischen als auch von nicht-systematischen Faktoren berücksichtigt.[289]

Systematische Einflüsse sind mit der Gestaltung der Werbekampagne sowie mit zeitbedingten Änderungen verbunden. Zeitbedingte Änderungen beziehen sich einerseits auf die schwindende Aufmerksamkeit des Publikums (Wearout-Hypothese) und andererseits auf die Fähigkeit der Werbemanager durch Erfahrung über die Zeit, die Effektivität der Werbung zu verbessern (Learning-curve-Hypothese).[290] Nicht-systematische Änderungen sind die Berichterstattung der Medien über das Produkt bzw. dessen Substitute sowie Änderungen im Medien-Mix bzw. der Zielgruppe.[291] Die Ergebnisse der Analyse führen zur Ablehnung der Learnig-curve-Hypothese.

Anhand zweier Nachfragefunktionen (Funktion 1, Funktion 2, in Tabelle 4) schätzen die Autoren Werbeelastizitäten für unterschiedliche Kampagnenperioden d.h. Werbethemen (siehe Tabelle 4).

Tabelle 4: Effektivität unterschiedlicher Kampagnen

Thema	Zeitperiode	Werbeelastizitäten	
		Funktion 1	Funktion 2
„Nature"	1973 - 74	0,01892	0,03094
„Fun"	1975 - 78	0,01982	0,02552
„Youth"	1979 - 80	0,00968	0,02093
„Health"	1981 - 85	0,01182	0,01509
„Fitness"	1986 - 87	0,00037	0,00884

Quelle: eigene Darstellung nach Kinnucan, H.W., Venkateswaran, M. 1994, S. 393

Gemäß dieser Studien sinken die Werbeelastizitäten über die Zeit. Daher halten KINNUCAN und VENKATESWARAN (1994) fest, dass die schwindende Aufmerksamkeit der Verbraucher über die Zeit, selbst bei steigenden Managementfähigkeiten, zu einer sinkenden Effektivität der Werbung führt.

SUZUKI et al. (1994) untersuchen die Wirkung generischer Milchwerbung auf dem japanischen Milchmarkt.[292] Anhand einer Nachfragefunktion schätzen sie eine Eigenpreiselastizität von -0,697, eine Ausgabenelastizität von 0,319 und

[289] Vgl. Kinnucan, H.W., Venkateswaran, M. 1994.
[290] Vgl. Kinnucan, H.W., Venkateswaran, M. 1994, S. 386.
[291] Vgl. Kinnucan, H.W., Venkateswaran, M. 1994, S. 386.
[292] Vgl. Suzuki, N., Kaiser, H.M., Lenz, J.E., Kobayashi, K., Forker, O.D. 1994.

eine Werbeelastizität von 0,058. Den vergleichsweise großen Betrag der Werbeelastizität schreiben sie dem Umstand zu, dass der japanische Milchkonsum eine relativ kurze Geschichte hat. Darüber hinaus berechnen sie eine über die Untersuchungsperiode sinkende ROI, deren höchster Wert bei 6,04 bzw. kleinster Wert bei 3,87 je eingesetztem Werbedollar liegt. Diese Entwicklung schreiben sie der zunehmenden Konkurrenz auf dem Milchmarkt zu.

KINNUCAN und BELLEZA (1995) untersuchen in ihrer Studie ein kanadisches Programm für generische Milchwerbung.[293] Sie legen ihrer Untersuchung ein Modell zugrunde, dass vertikal verbundene Märkte für Rohmilch auf der Erzeugerstufe, verarbeitete Milch auf der Großhandelsstufe und Frischmilch bzw. verarbeitete Produkte (Butter, Käse) auf der Einzelhandelsstufe umfasst.

Unter Verwendung einer Nachfragefunktion für Milch bestimmen sie eine Werbeelastizität von 0,030. Für generische Käsewerbung ermitteln sie hingegen keinen signifikanten bzw. einen negativen Effekt. Die Werbeelastizität für Butter beträgt 0,06.

Auf Grundlage ihrer Ergebnisse berechnen die Autoren den Effekt einer zehnprozentigen Steigerung der generischen Milch- bzw. Butterwerbung. Die marginale ROI für die Erzeuger läge bei einer Erhöhung der Milchwerbung und einem unelastischen Angebot auf Großhandelsstufe bei 12,65 US $ sowie bei einem elastischen Angebot bei 5,90. Die Erhöhung der Butterwerbung bedingt eine marginale ROI von 5,59 US $, wenn der Simulationsrechnung zugrunde gelegt wird, dass der Großhandelspreis für Butter größer als der Stützpreis ist. Sie hat jedoch keinen Effekt, wenn der Großhandelspreis für Butter kleiner als der Stützpreis ist.

KAISER und LIU (1998) untersuchen in ihrer Studie die Effektivität von generischer Milch- und Käsewerbung im Vergleich zu Markenwerbung.[294] Die Autoren spezifizieren zwei Nachfragefunktionen (Funktion 1, Funktion 2) für Milch und eine Nachfragefunktion für Käse. Der Unterschied zwischen den beiden Nachfragefunktionen für Milch besteht darin, dass einerseits in Funktion 2 das Einkommen und der Preis nicht mit dem Konsumentenpreisindex deflationiert wird, sondern mit dem Preisindex nichtalkoholischer Getränke, und andererseits in Funktion 1 keine Trendvariable eingeht.

Anhand der Funktion 1 (Funktion 2) berechnen sie eine Werbeelastizität für generische Milchwerbung von 0,0270 (0,0324) und für Markenwerbung von 0,433 (0,0260). Je nach Funktion ergibt sich also eine im Vergleich der Werbearten unterschiedlich zu bewertende Wirkung. So besagen die auf der Funktion 1 ba-

[293] Vgl. Kinnucan, H.W., Belleza, E.T. 1995.
[294] Vgl. Kaiser, H.M., Liu, D.J. 1998.

sierenden Elastizitäten, dass Markenwerbung einen größeren Einfluss hat als generische Werbung, während die anhand der Funktion 2 geschätzten Elastizitäten einen umgekehrten Schluss zulassen. Auf Grundlage der Nachfragefunktion für Käse berechnen die Autoren eine Elastizität für generische Käsewerbung von 0,015 und für Markenwerbung von 0,004, wobei letztere jedoch nicht statistisch signifikant ist.

Des weiteren zeigen die Autoren auf, dass eine Umverteilung der Werbeausgaben zugunsten der Markenwerbung zu einer Nachfragesteigerung bzw. einer Steigerung der Erzeugererlöse führen würde. Daraus leiten sie den Schluss ab, dass ein Verbinden von generischer Werbung und Markenwerbung sowohl bei unverarbeiteten als auch bei verarbeiteten Produkten von Bedeutung für die Absatzsteigerung von Milch sein kann.

Die folgende Übersicht 7 fasst die Elastizitäten der generischen Werbung zusammen. Es zeigt sich, dass der generischen Milchwerbung ein positiver Effekt zugeschrieben werden kann. Allerdings finden Kreuzeffekte in den Studien keine Berücksichtigung. Uneinheitlich sind dagegen insbesondere die Ergebnisse für generische Käsewerbung, hier sind zum Teil keine signifikanten Effekte nachweisbar.

Übersicht 7: Werbeelastizitäten der Werbung für Milch und Milchprodukte

Autoren	Elastizitäten		
	Milch	Käse	Butter
Thompson und Eller (1977)	0,0212		
Kinnucan und Forker (1986)	0,056		
Liu und Forker (1988)	0,0028		
Kaiser et al. (1992)	0,035	n.s.	0,0016
Suzuki et al. (1994)	0,058		
Kinnucan und Belleza (1995)	0,030	n.s.	0,06
Kaiser und Liu (1998)	0,0270 bzw. 0,0324	0,015	
Kinnucan und Venkateswaran (1994)	0,01982 - 0,00037 bzw. 0,03094 - 0,00884		
n.s.: nicht signifikant			

Quelle: eigene Darstellung

Rindfleisch

WARD und LAMBERT (1993) untersuchen den Einfluss der generischen Rindfleischwerbung auf dem US-amerikanischen Markt.[295] Auf Grundlage jeweils einer Funktion, die den Erzeugerpreis für lebende Rinder, den Preis auf der Zerlegestufe und den Preis auf Lebensmitteleinzelhandelsstufe in Abhängigkeit der nachgefragten Menge für Rindfleisch, Schweinefleisch, Geflügelfleisch, dem Pro-Kopf-Realeinkommen und den Ausgaben für generische Rindfleischwerbung stellt, schätzen die Autoren die durch die Werbeausgaben bedingte Nachfragereaktionen auf unterschiedlichen Vermarktungsstufen (Erzeuger-, Zerlege- und Lebensmitteleinzelhandelsstufe).

Die Autoren zeigen auf, dass Werbeausgaben von 8 Mio. US $ gegenüber keinen Werbeausgaben eine 6,7-prozentige Veränderung der Nachfrage (in Lebendgewicht gemessen) zur Folge hatten. Gemäß ihrer Untersuchung ergibt sich für die Produzenten eine ROI von 1:5,714, d.h. für einen US $ an Werbeausgaben bekamen die Erzeuger 5,714 US $ an zusätzlicher Produzentenrente zurück. Die Änderung des Rinderpreises in der Periode von 1988 bis 1992 lässt sich aber gemäß dieser Studie nur zu 2,58 Prozent durch die Werbung erklären. Allerdings betonen die Autoren, dass die Werbung den allgemeinen Rückgang der Nachfrage nach Rindfleisch etwas abgeschwächt habe, d.h. ohne die Werbung wäre der Rückgang stärker ausgefallen.

HOFF und CLAES (1997)[296] analysieren den Einfluss generischer Rindfleischwerbung und produktbezogener Negativmeldungen auf die Rindfleischnachfrage drei unterschiedlicher Haushaltstypen (HH1, HH2 und HH3)[297] im deutschen Markt. Sie weisen einen signifikanten Einfluss generischer Rindfleischwerbung lediglich für das Einkaufsverhalten des Haushaltstyps 2 anhand der geschätzten Werbeelastizität von 0,0116 nach. Der Einfluss der Negativmeldungen hingegen ist für alle drei Haushaltstypen (HH1: Elastizität 0,5; HH2: 0,3; HH3: 0,2) statistisch signifikant. Im Fall der Signifikanz zeigen die Ergebnisse, dass der Einfluss der Negativmeldungen um das 25-fache größer ist als der Einfluss generischer Werbung.

In einer Simulationsrechnung werden die Auswirkungen unterschiedlicher Arten von Negativmeldungen auf die Nachfrage bestimmt. Die Ergebnisse dieser Rechnung zeigen, dass der durch Negativmeldungen bedingte Rückgang der

---

295 Vgl. Ward, R.W., Lambert, C. 1993. Zur Kritik an dieser Studie siehe COULIBALY und BRORSEN 1999 (Coulibaly, N., Brorsen, B.W. 1999) und die Antwort von WARD 1999 (Ward, R.W. 1999).

296 Vgl. Hoff, K., Claes, R. 1997.

297 Die Einteilung beruht auf der Einteilung des Statistischen Bundesamtes (vgl. Hoff, K., Claes, R. 1997, S. 336).

Nachfrage nach Rindfleisch (-32 bis -60 Prozent) weder durch das gegebene Werbeniveau (+0,8 bis +2,7 Prozent Nachfragezuwachs) noch durch dessen Verdoppelung (0,1 bis 0,5 Prozent zusätzlichen Nachfragezuwachs) aufgefangen werden konnte bzw. könnte.

Die Wirkung des Programms „Qualität aus Bayern" auf die Rindfleischnachfrage in der betreffenden Region untersuchen HERRMANN, KRISCHIK-BAUTZ und THOMPSON (2000).[298] Anhand einer Nachfragefunktion schätzen sie eine Werbeelastizität von 0,042, eine Einkommenselastizität von 0,975 und eine Eigenpreiselastizität von -0,667. Darüber hinaus halten die Autoren fest, dass das Preisniveau für Rindfleisch ohne dieses Programm in der Region um 3,6% niedriger wäre.

PIGOTT, CHALFANT, ALSTON und GRIFITH (1996) analysieren die Wirkung generischer Werbung der Australian Meat and Livestock Corporation (AMLC).[299] Dabei berücksichtigen sie die Gütergruppe Rindfleisch, Lamm, Schweinefleisch und Hühnerfleisch und spezifizieren zwei Nachfragefunktionen (Double-log Single-Equation Model, Share Single-Equation Model).

Hinsichtlich der generischen Werbung der AMLC für Rindfleisch werden anhand der beiden Spezifikationen positive und signifikante Werbeelastizitäten geschätzt. Sie liegen zwischen 0,0266 und 0,0310. Darüber hinaus berechnen die Autoren für die Rindfleischwerbung des AMLC eine ROI für Rindfleisch von 47,15 bzw. 41,81.

Die Studien zur Analyse generischer Werbemaßnahmen für Rindfleisch zeigen anhand der Werbeelastizitäten eine positive Wirkung der Maßnahmen auf die Nachfrage nach Rindfleisch auf. Die Berechnung der ROI weist zudem einen positiven Effekt für die Erzeuger aus.

Die Ausführungen verdeutlichen, dass generische Werbung der betreffenden Branche zugute kommen kann. Die empirischen Studien für Milch und Rindfleisch belegen anhand von positiven Werbeelastizitäten und entsprechender ROI den Erfolg der generischen Werbung. Werden Markenwerbung, alternative Märkte und generische Programme anderer Institutionen bei der Budgetaufteilung berücksichtigt, kann sogar die Wirkung verbessert werden. Bei der Gestaltung der Werbemaßnahmen ist allerdings die sinkende Aufmerksamkeit der Verbraucher zu beachten.

---

[298] Vgl. Herrmann, R., Krischik-Bautz, S., Thompson, S. 2000.
[299] Vgl. Pigott, N.E., Chalfant, J.A., Alston, J.M., Grifith, G.R. 1996.

Mehrgleichungsmodelle

Werden zur Bewertung Mehrgleichungsmodelle herangezogen ergibt sich ein differenzierteres Bild. So ergeben einerseits empirische Untersuchungen auf Grundlagen von Mehrgleichungsmodellen beispielsweise Eigenwerbeelastizitäten für generische Rindfleischwerbung von 0,00287[300] bzw. zwischen 0,0157 und 0,0372.[301] Andererseits verwerfen vergleichbare Studien von BRESTER und SCHROEDER (1995)[302] sowie von KINNUCAN et al. (1997) den Einfluss der generischen Rindfleischwerbung auf die Rindfleischnachfrage aufgrund statistisch nicht signifikanter Eigenwerbeelastizitäten.[303] KINNUCAN et al. (1997) halten damit den Effekt generischer Werbung für Rindfleisch auf die Rindfleischnachfrage für unsicher.[304, 305]

Kreuzeffekte

BRESTER und SCHROEDER (1995),[306] PIGOTT et al. (1996),[307] KINNUCAN et al. (1996) sowie KINNUCAN et al. (1997) weisen einen signifikanten Einfluss der generischen Rindfleischwerbung auf die Geflügelfleischnachfrage nach (siehe Übersicht 8). PIGOTT et al. (1996)[308] belegen einen solchen negativen Effekt der generischen Rindfleischwerbung auf die Nachfrage nach Schweinefleisch, während KINNUCAN et al. (1996)[309] sowie KINNUCAN et al. (1997)[310] diesen nicht bestätigen können (siehe Übersicht 8).

---

300 Vgl. Kinnucan, H.W., Xiao, H., Hsia, C.J. 1996.

301 Vgl. Pigott, N.E., Chalfant, J.A., Alston, J.M., Grifith, G.R. 1996.

302 Vgl. Brester, G.W., Schroeder, T.C. 1995. Zur Kritik an dieser Studie siehe COULIBALY und BRORSEN 1999 (Coulibaly, N., Brorsen, B.W. 1999).

303 Vgl. Kinnucan, H.W., Xiao, H., Hsia, C-J., Jackson, J.D. 1997.

304 Vgl. Kinnucan, H.W., Xiao, H., Hsia, C-J., Jackson, J.D. 1997.

305 PIGOTT, CHALFANT, ALSTON und GRIFITH (1996) und wiederum KINNUCAN, XIAO, HSIA, und JACKSON (1997) verwerfen zudem den Einfluss der generischen Schweinefleischwerbung auf die Schweinefleischnachfrage (vgl. Pigott, N.E., Chalfant, J.A., Alston, J.A., Grifith, G.R. 1996 und Kinnucan, H.W., Xiao, H., Hsia, C-.J 1996).

306 Vgl. Brester, G.W., Schroeder, T.C. 1995.

307 Vgl. Pigott, N.E., Chalfant, J.A., Alston, J.M., Grifith, G.R. 1996.

308 Vgl. Pigott, N.E., Chalfant, J.A., Alston, J.M., Grifith, G.R. 1996.

309 Vgl. Kinnucan, H.W., Xiao, H., Hsia, C-J. 1996.

310 Vgl. Kinnucan, H.W., Xiao, H., Hsia, C-J., Jackson, J.D. 1997.

Übersicht 8: Werbe- und Kreuzwerbeelastizitäten generischer Rindfleischwerbung

Autoren	Generische Rindfleischwerbung auf Nachfrage nach		
	Rind	Schwein	Geflügel
	Mehrgleichungsmodelle		
Brester, Schroeder (1995)	-	-	-0,011
Pigott et al. (1996)	0,0157 - 0,0372	-0,017 - -0,0176	-0,0540 - -0,0959
Kinnucan et al. (1996)	0,00287	0	-0,00360
Kinnucan et al. (1997)	-	-	-0,00732
	Eingleichungsmodelle		
Hoff, Claes (1997)	0,0116	n.b.	n.b.
Herrmann et al. (2000)	0,042	n.b.	n.b.
Pigott et al. (1996)	0,0266 und 0,0310	-	-0,0552 und -0,0587
n.b.: nicht betrachtet			

Quelle: eigene Darstellung

KINNUCAN (1996) berechnet unter Berücksichtigung der Kreuzeffekte die ROI der Rindfleischwerbung auf Grundlage des Ansatzes von WARD und LAMBERT (1993) neu. Kamen WARD und LAMBERT (1993) auf eine ROI von 1:5,714,[311] so erhält KINNUCAN (1996) unter der Berücksichtigung einer Angebotsreaktion eine ROI von 1:1,08 und bei fixem Angebot eine ROI von 1: -15,35.[312]

Auch KINNUCAN et al. (1996) berechnen für den Rindfleischsektor eine ROI der generischen Werbung für Rindfleisch von 1:1,0 bzw. 1:3,6. Da die Werbung allerdings einen negativen Effekt für die Geflügelfleischerzeuger hat,[313] legen die Autoren nahe, dass der gesamte Sektor möglicherweise durch die Werbung schlechter dasteht. Unterstützt wird diese Aussage durch die Ergebnisse der Studie von PIGOTT et al. (1996)[314] und die Studie von ALSTON et al. (2001).[315] PIGOTT et al. (1996) berechnen für den Rindfleischsektor eine ROI der generi-

[311] Vgl. Ward, R.W., Lambert, C. 1993, S. 461.
[312] Vgl. Kinnucan, H.W. 1996, S. 266.
[313] Vgl. Kinnucan, H.W., Xiao, H., Hsia, C-J. 1996.
[314] Vgl. Pigott, N.E., Chalfant, J.A. Alston, J.M., Grifith, G.R. 1996.
[315] Vgl. Alston, J.M., Freebairn, J.W., James, J.S. 2001.

schen Werbung für Rindfleisch von 1:24,19 sowie für die Geflügelindustrie eine ROI von 1: -21,51 und legen damit ebenfalls nahe, dass der Erfolg der generischen Rindfleischwerbung auf Verlusten der Geflügelfleischerzeuger beruht. ALSTON et al. (2001) zeigen auf der Grundlage eines Zwei-Märkte-Modells, dass der Nutzen der Werbung für Rindfleisch und für Schweinefleisch zu Lasten der Geflügelfleischerzeuger geht. Dabei entsteht ein Gesamtverlust für diese drei Erzeugergruppen, wenn sie bei der Werbung nicht miteinander kooperieren.

Die Ergebnisse der Studien zusammenfassend, die Kreuzeffekte der generischen Werbung berücksichtigen, zeigt sich Folgendes. Führt generische Werbung zu einer Ausweitung der Nachfrage nach dem beworbenen Erzeugnis, beruht diese auf einer Verschiebung der Nachfrage von den Substituten hin zum beworbenen Erzeugnis. Damit wird die These des Produktkannibalismus gestützt. [316]

Export

SOLOMON und KINNUCAN (1993) untersuchen die Wirkung der Werbung für US-Baumwolle auf Exportmärkten.[317] Die Autoren weisen positive Effekte nach und legen nahe, die unterschiedliche Wirkung der Werbung auf den jeweiligen Märkten bei der Verteilung der Mittel zu berücksichtigen.

Hinsichtlich der Werbung auf Exportmärkten zeigt die Studie von RICHARDS und PATTERSON (1998)[318] am Beispiel der US-Exportförderung für Äpfel, Wein, Mandeln und Trauben Kreuzeffekte auf. Dabei unterscheiden die Autoren in kurzfristige und langfristige Effekte. In der kurzfristigen Betrachtung weisen die Autoren positive Kreuzeffekte nach.[319] So ist etwa die positive Kreuzelastizität der Apfelwerbung (0,221) auf den Mandelabsatz größer als die Eigenelastizität der Mandelwerbung (0,045). Dies erklären sie mit der positiven Wirkung der Herkunftswerbung. Allerdings besitzt langfristig insbesondere die Werbung für US-Trauben auf den US-Apfelabsatz eine deutlich negative Kreuzelastizität (-4,258), ebenso wie bei der Apfelwerbung auf den Weinabsatz (-0,369), sowie die Apfel- bzw. Weinwerbung auf den Mandelabsatz (-2,310 bzw. -1,769). Sie beschreiben diese Produkte daher als „dynamische" Substitute.

---

[316] Für den Markt für nichtalkoholische Getränke (Milch, Soft drinks, Kaffee, Tee, Saft) kommt die Studie von KINNUCAN und MIAO (2000) zu einem anderen Ergebnis. Durch die generische Werbung für Milch wird auf dem Markt für nichtalkoholische Getränke ein Nettonutzen erzielt (vgl. Kinnucan, H.W., Miao, Y. 2000). Siehe hierzu aber die Kritik von LIU (2000) (vgl. Liu, D.J. 2000).

[317] Vgl. Solomon, H., Kinnucan, H.W. 1993.

[318] Vgl. Richards, T.J., Patterson, P.M. 1998.

[319] Die Wirkung der Mandelwerbung auf den Weinabsatz stellt eine Ausnahme dar, der Kreuzeffekt ist allerdings sehr klein (vgl. Richards, T.J., Patterson, P.M. 1998).

Die Studie von LANCLOS et al. (1997) befasst sich mit der Wirkung von Werbung auf den Export von US-amerikanischen gefrorenen Kartoffeln.[320] Die Autoren führen aus, dass der Einfluss von Werbung dann besonders groß ist, wenn das Produkt neu in den Markt eingeführt wird. Bei steigenden Ausgaben nimmt mit zunehmender Marktsättigung jedoch die Wirkung der Werbung ab.

Der Gegenstand der Studie von RICHARDS, V. ISPELEN und KAGAN (1997) ist die Werbung für Äpfel auf Exportmärkten.[321] Die Autoren ermitteln einen positiven Kreuzeffekt der US-Werbung für Erzeugnisse aus anderen Exportstaaten. Zudem legen sie nahe, Exportwerbung für solche Produkte durchzuführen, die sehr gut von Produkten anderer Länder im Rahmen der Werbung zu differenzieren sind.

Empirische Belege für die Änderung der Staatsausgaben

LIU et al. (1990) berechnen für generische Milchwerbung eine Einsparung von 2,72 US $ im Staatshaushalt für die Milchintervention für jeden eingesetzten Werbedollar, während Werbung für Milcherzeugnisse aufgrund der Verschiebung der Interventionsmenge in den Verarbeitungssektor die Staatsausgaben je Werbedollar um 1,85 US $ senken. Bei kombinierter Werbung für Milch und Milcherzeugnisse berechnen die Autoren Einsparungen im Staatsbudget von 1,97 US $ pro eingesetztem US $.[322]

Auf der Grundlage ihrer Ergebnisse berechnen KINNUCAN und BELLEZA (1995)[323] unter der Annahme, dass der Stützpreis für Butter größer ist als der Großhandelspreis, dass die Erhöhung der Butterwerbung zu einer Reduktion der Staatsausgaben um 7,7 Prozent bzw. 4,82 US $ je ausgegebenem Werbedollar führen. Die Erhöhung der Milchwerbung würde hingegen lediglich die Ausgaben um 0,015 bis 0,016 US $ je ausgegebenem Werbedollar senken.

Resümee

Die Ergebnisse der empirischen Studien weisen nicht eindeutig Eigeneffekte der generischen Werbung nach. So zeigen zwar Untersuchungen, die mit Hilfe von Eingleichungsmodellen die Wirkung der Werbung analysieren, einen Eigeneffekt auf, aber die Ergebnisse der Studien, die Mehrgleichungsmodelle anwenden, stellen dies in Frage. Demgegenüber belegen die zitierten Studien die theoretischen Ausführungen und bestätigen die in der agrarökonomischen Literatur

---

320 Vgl. Lanclos, K., Devadoss, S., Guenthner, J. 1997.
321 Vgl. Richards, T.J., Ispelen, P.v., Kagan, A. 1997.
322 Vgl. Liu, D.J., Kaiser, H.M., Forker, O.D., Mount, T.D. 1990.
323 Vgl. Kinnucan, H.W., Belleza, E.T. 1995.

angeführten Bedenken[324] dahingehend, dass generische Werbung Kreuzeffekte auf den Absatz anderer landwirtschaftlicher Erzeugnisse besitzt, die sich auf die Produzentenrente der Erzeuger auswirken.

3.4 Agrarpolitische Ziele und Werbeeffekte

In diesem Abschnitt wird die Bedeutung der Eigen- und Kreuzeffekte generischer Werbung für die Unterstützung agrarpolitischer Ziele herausgestellt. Zunächst werden die Funktionen generischer Werbung dargestellt und anschließend mit dem Eigen- und dem Kreuzeffekt der Werbung in Beziehung gesetzt. Anhand dieser Beziehung werden dann mögliche Gestaltungsformen generischer Werbung im Hinblick auf ihre agrarpolitische Wirkung erörtert.

3.4.1 Funktionen generischer Werbung

Die Form der Unterstützung agrarpolitischer Ziele durch generische Werbung manifestiert sich in den Funktionen, die generische Werbung wahrnehmen kann.[325] Generell besitzt generische Werbung für landwirtschaftliche Erzeugnisse drei Funktionen, die in enger Beziehung zu den Eigen- und Kreuzeffekten der Werbung stehen. Diese Funktionen sind:[326]

- die Absatzwerbung,
- die Ausgleichswerbung und
- die Abwehrwerbung.

Mit Hilfe von Absatzwerbung soll der Mehrverbrauch angeregt, eine Verfeinerung und Erweiterung der Ernährungs- und Lebensgewohnheiten herbeigeführt sowie neue Bedürfnisse geweckt werden.[327] Im Blickfeld der Absatzwerbung

---

[324] Vgl. stellvertretend Alvensleben, R.v. 1991 und Hoos, S. 1956.

[325] Vgl. im Ansatz schon bei REICHARDT (1933), wobei REICHARDT (1933) weder empirische Belege für die Eigen- und Kreuzeffekte der Werbung noch eine ökonomische Analyse der Effekte anführt (Reichardt, F. 1933, S. 22), während die vorliegende Arbeit beides präsentiert.

[326] Vgl. Krone, H. 1952, S. 45. Die Einteilung geht auf Ausführungen von REICHARDT (1933) zurück (siehe Krone, H. 1952, S. 45, Fußnote 1). Siehe auch BALLING (1997), der im Rahmen der Ausführungen über die Werbegestaltung die Funktionen der Werbung anführt, aber nicht die Nomenklatur verwendet (Balling, R. 1997, S. 62ff.). FORKER und WARD (1993) hingegen betrachten in erster Linie die Eigeneffekte, d.h. die Absatzwerbung für einzelne Erzeugnisse (vgl. Forker, O.D. Ward, R.W. 1993, S. 6), und vernachlässigen die Kreuzeffekte und damit insbesondere die Ausgleichswerbung (vgl. Forker, O.D., Ward, R.W. 1993, S. 259).

[327] Vgl. Krone, H. 1952, S. 45.

steht damit die Werbewirkung für das beworbene Erzeugnis, sie baut auf den Eigeneffekt der Werbung.

Mit Ausgleichswerbung wird der Versuch unternommen, die Nachfrage gezielt auf ausgewählte Erzeugnisse zu lenken.[328] Die Werbung soll sich sowohl auf das beworbene Erzeugnis als auch auf Konkurrenzerzeugnisse bzw. Substitute auswirken. Sie setzt damit auf beide Effekte.

Übersicht 9: Werbefunktion und Werbeeffekte

Funktion		Effekt
Absatzwerbung	⇒	*Eigeneffekt*
Ausgleichswerbung	⇒	*Kreuzeffekt, Eigeneffekt*
Abwehrwerbung	⇒	*Kreuzeffekt, Eigeneffekt*

Quelle: eigene Darstellung

Durch Abwehrwerbung soll den Erzeugnissen des betreffenden geographischen Raumes gegenüber den außerregionalen Erzeugnissen eine bevorzugte Stellung verschafft werden.[329] Auch bei dieser Werbung steht die Wirkung für das beworbene Erzeugnis wie auch für Konkurrenzprodukte im Blickfeld, sie stützt sich damit ebenfalls auf beide Effekte. Die folgende Übersicht stellt die Beziehung zwischen Werbefunktionen und Werbeeffekte dar (siehe Übersicht 9), anhand der im Folgenden die Gestaltungsformen der generischen Werbung im Hinblick auf ihre agrarpolitisch bedeutsame unterstützende Wirkung erörtert werden.

3.4.2 Agrarpolitische Wirkung generischer Werbung

Mögliche Gestaltungsformen generischer Werbung sind die erzeugnisbezogene Werbung, die erzeugnisübergreifende Werbung und die Werbung mit Herkunftsbezug.[330] Als erzeugnisbezogen wird die generische Werbung bezeichnet, die bestimmten Erzeugnissen generische Produkteigenschaften zuschreibt, um die so beworbenen Erzeugnisse von anderen Erzeugnissen zu differenzieren. Generische Eigenschaften können zur Differenzierung sowohl bei Gattungsprodukten (bspw. der ernährungsphysiologische Wert sowie gesundheitliche

[328] Vgl. Krone, H. 1952, S. 45. KRONE (1952) verwendet eine unklare Definition der Ausgleichswerbung, die hier durch die Kürzung eindeutig wird.
[329] Vgl. Krone, H. 1952, S. 45.
[330] Vgl. Balling, R. 1997, S. 63.

Aspekte) als auch bei Produktgruppen[331] (bspw. Tierschutz-, Umweltschutzauflagen und besondere Produktionsweisen wie der ökologische Anbau) hervorgehoben werden. Unter erzeugnisübergreifender Werbung ist hingegen die Gestaltungsform generischer Werbung zu verstehen, in deren Rahmen mit generischen Eigenschaften (bspw. Nährwert, Gesundheitswert) geworben wird, ohne dabei Bezug auf spezifische Erzeugnisse zu nehmen. Werbung mit Herkunftsbezug stellt den geographischen Ursprung der Erzeugnisse im Rahmen eines positiven Assoziationsumfelds[332] heraus.

Bezüglich ihrer Wirkung setzt erzeugnisbezogene Werbung prinzipiell auf ihren Eigeneffekt.[333] Vor dem Hintergrund der dargestellten empirischen Ergebnisse sind für diese Form der generischen Werbung aber auch Kreuzeffekte anzunehmen.[334] Erzeugnisbezogene Werbung für Gattungserzeugnisse bzw. Produktgruppen besitzt dann die Funktion der Ausgleichswerbung, da sie einerseits die Aufmerksamkeit der Verbraucher auf die beworbenen Erzeugnisse lenkt und sich andererseits gleichzeitig negativ auf den Absatz von Substituten auswirkt. Dadurch zeitigt erzeugnisbezogene Werbung eine nachfrageseitige Einwirkung auf die Struktur der landwirtschaftlichen Erzeugung, die sich in der Lenkung zugunsten der beworbenen Erzeugnisse auswirken soll.

Erzeugnisübergreifende Werbung nimmt keinen Bezug auf spezifische Erzeugnisse, sie wirbt für alle landwirtschaftlichen Erzeugnisse. Diese Werbung setzt damit prinzipiell auf einen Eigeneffekt, der sich auf alle Erzeugnisse beziehen soll. Sie besitzt daher die Funktion der Absatzwerbung, deren Wirkung jedoch bezüglich der Lenkung der Erzeugungsstruktur ungerichtet ist.

Weder die erzeugnisbezogene noch die erzeugnisübergreifende Werbung unterscheiden jedoch grundsätzlich zwischen heimischen und nicht-heimischen Erzeugnissen. Beide Formen haben somit auch positive Absatzeffekte für nichtheimische Erzeugnisse, die die beworbenen Eigenschaften besitzen.[335]

Soll sich die Wirkung generischer Werbung ausschließlich auf den heimischen Sektor beziehen, kann eine Unterscheidung mit Hilfe der Hervorhebung der Produktherkunft erfolgen. Wird die Herkunft im Rahmen der erzeugnisübergreifenden Werbung herausgestellt, setzt die Werbung, wie oben dargestellt, einerseits auf den Eigeneffekt und besitzt damit die Funktion der Absatzwerbung.

---

331 Hierunter sind Produktgruppen zu verstehen, die mit Hilfe rechtlicher Bestimmungen definiert worden sind (vgl. die Ausführungen zu „Definition von Verständigungsnormen" in Kapitel 2.2.2).

332 Vgl. Balling, R. 1997, S. 63.

333 Vgl. die Definition von generischer Werbung in Kapitel 2.4 und Kapitel 3.

334 Siehe Kapitel 3.1.2.

335 Vgl. auch Kapitel 3.3.

Andererseits setzt sie auch auf Kreuzeffekte und die Funktion der Abwehrwerbung gegenüber nicht-heimischen Erzeugnissen. Die so gestaltete Werbung wird also nicht-heimische Erzeugnisse diskriminieren. Ihre Wirkung bezieht sich dann auf den gesamten heimischen Sektor, ohne dessen Erzeugungsstruktur zu lenken, d.h. sie ist ungerichtet.

Wird hingegen im Rahmen der erzeugnisbezogenen Werbung die Herkunft in ein positives Assoziationsumfeld gestellt, räumt diese Werbung den beworbenen heimischen Erzeugnissen eine bevorzugte Stellung (Ansehenssteigerung) sowohl gegenüber den nicht beworbenen heimischen als auch gegenüber den nicht-heimischen Erzeugnissen ein. In dieser Form besitzt erzeugnisbezogene Werbung neben der Funktion der Ausgleichswirkung auch Elemente der Abwehrwerbung. Aufgrund der damit verbundenen Kreuzeffekte kann die Werbung über die Verbrauchssteigerung der beworbenen Erzeugnisse dann zur Lenkung der heimischen Erzeugungsstruktur in Richtung dieser Erzeugnisse beitragen.

Die folgende Übersicht 10 stellt den Zusammenhang zwischen Gestaltungsform, Funktion und Wirkung der generischen Werbung dar.

Übersicht 10: Agrarpolitische Wirkungen generischer Werbung

Gestaltungsform		Funktion		Wirkung
Erzeugnisbezogen	⇒	*Ausgleichswerbung*	⇒	Lenkung der Erzeugungsstruktur
Erzeugnisübergreifend	⇒	*Absatzwerbung*	⇒	Ungerichtete Förderung
Erzeugnisbezogen u. Herkunftsbezug	⇒	*Ausgleichs- u. Abwehrwerbung*	⇒	Lenkung der heimischen Erzeugungsstruktur
Erzeugnisübergreifend u. Herkunftsbezug	⇒	*Absatz- u. Abwehrwerbung*	⇒	Ungerichtete Förderung des gesamten heimischen Sektors

Quelle: eigene Darstellung

Wenn die Unterstützung der Werbung also dem agrarpolitischen Ziel der Förderung des gesamten heimischen Sektors dienen soll, ist die Werbung erzeugnisübergreifend zu gestalten und zugleich auf die Funktion der Abwehrwerbung zu setzen. Im Rahmen dieser Werbung wird die Herkunft aller heimischen landwirtschaftlichen Erzeugnisse in ein positives Assoziationsumfeld gestellt. Das positive Assoziationsumfeld kann dabei in höheren gesetzlichen Standards der Produktion und Vermarktung (bspw. im Tier- und Umweltschutz) oder in den mit dem heimischen Ursprung der Erzeugnisse verbundenen Eigenschaften (bspw. relativ kurze Transportwege, Arbeitsplatzsicherung) bestehen.[336]

Soll hingegen die heimische Erzeugung bspw. zum Überschussabbau oder zur Etablierung agrarpolitisch gewünschter Produktionsverfahren gelenkt werden, und lediglich dem heimischen Sektor zugute kommen, ist die Abwehrwerbung um die Elemente der Ausgleichswerbung zu ergänzen.[337] Die Werbung hat dann die Aspekte hervorzuheben, die der Lenkung dienlich sind. Dies können je nach Zielsetzung entweder spezifische Prozesseigenschaften (bspw. regionale Vermarktung, ökologischer Landbau) oder direkt die ausgewählten Erzeugnisse sein. Die Kombination beider Werbefunktionen vermeidet dabei die Wirkung der Eigeneffekte bezüglich nicht-heimischer Erzeugnisse.

Die staatliche Unterstützung von Werbung kann also prinzipiell zur Verfolgung agrarpolitischer Ziele beitragen. Allerdings ist bei der Gestaltung der Unterstützung das Zusammenspiel der Eigen- und Kreuzeffekte der zu unterstützenden Werbung zu berücksichtigen. Insbesondere bei der Mittelvergabe sind diese Effekte miteinzubeziehen und als Kriterien heranzuziehen, um zu gewährleisten, dass die Werbung sich auch entlang der agrarpolitischen Zielsetzung auswirkt. Wird die Unterstützung der Werbung dementsprechend gestaltet, sind prinzipiell Gewinne an Produzentenrente und Einsparungen im Agrarhaushalt möglich.

---

336 Auf die Problematik der ausschließlichen Werbung mit der heimischen Herkunft und die Notwendigkeit einer darüber hinaus gehenden Begründung weist schon REICHARDT (1933) hin (vgl. Reichardt, F. 1933, S. 21).

337 Unter Berücksichtigung der Eigen- und der Kreuzeffekte kann diese Werbung den Absatz bzw. den Erlös der Gesamtheit der heimischen landwirtschaftlichen Erzeugnisse maximieren. Für einen entsprechenden Ansatz siehe bspw. DYOLE und SAUNDERS 1990 (vgl. Dyole, P., Saunders, J. 1990).

4 Werbung und die Überwindung des Free-Rider-Problems

Generische Werbung für landwirtschaftliche Erzeugnisse ist grundsätzlich mit dem Free-Rider-Problem[338] verbunden.[339] Von ihrer Durchführung profitieren auch diejenigen Erzeuger des beworbenen Erzeugnisses, die sich nicht an ihrer Finanzierung beteiligen. Diese Erzeuger (Akteure) haben daher keinen Anreiz beizutragen und verhalten sich als Free-Rider.

Zur Überwindung des Free-Rider-Problems bei generischer Werbung wird generell ein Eingriff des Staates als notwendig erachtet.[340] In diesem Kapitel soll geklärt werden, ob und in welcher Form der Staat seinen Beitrag zur Überwindung des Free-Rider-Problems bei generischer Werbung leisten kann, ohne dass er die Akteure in ihren Handlungsmöglichkeiten einschränkt.[341] Dazu werden in Abschnitt 4.1 die Grundlagen zur Entwicklung einer Lösung des Free-Rider-Problems gelegt. Grundlagen zur Entwicklung einer Lösung des Free-Rider-Problems bei generischer Werbung sind wissenschaftliche Ansätze, anhand derer das spezifische Free-Rider-Problem generischer Werbung zu analysieren ist, und empirischer Studien, die das tatsächliche Verhalten von Akteuren in Free-Rider-Situationen erklären. Auf diesen Grundlagen wird in Abschnitt 4.2 ein Ansatz zur Lösung des Problems entworfen.

---

338 Das Free-Rider-Problem wird auch als Außenseiter-Problem oder Trittbrettfahrer-Problem bezeichnet.

339 Vgl. Krishnamurthy, S. 2000, Forker, O.D., Ward, R.W. 1993, S. 10 und Lee, J-Y, Fairchild, G.F. 1988.

340 Vgl. Forker, O.D., Ward, R.W. 1993, S. 6 und Alvensleben, R.v. 1991, S. 59.

341 Betrachtet wird nicht die Entscheidung eines Unternehmens zwischen generischer und Markenwerbung (siehe hierzu Carey, C., Bolton, D.L. 1996). Es wird auch nicht das Problem der Gestaltung generischer Werbung für Kollektivgüter betrachtet (siehe hierzu Bockstael, N.E., Strand, I.E., Lipton, D.W. 1992).

4.1 Grundlagen zur Lösung des Free-Rider-Problems

In den letzten Jahrzehnten haben sich in der Literatur zwei Ansätze herausgebildet, vor deren Hintergrund das Free-Rider-Problem bei generischer Werbung diskutiert werden kann: Zum einen ist das der Ansatz, der unter der Bezeichnung „Die Logik des kollektiven Handelns“[342] in die Diskussion eingeführt wurde, und zum anderen der Ansatz, der als „Die Verfassung der Allmende“[343] bekannt ist.[344]

Die Logik des kollektiven Handelns untersucht die Möglichkeiten zur Überwindung des Free-Rider-Problems, die einer Gruppe von Akteuren bei der Bereitstellung eines Kollektivgutes zur Verfügung stehen.[345] Ein Kollektivgut kennzeichnet sich dabei zum einen dadurch aus, dass diejenigen Akteure, die keinen Beitrag zur Bereitstellung leisten, nicht von dem Nutzen seiner Bereitstellung ausgeschlossen werden können (Nichtausschließbarkeitsprinzip). Zum anderen geht die Nutzung einer Einheit des Kollektivgutes durch einen Akteur nicht zu Lasten eines anderen Akteurs (Nichtrivalitätsprinzip).[346]

Generische Werbung kann zum Gegenstand der Logik des kollektiven Handelns werden, da ihr wegen der Nichtausschließbarkeit Kollektivgutcharakter zugeschrieben wird.[347]

Die Verfassung der Allmende befasst sich mit der Bereitstellung und Aneignung einer so genannten Allmende-Ressource durch eine Gruppe von Akteuren.[348] Eine Allmende-Ressource kennzeichnet sich zum einen durch die Nichtausschließbarkeit und zum anderen durch das Problem der Übernutzung aus. Die Übernutzung kann dabei zu seiner sinkenden Nutzbarkeit bzw. zu seiner Zerstörung führen.[349]

Die Allmende-Ressource, die die Akteure im Rahmen der Durchführung generischer Werbung nutzen möchten, ergibt sich als Analogieschluss aus der Zielset-

---

342 Vgl. Olson, M. 1971.

343 Vgl. Ostrom, E. 1999.

344 Ein dritter Ansatz - die Theorie der Club-Güter - bietet sich hingegen nicht an, da er bei der Überwindung des Free-Rider-Problems generell von der Möglichkeit der privaten Etablierung eines durchsetzbaren Ausschlussprinzips ausgeht (vgl. Cornes, R., Sandler, T. 1996). Dies ist aber bei generischer Werbung prinzipiell nicht möglich (vgl. zur Definition generischer Werbung Kapitel 3).

345 Vgl. Olson, M. 1971, S. 15.

346 Vgl. Stiglitz, J.E. 1999, S. 176f.

347 Vgl. Forker, O.D., Kinnucan, H.W. 1992, S. 45 und Forker, O.D., Ward, R.W. 1993, S. 6, vgl. auch Kapitel 2.4.1 und Kapitel 3.

348 Vgl. Ostrom, E. 1999.

349 Vgl. Ostrom, E. 1999, S. 41.

zung generischer Werbung: Das primäre Ziel generischer Werbung ist die Gesamtmarkterweiterung für das beworbene Erzeugnis.[350] Die Gesamtmarkterweiterung beruht dabei auf der Kaufbereitschaft der Verbraucher, die durch die Vermittlung zugrunde liegender Eigenschaften, d.h. generischer Informationen über Agrarerzeugnisse, angeregt werden soll. Generische Werbung ist in diesem Zusammenhang daher nur das Mittel zur Erschließung der Allmende-Ressource „Kaufbereitschaft". Da ein zu hoher Kontakt der Verbraucher mit generischer Werbung zu dessen sinkender Wirksamkeit führt,[351] ist eine Übernutzung der Allmende-Ressource „Kaufbereitschaft" in dem Sinne möglich, als die Kaufbereitschaft für ein beworbenes Erzeugnis im Zuge des vermehrten Kontaktes der Verbraucher mit der Werbung für dieses Erzeugnis abnimmt.

Während sich diese beiden Ansätze im wesentlichen mit den Bedingungen der Durchführung kollektiver Aktionen beschäftigen, werden auf Basis der experimentellen Ökonomie Studien durchgeführt, die zur Klärung der Frage beitragen, wie sich Akteure in Free-Rider-Situationen tatsächlich verhalten.

In den folgenden Unterabschnitten werden die beiden Ansätze und die Ergebnisse der Studien der experimentellen Ökonomie dargestellt.

4.1.1 Die Logik des kollektiven Handelns

Ausgangspunkt der Theorie zur Logik des kollektiven Handelns (LkH) ist, dass Individuen eine Gruppe bilden, um ein *gemeinsames* Interesse zu vertreten.[352] Im Rahmen dieses Ansatzes verfolgt jedes Individuum einer solchen Gruppe immer noch seine eigenen Interessen, da es sich weiterhin sowohl rational als auch eigeninteressiert verhält.[353]

Die Realisierung des gemeinsamen Interesses entspricht der Bereitstellung eines Kollektivgutes für die Individuen der Gruppe.[354] Vor dem Hintergrund des Nichtausschließbarkeitsprinzips geht dieser Ansatz von der eingeschränkten Möglichkeit der Bereitstellung eines Kollektivgutes aus. Die Einschränkung und ihre Auswirkungen auf die Bereitstellung werden anhand von bestimmten Typen

---

[350] Vgl. Kapitel 3.

[351] KINNUCAN, CHANG und VENKATESWARAN (1993) beschreiben die sinkende Wirksamkeit generischer Werbung aufgrund der durch ihren steigenden Einsatz auftretenden Ignorierung seitens der Verbraucher als „Wearout der generischen Werbung" und weisen diese sinkende Wirksamkeit empirisch nach (Kinnucan, H.W., Chang, H-S., Venkateswaran, M. 1993, S. 401 und S. 404.). Siehe auch Reberte, C., Kaiser, H.M., Lenz, J.E., Forker, O.D. 1996.

[352] Vgl. Olson, M. 1971 S. 14f.

[353] Vgl. Olson, M. 1971 S. 8f.

[354] Vgl. Olson, M. 1971 S. 15.

von Gruppen deutlich, zu denen sich die betreffenden Individuen zusammenschließen können. OLSON (1971) unterscheidet drei Gruppentypen:[355] Die privilegierte Gruppe, die latente Gruppe und die intermediäre Gruppe.

Eine *privilegierte* Gruppe ist eine Gruppe, in der mindestens ein Mitglied das Kollektivgut bereitgestellt wissen möchte, selbst wenn es die ganzen Kosten allein zu tragen hat.[356] Für den Fall einer privilegierten Gruppe mit zwei Mitgliedern veranschaulicht Abbildung 23 die sich ergebende Situation.

Abbildung 23: Privilegierte Gruppe

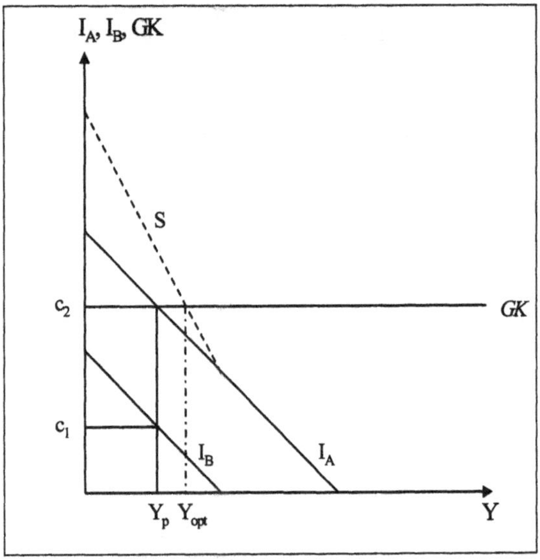

Quelle: Pies, I. 1997, S. 5

Beide Gruppenmitglieder besitzen unterschiedliche Zahlungsbereitschaften für die Bereitstellung des Kollektivgutes (I_A bzw. I_B). Für ein gegebenes Bereitstellungsniveau des Gutes besitzt Mitglied *A* eine höhere und Mitglied *B* eine niedrigere Zahlungsbereitschaft, d.h. *A* ist ein großes und *B* ein kleines Mitglied. Bei gegebenen Grenzkosten der Bereitstellung ergibt sich das gruppen-optimale Bereitstellungsniveau aus der Summe der Zahlungsbereitschaften. Da aber beide Mitglieder rational und eigeninteressiert handeln, legen sie ihrer Entscheidung

[355] Vgl. Olson, M. 1971, S. 49ff.
[356] Vgl. Olson, M. 1971, S. 49f.

ihre *individuellen* Zahlungsbereitschaften (I_A bzw. I_B) und nicht die Zahlungsbereitschaft der Gruppe (*S*) zugrunde.[357]

Das Kollektivgut wird daher in der Menge Y_p bereitgestellt. Bei gegebenen Grenzkosten der Bereitstellung (*GK*) ist Mitglied *A* wegen seiner höheren Zahlungsbereitschaft (I_A) für das Bereitstellungsniveau Y_p c_2 zu zahlen bereit, während Mitglied *B* c_1 zu zahlen bereit ist. Da aus individueller Sicht *GK* für Mitglied *B* zu hoch sind, wird es von sich aus keinen Beitrag zahlen. Mitglied *A* stellt hingegen die Menge Y_p bereit, wovon das Mitglied mit der kleineren Zahlungsbereitschaft profitiert und als Free-Rider handelt. Aus Sicht der Gruppe wäre allerdings das Bereitstellungsniveau Y_{opt} optimal.[358]

In einer *latenten* Gruppe ist der Beitrag des einzelnen Gruppenmitglieds so gering, dass der Beitrag eines einzelnen Mitglieds keine Auswirkungen auf die anderen Mitglieder hat.[359] In diesem Fall hat kein Mitglied einen Anreiz, auf einen nicht erbrachten Beitrag eines anderen zu reagieren. Umgekehrt hat ein Mitglied, das keinen Beitrag erbringt, keinen Anreiz beizutragen und wird somit zum Free-Rider. Da dies für alle Mitglieder einer latenten Gruppe gilt, wird das Kollektivgut nicht bereitgestellt. Den Fall einer latenten Gruppe mit zwei Mitgliedern veranschaulicht Abbildung 24.[360]

---

[357] Vgl. Pies, I. 1997, S. 5.
[358] Vgl. Pies, I. 1997, S. 5.
[359] Vgl. Olson, M. 1971, S. 50f.
[360] Vgl. Pies, I. 1997, S. 6.

Abbildung 24: Latente Gruppe

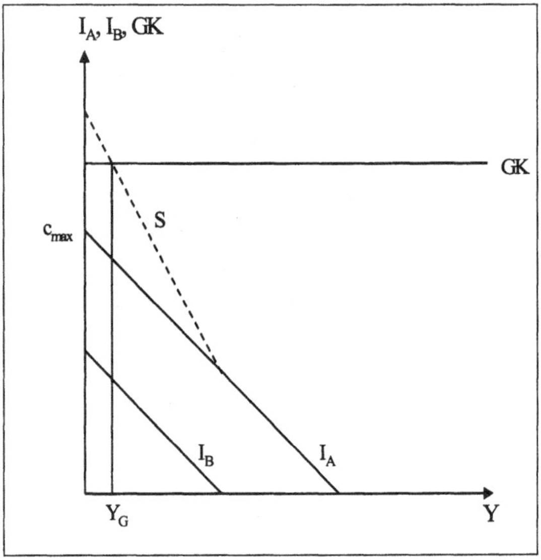

Quelle: Pies, I. 1997, S. 6

Aus Sicht der Gruppe wäre es zwar optimal, das Kollektivgut wegen der vertikal addierten Zahlungsbereitschaften ($I_A + I_B = S$) der beiden Gruppenmitglieder in der Menge Y_G, bereitzustellen (siehe Abbildung 24). Da es aber aus individueller Sicht bei gegebenen Grenzkosten (*GK*) für keines der Mitglieder optimal ist, einen Beitrag zur Bereitstellung zu leisten, wird das Kollektivgut nicht bereitgestellt („zero contribution thesis“[361]).[362]

Eine latente Gruppe ist allerdings dann in der Lage, ein Kollektivgut bereitzustellen, wenn sie ihre Mitglieder *mobilisieren* kann.[363] Eine Mobilisierung ist möglich, wenn entweder ein selektiver Anreiz etabliert oder Zwang auf die betreffenden Akteure ausgeübt werden kann.[364] Ein selektiver Anreiz ist eine Leistung, die eine Gruppe nur ihren Mitgliedern anbietet. Bestehen selektive Anreize, ist die Bereitstellung eines Kollektivgutes lediglich ein „by-product“.[365]

[361] Vgl. Ostrom, E. 2000, S. 137.
[362] Vgl. Pies, I. 1997, S. 6.
[363] Vgl. Olson, M. 1971, S. 133.
[364] Vgl. Olson, M. 1971, S. 133.
[365] Vgl. Olson, M. 1971, S. 133.

Eine *intermediäre* Gruppe ist eine Gruppe, in der kein Mitglied einen genügend großen Nutzen aus der Bereitstellung ziehen kann, um zur Bereitstellung einen Anreiz zu haben. Da die Mitgliederzahl einer intermediären Gruppe in der Regel gering ist, kann es durch Gruppenkoordinationstätigkeiten zur Bereitstellung kommen.[366]

Während also privilegierte und intermediäre Gruppen das Free-Rider-Problem ohne einen zusätzlichen, d.h. selektiven Anreiz zur Verfügung stellen, ist dies bei einer latenten Gruppe nicht möglich. Ohne einen selektiven Anreiz wird eine zentrale Instanz benötigt, wenn die Bereitstellung eines Kollektivgutes für eine latente d.h. in der Regel für eine große Gruppe von Individuen erfolgen soll.[367] Die klassische zentrale Instanz ist der Staat, der die Bereitstellung eines Kollektivgutes durch Zwang gewährleistet.[368] Den Zwang kann der Staat auf die Mitglieder der latenten Gruppe ausüben oder aber auf alle Mitglieder der Gesellschaft. Übt der Staat den Zwang nur auf die Mitglieder der latenten Gruppe aus, erhebt er von diesen eine Abgabe. Dies ist für die potentiellen Mitglieder mit einer Organisationspflicht verbunden. Übt der Staat hingegen Zwang auf alle Mitglieder der Gesellschaft aus, d.h. gesamtgesellschaftlich, wird die Bereitstellung ganz oder teilweise durch eine Steuer finanziert (Subvention).

Für die Anwendbarkeit der Theorie des kollektiven Handelns müssen zwei Voraussetzungen erfüllt sein. Zum einen muss eine hinreichend stabile Anreizstruktur gegeben sein und zum anderen müssen sich die Akteure ausschließlich an diesen vorgegebenen Anreizen orientieren, wobei sie rational und eigeninteressiert auf die (objektive) Anreizstruktur der gegebenen Situation reagieren.[369] Kommunikation untereinander ist ausgeschlossen.[370] Damit beschränkt sich dieser Ansatz in seiner Analyse auf die Wirkungen des Handelns, betrachtet aber nicht die Voraussetzungen des Handelns.[371, 372]

---

366 Vgl. Olson, M. 1971, S. 50.

367 Vgl. Neumärker, K.J.B. 1997, S. 153.

368 Vgl. Leipold, H. 1997, S. 228.

369 Vgl. Homann, K., Suchanek, A. 1992, S. 14.

370 Vgl. Ostrom, E. 1999, S. 238f.

371 Vgl. Suchanek, A. 1997, S. 38f.

372 LEIPOLD (1997) macht darauf aufmerksam, dass dadurch sowohl bei der Zwangslösung als auch bei selektiven Anreizen das Trittbrettfahrerproblem zweiter Ordnung auftritt (vgl. Leipold, 1997, S. 229). OLSON (1971) verweist lediglich auf den politischen Unternehmer, der sich private Vorteile von seiner Investition in die Koordination der Bereitstellung verspricht, die für andere wiederum ein Kollektivgut ist (vgl. Olson, M. 1971, S. 176ff.). SUCHANEK (1997) verdeutlicht, dass dies schließlich doch ein Interaktionsproblem darstellt (vgl. Suchanek, A. 1997, S. 39).

Darüber hinaus werden innerhalb dieses Ansatzes auch individuelle Motivationen und Orientierungen nicht berücksichtigt.[373] Vielmehr werden für den Zweck der Analyse die Akteure als Gefangene einer definierten Situation betrachtet.[374] Unberücksichtigt bleibt dabei die Fähigkeit der Individuen, sich die Auswirkungen ihres Handelns bewusst zu machen, zu kommunizieren und verbindliche Vereinbarungen zu treffen, und so die Entscheidungssituationen mit zu gestalten.[375]

4.1.2 Die Verfassung der Allmende

Die Verfassung der Allmende (VA) bezeichnet einen Ansatz zur Überwindung des Free-Rider-Problems, der weniger auf theoretischen Überlegungen als auf empirischen Untersuchungen über die Erfolgskriterien der dauerhaften Bereitstellung und Aneignung einer Allmende-Ressource basiert.[376] Eine Allmende-Ressource ist durch die Nichtausschließbarkeit[377] und das Übernutzungsproblem gekennzeichnet.[378] Unter dem Übernutzungsproblem ist die Zerstörung der Ressource zu verstehen, die ihr durch eine nicht adäquate Aneignung droht.[379] Zur Aneignung dieser Ressource schließen sich Akteure zusammen.

Die Bereitstellung einer Allmende-Ressource erzeugt aneigenbare Ressourceneinheiten, die den einzelnen Akteuren zugeteilt werden. Die Ressourceneinheiten unterliegen nicht der gemeinsamen Nutzung, sie werden nur von dem Akteur genutzt, dem sie zufließen (bspw. Wassereinheiten aus einem Stausee, die nur von einem einzelnen genutzt und dabei verbraucht werden).[380]

Im Rahmen dieses Ansatzes sind die Akteure in der Lage, die Voraussetzungen ihres Handelns zu beeinflussen und verbindliche Vereinbarungen zu schließen.[381] Die Akteure handeln rational und wählen zur Lösung von Entscheidungsproblemen bedingte Strategien, d.h. geplante Handlungen, die die vorgefundenen Entscheidungsbedingungen berücksichtigen.[382] Die Akteure treffen ihre Entscheidung also nicht unabhängig von dem Verhalten der anderen Akteure.

---

373 Vgl. Homann, K, Suchanek, A. 1992, S. 14.
374 Vgl. Ostrom, E. 1999, S. 8.
375 Vgl. Ostrom, E. 1999, S. 238f.
376 Vgl. Ostrom, E. 1999.
377 Zur Definition siehe Kapitel 4.1.1.
378 Vgl. Ostrom, E. 1999, S. 41.
379 Vgl. Ostrom, E. 1999, S. 41.
380 Vgl. Ostrom, E. 1999, S. 41f.
381 Vgl. Ostrom, E. 1999, S. 239.
382 Vgl. Ostrom, E. 1999, S. 47.

Ihr Entscheidungsverhalten orientiert sich dabei nicht nur an den erwarteten Kosten, den erwarteten Erträgen der Bereitstellung und an Diskontierungsraten bezüglich der zukünftigen Erträge, sondern auch an ihren inneren Verhaltensnormen.[383] Innere Verhaltensnormen spiegeln Werte wider, die von den Akteuren Handlungen und Strategien, nicht aber deren unmittelbaren Konsequenzen beigemessen werden.[384] Sie wirken sich auf die Wahrnehmung und Gewichtung von Entscheidungsalternativen aus und spielen insbesondere bei der Wahl des Free-Riding als eine Entscheidungsalternative eine wichtige Rolle.[385]

Die empirischen Befunde bezüglich der Aneignung und Bereitstellung einer Allmende-Ressource münden in acht Kriterien, die die unterschiedlichen Formen der dauerhaften Bereitstellung und Aneignung einer Allmende-Ressource gemeinsam haben:[386]

1. Kriterium: Definierte Grenzen
   Die berechtigten Aneigner der bereitzustellenden Allmende-Ressource sind ebenso wie die Allmende-Ressource klar definiert.
2. Kriterium: Kongruenz zwischen Aneignungs-, Bereitstellungsregeln und lokalen Bedingungen
   Die Regeln zur Aneignung und Bereitstellung der Allmende-Ressource sind auf die lokalen Bedingungen abgestimmt.
3. Kriterium: Arrangements für kollektive Entscheidungen
   Alle Aneigner können über die Änderung der Regeln mitbestimmen.
4. Kriterium: Überwachung des Verhaltens der Bereitstellenden
   Die Aneigner überwachen die Bereitstellung der Allmende-Ressource selbst oder beauftragen Dritte damit.
5. Kriterium: Abgestufte Sanktionsmaßnahmen
   Verstöße gegen Aneignungs- und Bereitstellungsregeln werden je nach ihrer Schwere sanktioniert. Die Sanktionen werden von den Bereitstellenden selbst oder von deren Beauftragten verhängt.
6. Kriterium: Konfliktlösungsmechanismen
   Es existieren Regeln zur Lösung von Konflikten, die durch die unterschiedliche Auslegung der Bereitstellungsregeln entstehen.
7. Kriterium: Minimale Anerkennung des Organisationsrechts
   Die Regeln werden von staatlichen Institutionen anerkannt.

---

[383] Vgl. Ostrom, E. 1999, S. 47.
[384] Vgl. Ostrom, E. 1999, S. 45.
[385] Vgl. Ostrom, E. 1999, S. 45f.
[386] Vgl. Ostrom, E. 1999, S. 117f. und auch Ostrom, E. 2000, S. 151f.

8. Kriterium: Verschachtelte Organisation
   Bei komplexen Allmende-Ressourcen ist die Bereitstellung in lokale, regionale und überregionale Zuständigkeitsbereiche gegliedert.

Gemäß der Kriterien 1 bis 6 und 8 schaffen sich die Aneigner einer Allmende-Ressource ein Regelwerk, mit dem sie die gemeinsame Aneignung und Bereitstellung untereinander dauerhaft absichern können. Die klare Definition der Grenzen der Aneignungsberechtigten und der Allmende-Ressource (1. Kriterium) etabliert die Voraussetzung für den Ausschluss von Nicht-Berechtigten. Auf Grundlage dieser Definition entwerfen die Aneigner Aneignungs- und Bereitstellungsregeln, die eine an die lokalen Bedingungen angepasste Aneignung der Allmende-Ressource gewährleisten (2. Kriterium). Zu diesen Regeln gehören sowohl Bestimmungen über die Verteilung der Allmende-Ressource unter den Aneignern als auch Bestimmungen über die Aktivitäten, die von jedem Aneigner zur dauerhaften Aneignung der Allmende-Ressource durchgeführt werden müssen (bspw. der Aufbau und die Unterhaltung eines Bewässerungssystems).[387]

Alle Aneigner nehmen an der Änderung des Regelwerkes teil (3. Kriterium). Dadurch wird eine adäquate, an die lokalen Bedingungen angepasste Änderung gewährleistet, die sich über die Zeit der Aneignung als notwendig ergeben kann.[388] Mit Hilfe der Regeln zur Überwachung der Regeleinhaltung und zur Sanktionierung von Verstößen (4. und 5. Kriterium) etablieren die Aneigner eine interne Absicherung, die sich ebenfalls an den lokalen Bedingungen orientiert. Das System der Eigenüberwachung und -sanktionierung gewährleistet, Regelbrecher gemäß der Schwere ihres Verstoßes und der Umstände, die zu dem Verstoß geführt haben, zu bestrafen, ohne dadurch die dauerhafte Bereitstellung und Aneignung der Allmende-Ressource zu gefährden.[389] Die Etablierung eines Konfliktlösungsmechanismus' (6. Kriterium) erlaubt den Aneignern, die durch unterschiedliche Regelauslegung oder Fehlverhalten auftretenden Konflikte zu lösen.[390] Die verschachtelte Organisation der Nutzung und Bereitstellung einer Allmende-Ressource in lokale, regionale und überregionale Zuständigkeitsbereiche (8. Kriterium) ermöglicht dessen Aneignung in Übereinstimmung mit den lokalen, regionalen und überregionalen Bedingungen der Aneignung und Bereitstellung.[391]

---

[387] Vgl. Ostrom, E. 1999, S. 118ff.
[388] Vgl. Ostrom, E. 1999, S. 121.
[389] Vgl. Ostrom, E. 1999, S. 127f.
[390] Vgl. Ostrom, E. 1999, S. 130f.
[391] Vgl. Ostrom, E. 1999, S. 131f.

Die mit einem derartigen Regelwerk geschaffene Selbstorganisation kann allerdings durch eine Aneignung von Ressourceneinheiten durch nicht organisierte Akteure extern umgangen werden. Eine externe Umgehung des Regelwerkes führt zu dessen Aushebelung und damit zur Beendigung der selbstorganisierten kollektiven Aneignung. Die Selbstorganisation ist daher auf eine minimale rechtliche Anerkennung durch staatliche Institutionen angewiesen (7. Kriterium), die die Durchsetzung des Regelwerks gegen externe Umgehung erlaubt.[392]

Im Rahmen der Verfassung der Allmende beschränkt sich staatliches Handeln also auf die Gewährung eines Organisationsrechts. Die Gewährung beruht dabei auf der definitorischen Abgrenzung der Allmende-Ressource gegenüber Nichtberechtigten, die von den Aneignungsberechtigten vorgenommen wird.

4.1.3 Wirtschaftsakteure als Free-Rider

Das Verhalten von Wirtschaftsakteuren wird innerhalb der experimentellen Ökonomie anhand wohldefinierter Entscheidungssituationen untersucht. Mit Hilfe von Experimenten wird das Verhalten der beteiligten Akteure in Situationen analysiert, die durch die Möglichkeit des Free-Riding gekennzeichnet sind. Diese Experimente geben darüber Auskunft, inwiefern nicht-monetäre Komponenten in der Nutzenfunktion der Akteure entgegen monetären Anreizen das Entscheidungsverhalten beeinflussen.[393]

Die Standardentscheidungssituation besteht aus einer Investitionsentscheidung, bei der sich die beteiligten Akteure zwischen einer Investition in ein Privat- und in ein Kollektivgut entscheiden müssen. Der Gewinn aus der Investition in das private Gut fließt nur demjenigen Akteur zu, der diese Investition tätigt, während die Investition in ein Kollektivgut auch für die Akteure einen Gewinn erbringt, die nicht zur Bereitstellung beitragen.[394]

Modelle zur Beschreibung dieser Entscheidungssituation gehen in der Regel von einer linearen Gewinnfunktion aus, die den Akteuren bekannt ist.[395] Sind im konkreten Experiment n Akteure gegeben, die zu Beginn des Experiments eine fixe Menge an Gutscheinen (e) erhalten, die zu Investitionen in ein privates Gut oder ein Kollektivgut berechtigt, so ergibt sich die Gewinnfunktion zu[396]

$$g_i\left(x_i, \sum_{i=1}^{n} y_i\right) = rx_i + k\sum_{i=1}^{n} y_i \text{ mit } r>k \text{ und } nk>r$$

[392] Vgl. Ostrom, E. 2000, S. 152 und vgl. Ostrom, E. 1999, S. 131.
[393] Vgl. Palfrey, T.R., Prisbrey, J.E. 1997, S. 830.
[394] Vgl. Keser, C. 2000, S. 1f.
[395] Vgl. Keser, C. 2000, S. 2.
[396] Vgl. Keser, C. 2000, S. 2.

x_i: Zahl der Gutscheine für die private Investition des Spielers i

y_i: Zahl der Gutscheine für die Investition in Kollektivgut des Spielers i

$x_i + y_i = e$ Gesamtzahl der Gutscheine

r: Gewinn der privaten Investition pro Gutschein

k: individueller Gewinn aus der kollektiven Investition pro Gutschein

Wird das Experiment über mehrere Runden durchgeführt, steht den einzelnen Akteuren in jeder Runde die gleiche Anzahl an Gutscheinen zur Verteilung zur Verfügung. Im Rahmen des Experiments ist der Gewinn aus der privaten Investition größer als der individuelle Gewinn aus der gemeinschaftlichen Investition ($r>k$). Allerdings ist die Gewinnsumme der kollektiven Investition je Gutschein über alle Spieler (nk) größer als der individuelle Gewinn der privaten Investition ($nk>r$).[397]

In der Entscheidungssituation ist es pareto-optimal, wenn alle Akteure sämtliche Gutscheine in die kollektive Investition investieren, wodurch der Gewinn aller maximiert würde. Im Gegensatz dazu handeln die Akteure individuell-rational, wenn sie ihre Gutscheine ungeachtet des Verhaltens der anderen Akteure in die private Investition investieren.[398] Den Akteuren sind im Rahmen des Experiments die Gewinnfunktion und seine Parameter (individuelle Gewinne, Anzahl der Gutscheine) bekannt.

Obwohl die Akteure keine Möglichkeit zur Kommunikation untereinander haben und es individuell-rational wäre, alle Gutscheine in die private Investition anzulegen, investieren die Akteure im Rahmen solcher Experimente 40 bis 60 Prozent der Gutscheine in die kollektive Investition.[399] Neben äußeren, situationsbedingten Einflussfaktoren spielen damit auch individuelle Eigenschaften der Akteure eine zentrale Rolle für ihr Verhalten in der gegebenen Entscheidungssituation. Zur Analyse des tatsächlichen Verhaltens der Akteure sind eine Reihe von Untersuchungen durchgeführt worden, die eine differenzierte Beurteilung zulassen.[400]

397 Vgl. Keser, C. 2000, S. 2f.

398 Vgl. Keser, C. 2000, S. 2.

399 Vgl. Ledyard, J.O. 1995, S. 172.

400 Siehe Palfrey, T.R., Prisbrey, J.E. 1997; Keser, C. 1996; Keser, C., Winden, F.v. 2000; Andreoni, J. 1995. Diesen Untersuchungen ist gemeinsam, dass die Teilnehmer in keiner Weise miteinander kommunizieren dürfen. Den Teilnehmern sind aber die Auszahlungsfunktion und die Anzahl der zu spielenden Runden bekannt. Ansatzpunkte für Aussagen über das Verhalten der Akteure sind ihr Beitragsverhalten zu Beginn, im Verlauf und in der letzten Runde (End-Game-Verhalten) des Experimentes.

In der Untersuchung von ANDREONI (1995) lassen sich die Akteure, die kooperieren, in zwei gleich große Teilgruppen aufteilen. Die eine Hälfte der Kooperierenden erkennt zwar die Möglichkeit des Free-Riding, doch kooperieren die Akteure aufgrund von „Freundlichkeit".[401] Die zweite Hälfte der Kooperierenden investiert in das Kollektivgut, weil sie die Regeln des Experimentes nicht durchschauen. Während ANDREONI (1995) alle Verhaltensweisen, die zur Kooperation führen, unter den Oberbegriff „Freundlichkeit" subsumiert,[402] unterscheiden PALFREY und PRISBREY (1997) zwei Verhaltensweisen, die zu Kooperation führen: Zum einen Verhaltensweisen, die auf Warm-Glow-Präferenzen basieren, und zum anderen solche Verhaltensweisen, die auf altruistischen Präferenzen beruhen.[403] Ein Akteur handelt gemäß seiner Warm-Glow-Präferenzen, wenn der Akt des Beitragens seinen Nutzen um eine fixe Größe erhöht, unabhängig davon wie sich der Gruppen-Gewinn verändert. Besitzt ein Akteur altruistische Präferenzen, so erhöht sich sein Nutzen nicht nur durch die Steigerung seines Gewinns, sondern auch durch die Steigerung des Gewinns der Gruppenmitglieder.[404] Den Ergebnissen von PALFREY und PRISBREY (1997) zufolge ist das Verhalten der Akteure mit dem Vorhandensein von Warm-Glow-Präferenzen nicht aber mit dem Vorhandensein von altruistischen Präferenzen zu erklären.[405] Auch für KESER (1996) lässt sich das kooperative Beitragsverhalten nicht durch Fehler im Experiment oder Altruismus rechtfertigen.[406] KESER und V. WINDEN (2000) erklären Investitionsentscheidungen zugunsten des Kollektivguts mit bedingter Kooperation.[407] Ein bedingt kooperierender Akteur signalisiert in der ersten Runde kooperierendes Verhalten: Er handelt zukunftsorientiert. In den folgenden Runden orientiert er seinen Beitrag am Durchschnitt des Gruppenbeitrages.[408] Sein eigener Beitrag der gegenwärtigen Runde richtet sich dabei nach dem Durchschnitt des Gruppenbeitrages der vorherigen Runde (rückwirkendes Verhalten): Ein Individuum erhöht (senkt) dann seinen Beitrag, wenn sein Beitrag unter (über) dem Gruppendurchschnitt gelegen hat.[409]

Für die Beantwortung der eingangs aufgeworfenen Frage, wie sich Akteure in Free-Rider-Situationen verhalten, kann insgesamt festgehalten werden, dass be-

401 Vgl. Andreoni, J. 1995. Gemäß dieser Studie kooperieren 75% der Akteure.
402 Vgl. Andreoni, J. 1995, S. 893.
403 Vgl. Palfrey, T.R., Prisbrey, J.E. 1997.
404 Vgl. Palfrey, T.R., Prisbrey, J.E. 1997, S. 830.
405 Vgl. Palfrey, T.R., Prisbrey, J.E. 1997, S. 842.
406 Vgl. Keser, C. 1996.
407 Vgl. Keser, C., Winden, F.v. 2000. Diese Autoren greifen auf den Ansatz von KESER (1996) zurück.
408 Vgl. Keser, C., Winden, F.v. 2000, S. 31.
409 Vgl. Keser, C., Winden, F.v. 2000, S. 33.

stimmte Akteure selbst dann kooperativ handeln, wenn sie nicht zu anderen Akteuren in Beziehung treten, d.h. miteinander kommunizieren können. Das kooperative Verhalten dieser Akteure ist damit kein zufälliges Ereignis, sondern basiert vielmehr auf grundlegenden Motivationen der Akteure.

Vor dem Hintergrund der Ergebnisse der experimentellen Ökonomie postulieren OSTROM (2000) und SCHRAM (2000) daher auch die Existenz von Akteuren, die nicht nur eigennutzmaximierend handeln.

OSTROM (2000) geht neben dem eigennutzmaximierenden Akteur von zwei weiteren Typen aus, den so genannten „norm-using" Akteuren. Diese Typen sind zum einen der „bedingt Kooperierende" und zum anderen der „zur Bestrafung Bereitseiende".[410]

Der „bedingt Kooperierende" initiiert kooperative Aktionen, wenn er von der Existenz weiterer Akteure ausgeht, die seine Aktion erwidern und wiederholen. Dieser Akteur tendiert dazu, anderen zu vertrauen und ist in weiteren Runden vertrauenswürdig, solange der Anteil der Erwidernden aus seiner Sicht hoch genug ist.[411]

Der „zur Bestrafung Bereitseiende" tritt dann in Aktion, wenn ihm die Möglichkeit geboten wird, jene zu bestrafen, die von der Kooperation abweichen.[412] Dieser Akteur wird durch verbale Zurechtweisung oder auch durch sich materiell auswirkende negative Auszahlungen versuchen, Free-Rider von ihrem Verhalten abzubringen. Er wird ein „zur Belohnung Bereitseiender" sein, wenn ihm hierzu die Möglichkeit gegeben ist.[413]

SCHRAM (2000) geht vom Auftreten eines „cooperative gain seeker" aus.[414] Dieser Akteur ist bereit, individuellen Gewinn aufzugeben, wenn er einen kooperativen Gewinn erzielen kann, der sich in privatem Einkommen auszahlt. Er wird allerdings zur Bereitstellung nicht beitragen, wenn eine ausreichende Anzahl anderer Akteure dieses Typs nicht vorhanden ist, selbst wenn ein kooperativer Gewinn zu erzielen wäre. Der Akteur verhält sich dann ebenfalls eigennutzmaximierend.[415]

---

410 Vgl. Ostrom, E. 2000, S. 141ff.
411 Vgl. Ostrom, E. 2000, S. 142.
412 Siehe auch Fehr, E., Gächter, S. 2000.
413 Vgl. Ostrom, E. 2000, S. 142.
414 Vgl. Schram, A. 2000.
415 Vgl. Schram, A. 2000, S. 244.

4.2 Lösung des Free-Rider-Problems

In diesem Abschnitt wird der staatliche Eingriff entwickelt, der der Überwindung des Free-Rider-Problems bei generischer Werbung dient.[416] Dazu werden zunächst die beiden Ansätze und die empirischen Ergebnisse im Hinblick auf ihren Beitrag zur Lösung des Free-Rider-Problems bei generischer Werbung diskutiert. Auf der Grundlage dieser Diskussion wird anschließend der staatliche Eingriff entworfen.

4.2.1 Diskussion der Lösungsansätze

Generische Werbung ist sowohl durch das Nichtausschließbarkeitsprinzip als auch durch sinkende Wirksamkeit aufgrund zu hohen Kontakts der Verbraucher gekennzeichnet.[417] Die Akteure des Agrarsektors, die von der Durchführung generischer Werbung betroffen sind, bilden aufgrund ihrer hohen Anzahl eine große Gruppe.[418] Als Gegenstand der Logik des kollektiven Handelns ist generische Werbung ein Kollektivgut, während es als Gegenstand der Verfassung der Allmende die Tätigkeit ist, die der Aneignung der Allmende-Ressource „Kaufbereitschaft" dient.[419]

Auf Grundlage der Theorie der Logik des kollektiven Handelns ist den Akteuren, die von der Durchführung generischer Werbung profitieren, ein Entscheidungsverhalten zuzuschreiben, das sich an ihren individuell-optimalen, nicht aber an ihren gruppen-optimalen Zahlungsbereitschaften orientiert.[420]

---

416 Dieser Fokus der Betrachtung bedingt, dass die Möglichkeit eines jeden Akteurs, individuell (d.h. einzelbetrieblich) Werbung durchzuführen, nicht berücksichtigt wird (siehe auch Fußnote 341).

417 Vgl. Kapitel 4.1.

418 Vgl. Forker, O.D., Ward, R.W. 1993, S. 7, generell auch Koester, U. 1992, S. 102.

419 Vgl. Kapitel 4.1.

420 Vgl. Kapitel 4.1.1.

Abbildung 25: Problematik generischer Werbung und LkH

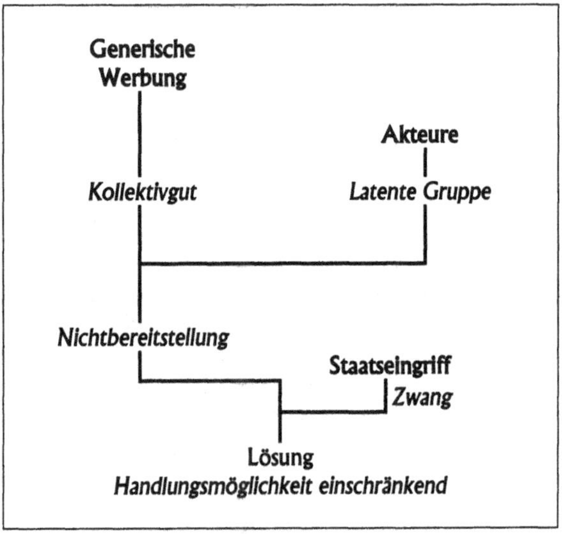

Quelle: eigene Darstellung

Da die Akteure zudem aufgrund ihrer großen Anzahl eine latente Gruppe bilden, ist es ihnen nicht möglich, die Bereitstellung des Kollektivgutes generische Werbung zu organisieren (siehe Abbildung 25). Vielmehr muss eine vom Staat vorgegebene Lösung, die prinzipiell auf Zwang beruht,[421] durchgesetzt werden, wenn das Gruppenwohl erreicht werden soll. Die Akteure werden damit jedoch letztlich in ihren Handlungsmöglichkeiten eingeschränkt und sind gehalten, sich gemäß der Vorstellungen der staatlichen Entscheider zu organisieren und generische Werbung durchzuführen.[422]

Im Rahmen der Verfassung der Allmende ist den Akteuren trotz ihrer großen Anzahl die Fähigkeit zur Selbstorganisation zuzuschreiben.[423] Mit dieser Fähigkeit ist es ihnen möglich, sich als Gruppe zusammenzufinden und ein Regelwerk zu schaffen, das die Durchführung generischer Werbung, d.h. die Tätigkeit or-

---

421 Vgl. Kapitel 4.1.1.

422 Generische Werbung ist damit ein politisches Instrument, mit dem „übergeordnete" politische Vorstellungen über die Struktur des Sektors durchgesetzt werden. Individuelles Handeln wird dazu „gelenkt", nicht aber selbstorganisiertes individuelles Handeln unterstützt. Auch wissenschaftlicher Beistand dient dann lediglich dazu, politische Vorstellungen der Regierenden oder der diese Beeinflussenden umzusetzen.

423 Vgl. Kapitel 4.1.2.

ganisiert, die zur Aneignung der Allmende-Ressource „Kaufbereitschaft“ notwendig ist (siehe Abbildung 26).[424]

Abbildung 26: Problematik generischer Werbung und VA

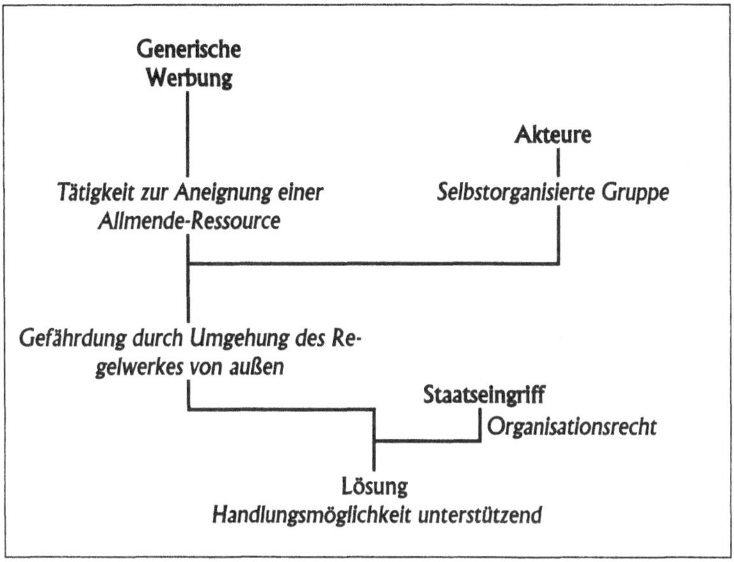

Quelle: eigene Darstellung

Dieses Regelwerk kann aber prinzipiell keinen Schutz davor bieten, dass andere Akteure von der so organisierten Durchführung generischer Werbung profitieren. Generische Werbung verliert dadurch nicht das Merkmal der Nichtausschließbarkeit. Die prinzipielle Gefahr der Umgehung des selbstgeschaffenen Regelwerks macht daher einen Eingriff des Staates notwendig.[425] Dieser Eingriff hat jedoch lediglich darauf abzuzielen, die Akteure in ihrer selbstorganisierten Durchführung zu unterstützen: Den Akteuren ist ein spezifisches Organisationsrecht zu gewähren. Dieses Organisationsrecht unterstützt die Akteure bei der Schaffung einer Institution, mit der sie lokal angepasst und regional bzw. überregional verschachtelt die Durchführung generischer Werbung organisieren können (siehe Abbildung 26). Grundlage des Organisationsrechts ist die klar definierte Abgrenzung der berechtigten Aneigner und der mit der generischen Werbung zu erschließende Form der Allmende-Ressource „Kaufbereitschaft“.

[424] Für einen Ansatz zur Finanzierung selbstorganisierter generischer Werbung siehe KRISHNAMURTHY 2001 (Krishnamurthy, S. 2001).

[425] Vgl. Kapitel 4.1.2.

Die Ergebnisse der zitierten Studien der experimentellen Ökonomie verweisen auf die Existenz bedingt kooperierender Akteure.[426] Diesen Akteuren sind Verhaltensweisen zu eigen, die ihnen ermöglichen, Kooperation zu initiieren, indem sie auf individuellen Gewinn verzichten. Aufgrund ihrer Existenz ist prinzipiell davon auszugehen, dass Regeln zur Durchführung generischer Werbung freiwillig initiiert werden.

Während also die Betrachtung des Free-Rider-Problems generischer Werbung im Rahmen der Theorie des kollektiven Handelns eine Zwangslösung, d.h. eine die Handlungsmöglichkeiten der Akteure einschränkende Lösung des Problems nahe legt, ist vor dem Hintergrund der Ergebnisse der empirischen Studien prinzipiell davon auszugehen, dass es in der Gruppe der betroffenen Akteure bedingt kooperierende Akteure gibt, die die Durchführung und Finanzierung generischer Werbung initiieren, ohne durch den Staat dazu angehalten werden zu müssen. Auf Grundlage der Verfassung der Allmende kann zudem mit der Gewährung eines Organisationsrechts die Form eines staatlichen Eingriffs aufgezeigt werden, die die bedingt kooperierenden Akteure in ihren Handlungsmöglichkeiten unterstützt, statt sie einzuschränken. Wie ein derartiges Organisationsrecht gestaltet sein kann, zeigt der folgende Abschnitt.

4.2.2 Der Eingriff des Staates

Bedingung für die selbstorganisierte Durchführung generischer Werbung ist die Möglichkeit, die Allmende-Ressource „Kaufbereitschaft" klar zu definieren und den Kreis der Aneignungsberechtigten einzugrenzen.[427]

Die notwendige Abgrenzung ist bei der generischen Produkteigenschaft „Herkunft"[428] möglich. Diese Produkteigenschaft bietet sich als Beispiel zur Entwicklung eines Ansatzes zur selbstorganisierten Überwindung des Free-Rider-Problems an, da staatliche Lösungsansätze zur Überwindung des Free-Rider-Problems immer eine herkunftsbezogene, d.h. politisch-geographische Komponente beinhalten. Ein staatlicher Eingriff soll denjenigen Akteuren, die in einem durch politische Grenzen festgelegten Gebiet (Bundesland, Staat, Staatenbund) ansässig sind, generische Werbung möglich machen.[429] Die zu betrachtende

---

[426] Vgl. Kapitel 4.1.3.

[427] Vgl. Kapitel 4.2.1.

[428] Zur Bedeutung der Herkunft für die Kaufbereitschaft der Verbraucher siehe bspw. Glitsch, K. 1999, Gürhan-Canli, Z., Meheswaran, D. 2000, Hoffmann, R. 2000, Van der Lans, I.A., van Ittersum, K., de Cicco, A., Loseby, M. 2001 und Verlegh, P.W.J., Steenkamp, J-B.E.M. 1999.

[429] Vgl. Forker, O.D., Ward, R.W. 1993, S.100ff., Benner, E. 2000b sowie Foreign Agricultural Service 1998. Dieser Bezug manifestiert sich insbesondere in der generischen Werbe-

(...Fortsetzung nächste Seite...)

Allmende-Ressource ist damit die *herkunftsbedingte Kaufbereitschaft der Verbraucher.*

Die Aneignungsberechtigten sind die in einem bestimmten geographischen Raum ansässigen Erzeuger (lokale Akteure), wobei dieser Raum nicht ausschließlich durch politische Grenzen bestimmt sein muss. Die Herkunft ihres landwirtschaftlichen Erzeugnisses können sie grundsätzlich auf lokaler, regionaler und überregionaler Ebene definieren und als Herkunftsangabe kommunizieren.[430]

Da jedoch die Beteiligung an der Durchführung generischer Werbung gemäß des Regelwerkes freiwillig ist, ist die Gefahr des Free-Riding gegeben. Den initiierenden Akteuren kann es auf freiwilliger Basis nicht gelingen, diejenigen vom Nutzen der herkunftsbezogenen Werbung auszuschließen, die keinen Beitrag zur Finanzierung der Werbemaßnahmen leisten wollen.

Der notwendige Ausschluss der Free-Rider wird allerdings dann möglich, wenn der Staat den initiierenden Akteuren ein exklusives Organisationsrecht zugesteht,[431] das im gegebenen Zusammenhang einen rechtlichen Schutz für eine entsprechende Herkunftsangabe gewährt. Mit diesem gesetzlichen Schutz räumt der Staat den initiierenden Akteuren ein Ausschlussprinzip ein, das sie zwar klar definieren, aber aufgrund der Nichtausschließbarkeit nicht selbst gegenüber externer Umgehung durchsetzen können.[432]

Auf Grundlage dieses Organisationsrechts initiieren die bedingt kooperierenden Akteure unter den lokalen Akteuren einen Zusammenschluss auf lokaler Ebene und schaffen sich ein Regelwerk, das die Ausgestaltung und Durchführung der generischen Werbung angepasst an die Bedingungen der auf die lokale Herkunft bezogene Kaufbereitschaft gewährleistet (siehe Abbildung 27).[433] Sie versetzen sich damit prinzipiell in die Lage, generische Werbung durchzuführen, die die lokale Herkunft des von ihnen erzeugten Produktes hervorhebt und in ein positives Assoziationsumfeld stellt.[434]

Ihr Regelwerk sieht Bestimmungen vor, die es ermöglichen, eventuellen Veränderungen in der Kaufbereitschaft durch die Anpassung der Ausgestaltung der

funktion der Abwehrwerbung bzw. in den Komponenten generischer Werbung, die die Funktion der Abwehrwerbung wahrnehmen (vgl. Kapitel 2.4 und Kapitel 3).

430 Vgl. Benner, E. 2000b.

431 Vgl. Kapitel 4.1.2, 7. Kriterium.

432 Das Organisationsrecht kann sich in der Etablierung einer dem von BERNDT (1985) zur Durchführung kollektiver Werbung vorgeschlagenen Gemeinschaftszeichens ähnlichen Herkunftsangabe niederschlagen (vgl. Berndt, R. 1985, S. 5).

433 Vgl. Kapitel 4.1.2.

434 Vgl. zur Gestaltung generischer Werbung Kapitel 3.4.

generischen Werbung zu begegnen, und dabei gezielt die lokalen Bedingungen zu berücksichtigen.[435] Dadurch stellen sie die dauerhafte Erschließung der herkunftsbedingten Kaufbereitschaft der Verbraucher mit Hilfe generischer Werbung sicher und schützen sie vor Übernutzung. Diese Akteure etablieren zugleich sowohl Bestimmungen bezüglich der Finanzierung der generischen Werbung, der Überwachung des Beitragsverhaltens und der Sanktionierung von Verstößen als auch die notwendigen Konfliktlösungsmechanismen.[436]

Grundsätzlich haben weitere lokale Akteure einen Anreiz diesem lokalen Zusammenschluss beizutreten, wenn sie eine zusätzliche Absatzmöglichkeit in der Erschließung der herkunftsbedingten Kaufbereitschaft sehen.

Abbildung 27: Selbstorganisierte Durchführung generischer Werbung

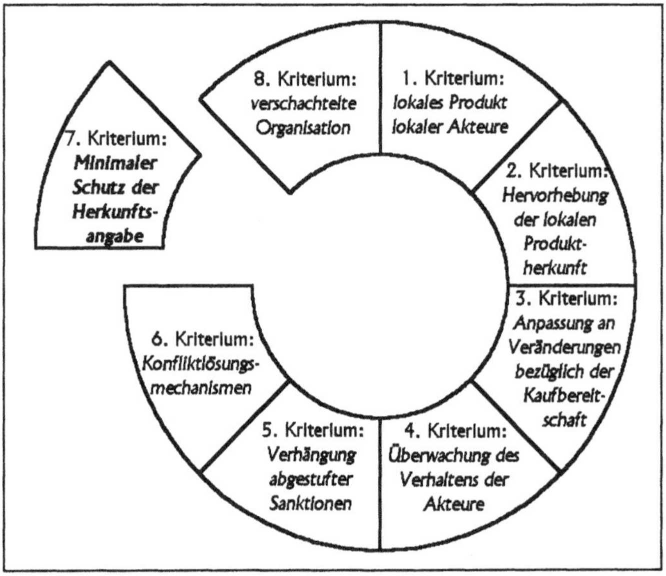

Quelle: eigene Darstellung

Sehen lokale Zusammenschlüsse in der Werbung mit der regionalen Herkunft ihres Erzeugnisses eine Absatzmöglichkeit, haben sie prinzipiell ein Interesse daran, Werbung auch anhand der über den Ausgangszusammenschluss konstituierenden lokalen Herkunft hinaus durchzuführen. Einzelne lokale Zusammenschlüsse werden sich dann in einer verschachtelten Organisation auf regionaler

435 Vgl. Kapitel 4.1.2, 3. Kriterium.
436 Vgl. Kapitel 4.1.2, 4. - 6. Kriterium.

Ebene zusammenfinden.[437] Die regionalen Zusammenschlüsse können sich gleichfalls in überregionalen Zusammenschlüssen organisieren. Eine derartig verschachtelte Organisation kann dann dem Free-Rider-Problem adäquat begegnen und ist auf allen erdenklichen geographischen Abgrenzungen möglich. Es bedarf also nicht der externen Gestaltungsvorgabe generischer Werbung, da sich aus dem rechtlichen Schutz der Herkunftsangabe für jeden Betroffenen der Anreiz ergibt, Mitglied einer solchen Organisation zu werden.[438]

Insgesamt kann damit Folgendes festgehalten werden. Da staatlich unterstützte generische Werbung generell eine herkunftsbezogene Komponente hat und die Allmende-Ressource „Kaufbereitschaft" daher als „herkunftsbedingte Kaufbereitschaft" einzugrenzen ist, ist die Gewährung eines herkunftsbezogenen Organisationsrechts, das die Möglichkeit zur Gründung verschachtelter Organisationen einschließt, als Eingriff für den Staat ausreichend, der gezielt den auf seinem Hoheitsgebiet ansässigen Akteuren die Überwindung des Free-Rider-Problems generischer Werbung ermöglichen will, ohne deren Handlungsmöglichkeiten einzuschränken.

---

[437] Vgl. Kapitel 4.1.2, 8. Kriterium.

[438] Im Rahmen einer Wirtschaftsordnung, die sich am Leistungswettbewerb orientiert, muss allerdings dieser Schutz die Möglichkeit für andere offen lassen, ihre eigene Vorstellung der lokalen/regionalen/überregionalen Herkunftswerbung durchzuführen, denn auch ein Produkt eines nicht einem bestimmten Zusammenschluss angehörenden Akteurs kommt aus der betreffenden Region, und dies sollte den Verbrauchern vermittelt werden können.

5 Werbung als Mittel der Verbraucherinformation

Werbung hat eine Bedeutung für das Funktionieren des Marktes, da sie Produkt- und Prozesseigenschaften vermittelt, die für die Verbraucher einen eigenen Wert im Rahmen ihrer Kaufentscheidung besitzen.[439] Sie zeichnet sich als Instrument der Informationsvermittlung durch bestimmte Gestaltungsmerkmale aus, und Verbraucher pflegen einen spezifischen Umgang mit ihr. Die Verbraucher sind allerdings aufgrund ihrer strukturellen Benachteiligung im Marktgeschehen[440] gleichzeitig auf eine Rolle des Staates angewiesen, die diesem bei der Durchführung von Werbung in besonderem Maße zukommt.

Staatliche Unterstützung von generischer Werbung erlangt vor diesem Hintergrund eine Relevanz für das Funktionieren des Marktes, die sich in besonderer Weise auf das Marktgeschehen auswirkt. In diesem Kapitel wird die Wirkung der staatlichen Unterstützung von generischer Werbung für landwirtschaftliche Erzeugnisse auf das Marktgeschehen herausgearbeitet.

Dazu werden in Abschnitt 5.1 die informationsvermittelnden Gestaltungsmerkmale der Werbung dargelegt. Abschnitt 5.2 stellt den Umgang der Verbraucher mit Werbung dar und Abschnitt 5.3 führt die Rolle des Staates bei der Durchführung von Werbung aus. Vor diesem Hintergrund wird in Abschnitt 5.4 die Wirkung der staatlichen Unterstützung von generischer Werbung herausgearbeitet.

5.1 Werbung als Instrument der Informationsvermittlung

Die Betrachtung generischer Werbung als Instrument der Informationsvermittlung hebt auf die in Worten und Werbetexte gefasste Vermittlung von Eigenschaften der beworbenen Erzeugnisse ab.[441] Der Verwendung von Worten und

[439] Vgl. Ippolito, P.M., Mathios, A.D. 1990.
[440] Vgl. Scherhorn, G. 1983, S. 122f.
[441] Vgl. Forker, O.D., Ward, R.W. 1993, S. 259 in Verbindung mit S. 6.

der Konstruktion von Werbetexten liegen im Rahmen der Werbung allerdings spezifische Merkmale zugrunde. Die folgenden beiden Unterabschnitte führen diese Merkmale aus.

5.1.1 Worte in der Werbung

Ein Wort besitzt unterschiedliche sprachpsychologische Bedeutungen. Neben seiner Hauptbedeutung (Denotation) transportiert es eine Nebenbedeutung (Konnotation) und ein assoziatives Umfeld (siehe Abbildung 28).[442]

Abbildung 28: Sprachpsychologische Unterteilung der Wortbedeutung

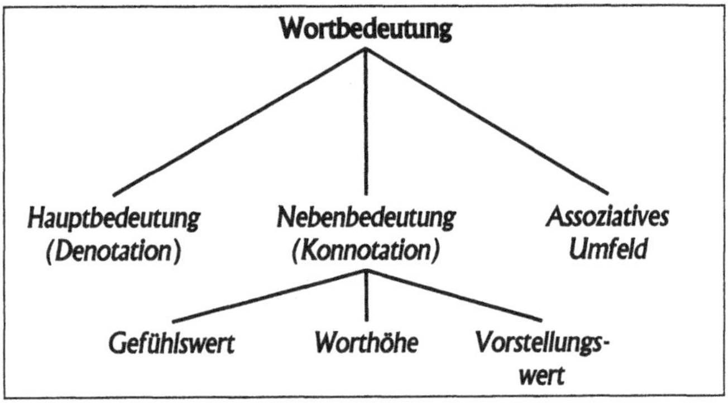

Quelle: Behrens, G. 1996, S. 43

Während die Denotation die unmittelbare Bedeutung des Wortes wiedergibt, fügt die Konnotation der unmittelbaren Bedeutung eine emotionale Wertung hinzu. Diese Wertung setzt sich aus dem Gefühlswert, der Worthöhe und dem Vorstellungswert zusammen (siehe Abbildung 28).[443] Der Gefühlswert eines Wortes stellt dessen positive oder negative emotionale Dimension dar. Die Worthöhe drückt die Position des Wortes in einer Rangbewertung von Worten aus („Pflegemittel" besitzt eine größere Worthöhe als „Reinigungsmittel" [444]). Hohe Positionen in einer solchen Rangbewertung führen zu einer Aufwertung, niedrige zu einer Abwertung des mit dem Wort bezeichneten Objekts.[445]

---

[442] Vgl. Behrens, G. 1996, S. 42f.
[443] Vgl. Behrens, G. 1990, S. 43f.
[444] Dieses Beispiel führt BEHRENS (1996) an (vgl. Behrens, G. 1996, S. 44).
[445] Vgl. Behrens, G. 1990, S. 44.

Der Vorstellungswert bezeichnet die Anschaulichkeit eines eingesetzten Wortes. Worte können einen hohen (bspw. Schreibmaschine[446]) oder niedrigen Vorstellungswert (bspw. Relativitätstheorie) besitzen. Worte mit hohem Vorstellungswert werden schneller gelernt als solche mit niedrigem Vorstellungswert und haben einen stärkeren Einfluss auf das Verhalten der Verbraucher.[447]

Das assoziative Umfeld eines Wortes besteht aus anderen Wörtern, mit denen das eingesetzte Wort spontan verbunden wird. Zum weiteren assoziativen Umfeld zählen auch Gedanken, Worte und Vorstellungen, die zwar nicht spontan, aber doch ohne systematische Suche bei Nennung des betrachteten Wortes bewusst werden. Es ruft eine Vorstellungswelt hervor, deren Erzeugung durch die Verwendung von Lautmalerei (bspw. Schmutz ab*kr*atzen statt Schmutz beseitigen[448]) verstärkt werden kann.[449]

Für den Einsatz von Werbung besitzt die Konnotation von Worten eine zentrale Bedeutung.[450] In der Werbung werden grundsätzlich Worte mit positivem Gefühlswert, großer Worthöhe und hohem Vorstellungswert eingesetzt.[451] Es werden solche Worte verwendet, deren assoziatives Umfeld zum Ziel der Werbung passen und mit dem Inhalt der Werbeaussage übereinstimmen. Indem Werbung bestimmte Worte gezielt verwendet, um mehr zu vermitteln als die eigentliche Information, d.h. die Denotation des eingesetzten Wortes, instrumentalisiert Werbung die Informationsvermittlung.

5.1.2 Konstruktion von Werbetexten

Werbetexte werden als Werbeaussagen konstruiert, die sich des rhetorischen Stilelements der Argumentation bedienen.[452] Eine Argumentation geht im Allgemeinen von einer Begründungsbasis (Prämissen) aus und versucht, die den Prämissen entgegengebrachte Zustimmung auf ihre Folgerungen zu übertragen. Sie versucht insbesondere nicht, die Wahrheit einer Schlussfolgerung auf Grundlage wahrer Prämissen zu beweisen.[453] Bei der Wahl ihrer Prämissen bedient sich die Argumentation solcher Thesen, die der Zielgruppe vertraut sind, und passt sich insofern an ihre Zielgruppe an.[454]

---

[446] Dieses Beispiel führt BEHRENS (1996) an (vgl. Behrens, G. 1996, S. 44).
[447] Vgl. Behrens, G. 1996, S. 43f.
[448] Dieses Beispiel führt BEHRENS (1996) an (vgl. Behrens, G. 1996, S. 45).
[449] Vgl. Behrens, G. 1996, S. 45.
[450] Vgl. Behrens, G. 1996, S. 43.
[451] Vgl. Behrens, G. 1996, S. 43f.
[452] Vgl. Behrens, G. 1996, S. 72.
[453] Vgl. Perelman, C. 1980, S. 30.
[454] Vgl. Perelman, C. 1980, S. 32.

Werbeaussagen weisen einerseits analytische und andererseits gestalterische Argumentationsstrukturen auf.[455] Die analytische Struktur einer Argumentation, die in einer Werbeaussage enthalten ist, bezieht sich auf die Form der Argumentationsmuster. Die gestalterische Struktur gibt die Erscheinungsform der Argumentation wieder.

In Werbeaussagen kommen zwei Argumentationsmuster zum Einsatz, die auf stichwortartigen Hinweisen beruhen. Dies ist zum einen das Muster der argumentativen Begründung und zum anderen das Muster der Rechtfertigung.[456]

Der Unterschied zwischen diesen beiden Argumentationsmustern besteht in den jeweils zugrunde gelegten Prämissen. Die Prämisse der argumentativen Begründung stellt eine Folgerung (Wenn-Dann-Beziehung) dar, die keinen Interpretationsspielraum zulässt. Sie ist aus Sicht des Zuhörers richtig oder falsch. Die Rechtfertigung beruht auf einer Schlussregel (Weil-Beziehung), die einen Interpretationsspielraum zulässt.[457]

Begründungsbasis des Argumentationsmusters der argumentativen Begründung ist eine allgemeine Aussage, d.h. eine Folgerung (*wenn Q, dann P*). Auf Grundlage der allgemeinen Aussage wird von der durch die Werbung vermittelten Produktbeschreibung (*jetzt Q*) ausgehend die in ihr enthaltene Schlussfolgerung mit dem beworbenen Produkt (*dann P*) in Beziehung gesetzt, d.h. auf das Produkt übertragen.[458] Abbildung 29 zeigt das Argumentationsmuster der argumentativen Begründung, das der Werbeaussage „Nimm 2 - damit die Vitamine stimmen“[459] zugrunde liegt.

[455] Vgl. Behrens, G. 1996, S. 81ff.
[456] Vgl. Behrens, G. 1996, S. 82f.
[457] Vgl. Behrens, G. 1996, S. 85.
[458] Vgl. Behrens, G. 1996, S. 83f.
[459] Dieses Beispiel führt BEHRENS (1996) an (vgl. Behrens, G. 1996, S. 83f.).

Abbildung 29: Struktur der argumentativen Begründung

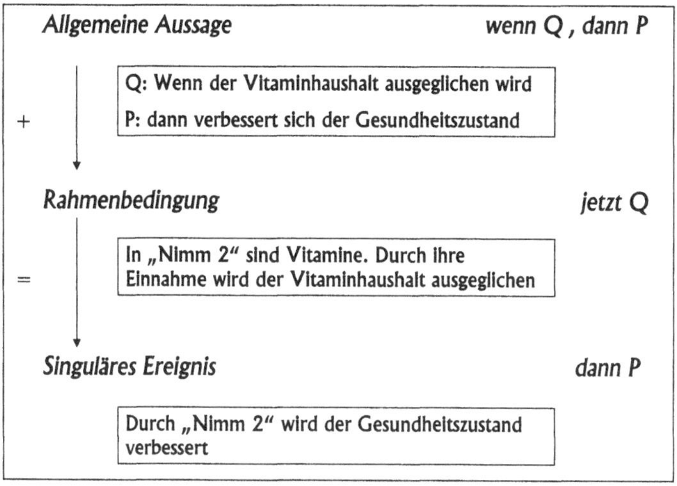

Quelle: eigene Darstellung in Anlehnung an Behrens, G. 1996, S. 84

Das Argumentationsmuster der Rechtfertigung beruht auf einer Schlussregel (*P, weil Q*), die entweder auf Überzeugungen oder Denkschemata basiert. Liegt der Rechtfertigung eine Überzeugung zugrunde, stellt *P* eine Behauptung oder Handlung dar, die mit einer Tatsache (*Q*) gerechtfertigt wird.[460] Abbildung 30 zeigt eine Rechtfertigung, die auf der Überzeugung „wer viel für Umweltschutzmaßnahmen ausgibt, setzt sich auch aktiv für den Umweltschutz ein“[461] beruht.

[460] Vgl. Behrens, G. 1996, S. 84f.
[461] Dieses Beispiel führt BEHRENS (1996) an (vgl. Behrens, G. 1996, S. 85).

Abbildung 30: Struktur der Rechtfertigung (Überzeugungen)

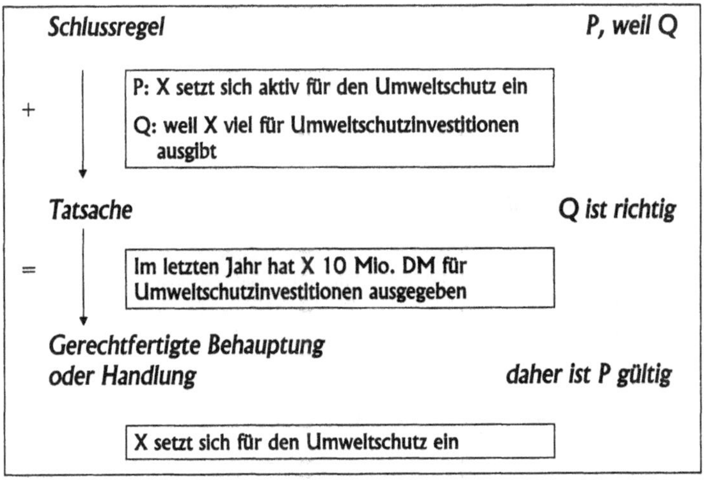

Quelle: eigene Darstellung in Anlehnung an Behrens, G. 1996, S. 85

Basiert eine Werbeaussage auf einem Denkschema als rechtfertigende Schlussregel muss in der Werbung selbst explizit keine Schlussfolgerung vorgegeben sein.[462] Die Werbung nennt lediglich eine Tatsache (*Q*) (bspw.: „Alle 5 Minuten wird in Deutschland ein Corolla gekauft“[463]) und setzt auf ein Denkschema (bspw. „Was viele tun, kann nicht falsch sein“[464]). Durch das Denkschema wird eine Behauptung (*P*) eingeführt, die mit der angeführten Tatsache gerechtfertigt werden soll (siehe Abbildung 31). Daraus ergeben sich dann Schlussregel (bspw. „Dieses Produkt ist gut, weil es häufig gekauft wird“[465]) und Schlussfolgerung (bspw. „Corolla ist gut“[466]).

---

462 Vgl. Behrens, G. 1996, S. 86.
463 Dieses Beispiel führt BEHRENS (1996) an (vgl. Behrens, G. 1996, S. 86).
464 Dieses Beispiel führt BEHRENS (1996) an (vgl. Behrens, G. 1996, S. 86).
465 Dieses Beispiel führt BEHRENS (1996) an (vgl. Behrens, G. 1996, S. 86).
466 Dieses Beispiel führt BEHRENS (1996) an (vgl. Behrens, G. 1996, S. 86).

Abbildung 31: Struktur der Rechtfertigung (Denkschemata)

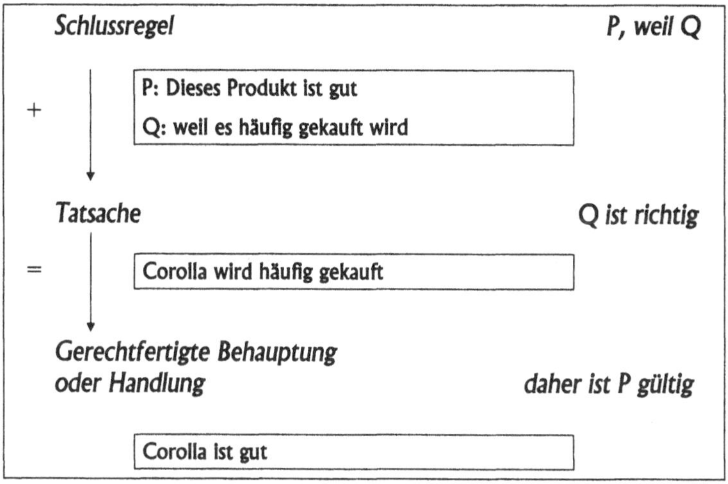

Quelle: eigene Darstellung in Anlehnung an Behrens, G. 1996, S. 86

Die gestalterische Struktur der Argumentation unterstützt die Gesamtargumentation durch Stilistik, typographische Textgestaltung und Aufbau der Argumentation.[467]

Stilistik bedeutet hier die Anwendung von Stilfiguren, d.h. Redeweisen, die gegen grammatische oder idiomatische Regeln verstoßen, um eine bestimmte Wirkung zu erzielen. In der Werbung werden hauptsächlich rhetorische Stilfiguren eingesetzt. Dies sind die lexikalischen und die syntaktischen Stilfiguren, die Figuren der Wiederholung und die kompositorischen Stilfiguren.[468]

Die lexikalischen Stilfiguren beruhen auf der gezielten Wortwahl, dem Ersatz und der Umwandlung von Worten.[469]

---

[467] Vgl. Behrens, G. 1996, S. 86ff.
[468] Vgl. Behrens, G. 1996, S. 86f.
[469] Vgl. Behrens, G. 1996, S. 87.

Übersicht 11: Lexikalische Stilfiguren

Neologismen	Paraphrase
Neubildungen von Worten, zur Reduzierung der Aussage auf einen Begriff	Die Umschreibung eines sprachlichen Ausdrucks mit einem anderen Wort oder Ausdruck, als Beschönigung dann ein Euphemismus, z.B. vollschlank statt dick
Fremd-, Fachwörter	**Metapher**
Zur Darstellung von der Wissenschaftlichkeit und Fachkompetenz. Verständlichkeit spielt dabei keine Rolle	Das Ersetzen eines Ausdrucks durch einen sinnähnlichen bildhaften Ausdruck
Superlative	**Entkonkretisierung**
Steigernde Ausdrücke (z.B. sehr, goldrichtig)	Abstrahieren konkreter Produkte oder Handlungen auf Symbolfunktionen
Periphrase	**Personifizierung**
Die Umschreibung eines Begriffs durch ein kennzeichnendes Merkmal z.B. Service-Center für Tankstelle	Konkretisierung von Produkteigenschaften

Quelle: eigene Darstellung nach Behrens, G. 1996, S. 87ff.

So ist die Verwendung grammatikalischer und nichtgrammatikalischer Ausdrücke zur Darstellung des höchsten Wertes (Superlative) eine lexikalische Stilfigur (siehe Übersicht 11).

Syntaktische Stilfiguren sind Abweichungen vom normalen Satzbau durch Störungen der Satzstruktur, Abweichungen bei der Anwendung von Satzarten und Wortspiele.[470] So erfolgt eine Abweichung bspw. durch die Trennung zusammenhängender Satzteile (Anakoluth) bzw. durch die Darstellung der Werbeaussage in der ersten Person Singular oder Plural (Testimonium) (siehe Übersicht 12).

[470] Vgl. Behrens, G. 1996, S. 90, siehe auch Baumgart, M. 1992, S. 58ff.

Übersicht 12: Syntaktische Stilfiguren

Anakoluth
Störungen des Satzbaus durch Trennung zusammenhängender Satzteile, Einschübe und Umstellungen und durch Auslassungen (Ellipsen)
Rhetorische Frage
Scheinfrage, die eine Behauptung ist. Es wird keine Antwort erwartet
Mehrdeutigkeiten
Zur Akzentuierung und Auflockerung des Textes
Paradoxa
Scheinbar falsche Aussagen, die auf eine höhere Wahrheit hinweisen sollen
Testimonium
Aussagen eines Benutzers des Produktes in erster Person Singular oder Plural

Quelle: eigene Darstellung nach Behrens, G. 1996, S. 90f., Baumgart, M. 1992, S. 58ff.

Ein weiteres Stilmittel der Werbung sind die Figuren der Wiederholung. Figuren der Wiederholung sollen das Einprägen der Werbeaussage vereinfachen.[471] Eine solche Figur ist die Wortwiederholung zu Beginn aufeinanderfolgender Satzteile (Anapher, bspw. „bebe pflegt mild, bebe hält rein, bebe macht frisch"[472]) (siehe Übersicht 13).

---

[471] Vgl. Behrens, G. 1996, S. 91f.

[472] Dieses Beispiel führt BEHRENS (1996) an (vgl. Behrens, G. 1996, S. 92).

Übersicht 13: Figuren der Wiederholung

Einfache Wiederholung
Zur Verbesserung der Einprägsamkeit
Anapher
Wortwiederholung zu Beginn aufeinanderfolgender Sätze oder Satzteile
Alliteration
Rhythmusbetonende, leicht einprägsame Ausdrucksform
Kette
Der folgende Satz nimmt einen Ausdruck des vorherigen Satzes auf
Wiederaufgreifen eines Wortes
Zur Verdeutlichung und Betonung eines Satzes

Quelle: eigene Darstellung nach Behrens, G. 1996, S. 91f.

Bei den kompositorischen Stilfiguren handelt es sich um Figuren, die Aussagen, Sätze und Texte in einer bestimmten Weise anordnen wie dies bspw. durch Reime erfolgt (siehe Übersicht 14).[473]

Übersicht 14: Kompositorische Stilfiguren

Reime
Zur Rhythmisierung und Lautgleichheit
Brüche
Brüche in der Gedankenführung und der Bildvorstellung zur Aufmerksamkeitslenkung
Gruppierungen
Wort- und Aussagekompositionen, z.B. Ritter Sport. Quadratisch. Praktisch. Gut.

Quelle: eigene Darstellung nach Behrens, G. 1996, S. 92f.

[473] Vgl. Behrens, G. 1996, S. 92f.

Die typographische Textgestaltung bezieht sich auf die Gestaltung der Schrift (Mikrotypographie) und die Gestaltung der Textanordnung (Makrotypographie) (siehe Übersicht 15).[474]

Übersicht 15: Elemente der typographischen Textgestaltung

Mikrotypographie	Makrotypographie
• Schriftart	• Wörter
• Serife	• Punkte
• Schriftschnitte	• Ausrufezeichen
• Schriftgröße	• Doppelpunkte
• Zeilenabstand	• Drei Punkte
	• Komma
	• Gedankenstrich
	• Zeilengruppierungen
	• Zeilenlänge

Quelle: eigene Darstellung nach Behrens, G. 1996, S. 93ff., Baumgart, M. 1992, S. 105

Durch die Mikrotypographie werden sowohl kognitive Prozesse wie die Lesbarkeit und die Verständlichkeit beeinflusst als auch emotionale Prozesse (bspw. Assoziation) ausgelöst.[475] Die Makrotypographie verbessert die Lesbarkeit und unterstreicht den vom Verfasser beabsichtigten Sinngehalt einer Aussage, indem durch ihre Elemente Worte, Aussagen und Gedanken abgegrenzt und geordnet werden.[476] So erzeugt ein Punkt Abgeschlossenheit sowie Nachdruck, unterstreicht die Werbebehauptung und ist ein Platzhalter für Verben. Drei Punkte lenken die Konzentration des Lesenden und schaffen griffige, eingängige Wendungen. Dem Leser soll dadurch eine Ergänzungsarbeit abgerungen werden. Darüber hinaus können drei Punkte eine dramatische Pause bilden und durch ihre Doppelung einen Spannungsbogen aufbauen.[477] Die makrotypographischen Elemente sind insbesondere an der Bildung der syntaktischen Stilfigur Anakoluth (vgl. Übersicht 12) beteiligt.[478]

---

[474] Vgl. Behrens, G. 1996, S. 93ff.
[475] Vgl. Behrens, G. 1996, S. 93.
[476] Vgl. Behrens, G. 1996, S. 98.
[477] Vgl. Baumgart, M. 1992, S. 105f.
[478] Vgl. Baumgart, M. 1992, S. 91 und Baumgart, M. 1992, S. 64.

Der Aufbau der Argumentation soll die Wirksamkeit der Werbung unterstützen. Gestaltungsmöglichkeiten für den Aufbau der Argumentation ergeben sich aus der Wahl zwischen ein- und zweiseitiger Argumentation, der Platzierung der Argumente und der Formulierung der Schlussfolgerung.[479]

Die einseitige Argumentation liefert Argumente, die den Zweck der Werbung unterstützen. Im Gegensatz dazu liefert die zweiseitige Argumentation darüber hinaus auch Gegenargumente.[480] Die Platzierung mehrerer Argumente in einer Werbung kann entweder mit dem wichtigsten (absteigende Abfolge) oder dem unwichtigsten Argument (aufsteigende Abfolge) beginnen, oder sie kann mit dem wichtigsten beginnen und mit diesem enden (nestorianische Abfolge).[481] Die Schlussfolgerung einer Argumentation kann in der Werbeaussage explizit formuliert werden oder implizit enthalten sein.[482]

Insgesamt zeigen die Ausführungen, dass Werbung Informationen über Erzeugnisse in einem Korsett der argumentativen Beeinflussung vermittelt. Dieses Korsett besteht aus der gezielten Auswahl von Worten sowie der analytischen und gestalterischen Struktur der Argumentation. Die Berücksichtigung von Informationen über Erzeugnisse aus Werbung durch den Verbraucher im Rahmen seiner Kaufentscheidung erfolgt somit immer vor dem Hintergrund mittransportierter Wertungen der Erzeugnisse und ist dabei grundsätzlich unabhängig von deren Wahrheitsgehalt.

5.2 Der Umgang der Verbraucher mit Werbung

Der Einsatz von Werbung als Instrument der Informationsvermittlung ist immer auch an den spezifischen Umgang der Verbraucher mit Werbung gebunden. Diesem Umgang liegt das Bestreben der Verbraucher zugrunde, im Marktgeschehen die eigenen Ziele zu verfolgen.[483] Er besteht aus zwei Komponenten: Zum einen ziehen Verbraucher Werbeaussagen zur Beurteilung des beworbenen Produktes heran (unmittelbarer Umgang), zum anderen reflektieren sie generell über Werbung (mittelbarer Umgang).

In den folgenden Unterabschnitten wird der unmittelbare Umgang auf Grundlage von Ergebnissen empirischer Studien und der mittelbare Umgang auf Grundlage eines Verhaltensmodells dargestellt.

---

[479] Vgl. Behrens, G. 1996, S. 102.
[480] Vgl. Behrens, G. 1996, S. 102f.
[481] Vgl. Behrens, G. 1996, S. 103f.
[482] Vgl. Behrens, G. 1996, S. 104f.
[483] Vgl. Friestad, M., Wright, P. 1994, S. 2f.

5.2.1 Unmittelbarer Umgang

Verbraucher ziehen Werbeaussagen zur Bewertung der beworbenen Produkte heran und halten sie gleichzeitig für irreführend.[484] Diese ambivalente Haltung hinsichtlich der Nutzung von Werbeaussagen ist Ausdruck ihrer grundsätzlichen Einstellung: Verbraucher stehen Werbeaussagen skeptisch gegenüber.[485] Ihre Skepsis ist der Zweifel an der inhaltlichen Substanz der Werbeaussage.[486]

Verbraucher zweifeln Werbeaussagen unabhängig davon an, ob es sich dabei um Aussagen handelt, die sie überprüfen können („Our Product weights 24 pounds"[487] = objektive Aussage), oder um Aussagen, die sie nicht überprüfen können („This is the most beautiful station wagon ever built"[488] = subjektive Aussage). Sie stehen objektiven Aussagen lediglich weniger skeptisch gegenüber als subjektiven Aussagen.[489] Selbst wahren Werbeaussagen begegnen Verbraucher mit Skepsis.[490]

Ein relativ stabiles Niveau an Skepsis gegenüber Werbeaussagen ist schon bei Jugendlichen im Alter von 11 bis 12 Jahren nachweisbar.[491] Die Skepsis steigt mit dem Alter und der Höhe des Selbstwertgefühls an.[492]

Mit ansteigender Skepsis beziehen sich Verbraucher in immer geringerem Maße auf Werbeaussagen, um Kaufentscheidungen zu treffen und sind eher bemüht, sich Werbeaussagen nicht auszusetzen (bspw. Wechseln des Fernsehkanals).[493]

Der Zweifel an Werbeaussagen kann weder durch einen hohen Werbeaufwand noch durch eine hohe Reputation des Werbenden grundsätzlich überwunden werden. Mit steigendem Werbeaufwand sinkt der Zweifel zunächst, steigt aber wieder, wenn dieser als zu hoch wahrgenommen wird.[494] Eine hohe Reputation führt lediglich zu geringerem Zweifel.[495]

---

[484] Vgl. Pollary, R.W., Mittal, B. 1993. Diese Studie zeigt, dass 62% der Verbraucher Werbung für irreführend halten.

[485] Vgl. Calfee, J.E., Ringold, D.J. 1994. Diese Studie zeigt, dass 70% der Verbraucher Werbung skeptisch gegenüber stehen und dieser Anteil im historischen Ablauf stabil ist.

[486] Vgl. Mohr, L.A., Eroglu, D., Ellen, P.S. 1998.

[487] Vgl. Ford, G.T., Smith, D.B., Swasy, J.L. 1990, S. 436.

[488] Vgl. Ford, G.T., Smith, D.B., Swasy, J.L. 1990, S. 436.

[489] Vgl. Ford, G.T., Smith, D.B., Swasy, J.L. 1990.

[490] Vgl. Koslow, S. 2000.

[491] Vgl. Bousch, D.M., Friestad, M., Rose, G.M. 1994.

[492] Vgl. Obermiller, C., Spangenberg, E.R. 1998, S. 175f.; siehe auch Mangleburg, T., Bristol, T. 1998.

[493] Vgl. Obermiller, C., Spangenberg, E.R. 1998, S. 181.

[494] Vgl. Kirmani, A. 1990.

[495] Vgl. Goldberg, M.E., Hartwick, J. 1990.

5.2.2 Mittelbarer Umgang

Der mittelbare Umgang[496] der Verbraucher mit Werbung ist die zeitpunktunabhängige, umfassende Reflexion über Werbung.[497] Auf ihrer Basis kontrollieren Verbraucher die Voraussetzungen ihres Handelns und gestalten Überredungssituationen im Sinne ihrer Ziele.[498]

Die Reflexion ist zeitpunktunabhängig, da sie nicht an eine konkrete Werbesituation gebunden ist, sondern immer dann erfolgt, wenn sich ein Verbraucher mit Werbung und Werbenden auseinandersetzt. Sie ist umfassend, da alle wahrgenommenen Merkmale der betrachteten Werbesituation mit einfließen. Ihr Gegenstand sind sowohl die Glaubwürdigkeit einer Werbeaussage als auch die Handlungen und Ziele des unmittelbar Werbenden und des für die Werbung eigentlich Verantwortlichen.[499]

Die zeitpunktunabhängige, umfassende Reflexion eines Verbrauchers stützt sich auf dessen Überredungswissen als zentrale Wissenskomponente.[500] Gegenstand des Überredungswissens sind wechselseitig in Beziehung stehende Vorstellungen über den Inhalt und Ablauf eines Überredungsversuchs. So besitzt ein Verbraucher miteinander verbundene Vorstellungen darüber, welche psychologischen Ereignisse (bspw. Aufmerksamkeit und Interesse) für Überredung notwendig sind, wie diese psychologischen Ereignisse erzeugt werden können und wie er selbst die bei ihm erzeugten Ereignisse kontrollieren kann (siehe Abbildung 32).[501]

---

[496] Die Beschreibung des mittelbaren Umgangs der Verbraucher mit Werbung beruht auf dem Persuasion Knowlegde Model (PKM). Das PKM stellt einen Ansatz zur Erklärung des Umgangs der Verbraucher mit Überredungsversuchen dar, denen sich die Verbraucher im Marktgeschehen bspw. durch Werbung ausgesetzt sehen (vgl. Friestad, M., Wright, P. 1994). Für eine Anwendung des zugrunde liegenden Modells aus Sicht der Verbraucher siehe CAMPBELL und KIRMANI 2000 (Campbell, M.C., Kirmani, A. 2000) und KOSLOW 2000 (Koslow, S. 2000), und für eine Anwendung aus Sicht der Anbieter siehe SHARMA 2001 (Sharma, A. 2001).

[497] Vgl. Friestad, M., Wright, P. 1994. S. 10.

[498] Vgl. Friestad, M., Wright, P. 1994, S. 5.

[499] Vgl. Friestad, M., Wright, P. 1994, S. 10ff.

[500] Vgl. Friestad, M., Wright, P. 1994, S. 10ff.

[501] Vgl. Friestad, M., Wright, P. 1994, S. 4ff.

Abbildung 32: Komponenten des Überredungswissens

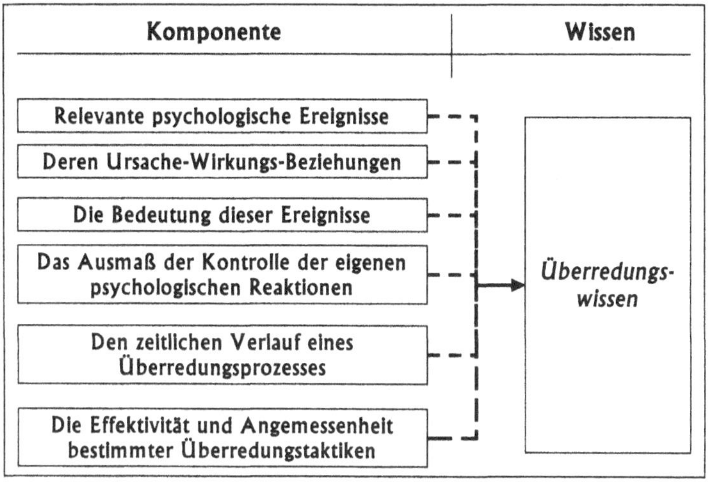

Quelle: eigene Darstellung nach Friestad, M., Wright, P. 1994

Grundstock des Überredungswissens eines Verbrauchers ist das gemeinsame Überredungswissen der Gesellschaft, in der er lebt („folk wisdom on persuasion").[502] Der Umfang dieses Grundstocks ist weder auf gesellschaftlicher noch auf individueller Ebene unveränderlich. Auf gesellschaftlicher Ebene entwickelt sich dieser Grundstock im historischen Ablauf weiter, wenn bspw. neue wissenschaftliche Erkenntnisse, die durch die Auseinandersetzung mit Überredungssituationen gewonnen wurden, über den Kreis der Wissenschaftler hinaus bekannt werden.[503] Auf individueller Ebene ergänzt der Verbraucher sein Überredungswissen aktiv und passiv über die Zeit seines Lebens auf vielfältige Weise. Aktiv entwickelt er es durch seine eigenen Erfahrungen mit Werbung und Werbenden sowie durch soziale Interaktionen mit Freunden, Familienmitgliedern und Kollegen. Passiv erweitert er sein Überredungswissen durch Gespräche, die er darüber führt, wie Gefühle, Gedanken und Verhalten von Menschen beeinflusst werden können, und durch sein Lesen, Hören bzw. Sehen von Kommentaren und Berichten über Marketingtaktiken in den Medien (siehe Abbildung 33).[504]

---

502 Vgl. Friestad, M., Wright, P. 1994, S. 6ff.
503 Vgl. Friestad, M., Wright, P. 1995 und Friestad, M., Wright, P. 1999, S. 188ff.
504 Vgl. Friestad, M., Wright, P. 1994, S. 6ff.

Abbildung 33: Quellen des Überredungswissens

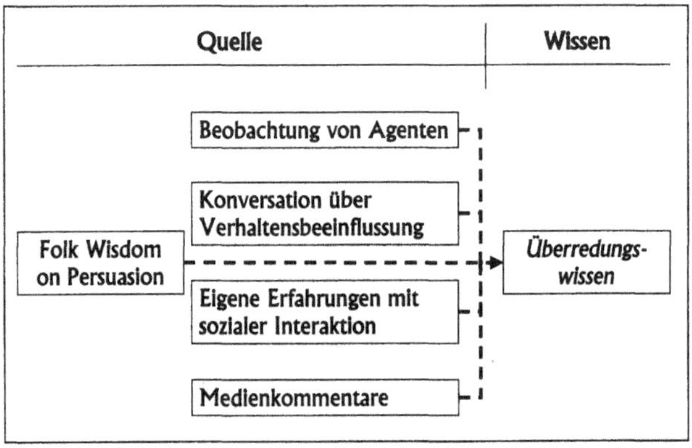

Quelle: eigene Darstellung nach Friestad, M., Wright, P. 1994

Mit der zeitlichen Änderung des Überredungswissens können sich aufgrund der zeitpunktunabhängigen, umfassenden Reflexion das Verhalten und die Einstellungen eines Verbrauchers gegenüber Informationsmaßnahmen und Informationsquellen grundsätzlich ändern („change-of-meaning-principle“).[505] Eine solche Änderung wird hervorgerufen, wenn der Verbraucher eine Handlung einer Informationsquelle oder ein Merkmal einer Informationsmaßnahme als Überredungstaktik begreift, die er vordem nicht so verstanden bzw. denen er bis dato keine Bedeutung beigemessen hat.[506] In die Verhaltens- und Einstellungsänderung wird nicht nur die unmittelbare Informationsquelle mit einbezogen sondern auch dessen Auftraggeber, da der Verbraucher grundsätzlich an den eigentlich Verantwortlichen der Werbung („the puppet masters“) und deren Ziele interessiert ist.[507]

Während die Verbraucher also aufgrund ihres unmittelbaren Umgangs mit Werbung dem Inhalt von Werbung skeptisch gegenüber stehen, sind sie auf Grundlage ihres mittelbaren Umgangs mit Werbung prinzipiell in der Lage, Werbung als solche zu erkennen. So wissen sie um den argumentierenden Charakter von Werbetexten, wissen um die Bedeutung der psychologischen Ereignisse und deren beabsichtigte Erzeugung und können diese, sofern hervorgerufen, bei sich feststellen.

[505] Vgl. Friestad, M., Wright, P. 1994, S. 12.
[506] Vgl. Friestad, M., Wright, P. 1994, S. 12ff.
[507] Vgl. Friestad, M., Wright, P. 1994, S. 8.

Um Informationsmaßnahmen als Werbung zu erkennen, ist es für die Verbraucher daher nicht notwendig, sie wissenschaftlich zu analysieren (Wortbedeutung, Konstruktion von Werbetexten).[508] Für dieses Erkennen ist vielmehr das Registrieren der erzeugten psychologischen Ereignisse und das Wahrnehmen des argumentierenden Charakters des betreffenden Textes ausreichend.

5.3 Werbung und die Rolle des Staates

Werbung ist allgemein das Instrument, das die Anbieter im Marktgeschehen zur Informationsvermittlung von Produkteigenschaften an die Verbraucher nutzen.[509] Ein Beitrag des Staates zur Informationsvermittlung im Marktgeschehen ist dann erforderlich, wenn ein Defizit in der privaten Informationsvermittlung die Funktionsweise des Marktes beeinträchtigt und dieses Defizit nicht durch privates Handeln beseitigt werden kann.[510] Eine solche Beeinträchtigung liegt auf Konsumgütermärkten grundsätzlich vor, da die Informiertheit der Verbraucher wegen ihrer Marktstellung strukturell begrenzt ist.[511] Insbesondere die Beschaffenheit der Produkte erschwert es den Verbrauchern, sich Qualitätstransparenz zu verschaffen.[512] Je nach den für einen Entscheidungsprozess relevanten Produkteigenschaften fällt es ihnen unterschiedlich leicht oder schwer, sich über die angebotene Qualität zu informieren. Aus dieser Beschränkung ergibt sich für den Staat bei der Informationsvermittlung im Allgemeinen und bei der Informationsvermittlung durch Werbung im Besonderen eine essentielle Rolle im Marktgeschehen.

---

508 Vgl. Kapitel 5.1.1 und Kapitel 5.1.2.

509 Vgl. Peter, J.P., Olson, J.C., Grunert, K.G. 1999, S. 365. Siehe auch Richtlinie 1999/44/EG des Europäischen Parlaments und des Rates. Gemäß dieser Richtlinie sind auch Werbeaussagen ein Maßstab für die Eigenschaften, die ein Produkt aufweisen muss: „Es wird vermutet, daß Verbrauchsgüter vertragsgemäß sind, wenn sie [...] eine Qualität und Leistungen aufweisen, die bei Gütern der gleichen Art üblich sind und die der Verbraucher vernünftigerweise erwarten kann, wenn [...] die in der Werbung oder bei der Etikettierung gemachten öffentlichen Äußerungen des Verkäufers, des Herstellers oder dessen Vertreters über die konkreten Eigenschaften des Gutes in Betracht gezogen werden." (vgl. Richtlinie 1999/44/EG des Europäischen Parlaments und des Rates, Artikel 2).

510 Vgl. Fritsch, M., Wein, T., Ewers, H-J. 1999, S. 262 und S. 277.

511 Vgl. Scherhorn, G. 1983, S. 89.

512 Vgl. Scherhorn, G. 1983, S. 122f. Die strukturelle Begrenzung ergibt sich auch aus der Angebotsvielfalt und aus dem Zeitdruck, der aus der Konkurrenz von Kaufentscheidungen mit anderen Entscheidungsprozessen entsteht. Angebotsvielfalt und Zeitdruck zusammen erschweren es den Verbrauchern, sich Qualitäts- und Preistransparenz zu verschaffen (vgl. Scherhorn, G. 1983, S. 89f.).

Die essentielle Rolle des Staates wird in diesem Abschnitt entwickelt. Hierzu wird zunächst die Problematik der Vermittlung von Produkteigenschaften dargelegt. Anschließend wird die sich daraus ergebende Rolle des Staates hergeleitet.

5.3.1 Produkteigenschaften und Marktversagen

Der Marktmechanismus ist nur dann effizient, wenn die Marktteilnehmer vollständig über alle transaktionsrelevanten Produkteigenschaften informiert sind.[513] Die Ausprägungen der Produkteigenschaften können die Verbraucher im Allgemeinen nicht in gleichem Ausmaß und nur zu unterschiedlichen Zeitpunkten identifizieren.[514] Diese Problematik des Gütertausches bringt die informationsökonomische Eigenschaftstypologie zum Ausdruck. Je nach Zeitpunkt einer möglichen Identifikation durch die Verbraucher grenzt die informationsökonomische Eigenschaftstypologie die drei Kategorien Such-, Erfahrungs- und Vertrauenseigenschaften gegeneinander ab (siehe Übersicht 16).

Übersicht 16: Informationsökonomische Eigenschaftstypologie

Eigenschaft	Verifizierbarkeit	Beispiel
Sucheigenschaft	*Vor dem Kauf*	*Farbe*
Erfahrungseigenschaft	*Nach dem Kauf*	*Zartheit*
Vertrauenseigenschaft	*Weder vor noch nach dem Kauf*	*Vitamingehalt*

Quelle: eigene Darstellung

Sucheigenschaften sind die Produkteigenschaften, die den Verbrauchern zum Zeitpunkt des Kaufes bekannt sind. Erfahrungseigenschaften sind die Eigenschaften, die für die Verbraucher nach dem Kauf im Gebrauch erfahrbar sind.[515] Vertrauenseigenschaften sind die Eigenschaften eines Produktes, die den Verbrauchern weder zum Zeitpunkt des Kaufes noch danach bekannt werden.[516]

---

513 Vgl. Layard, P.R.G., Walters, A.A. 1978, S. 25 und Scherhorn, G. 1983, S. 124ff.

514 Der Zustand der unterschiedlichen Informiertheit der Marktteilnehmer wird im gegebenen Zusammenhang auch als asymmetrische Informationsverteilung bezeichnet (vgl. Molho, I. 1997, S. 1).

515 Vgl. Nelson, P. 1970 und Nelson, P. 1974.

516 Vgl. Darby, M.R., Karni, E. 1973. Zur empirischen Validierung siehe KAAS und BUSCH 1996 (Kaas, K.P., Busch, A. 1996).

Sucheigenschaften implizieren kein Informationsproblem in Bezug auf ihre Verifikation, so dass sie effizient über den Markt ausgetauscht werden können.[517] Verbraucher können vor dem Kauf die vermittelten Informationen am Produkt selbst überprüfen, da für sie die Produkteigenschaft erkennbar ist.

Bei Erfahrungseigenschaften besteht aufgrund der erst nach dem Kauf möglichen Verifikation ein Problem, das zu Marktversagen durch adverse Selektion führt:[518] Die Zahlungsbereitschaft der Verbraucher orientiert sich an der am Markt verfügbaren durchschnittlichen Qualität. Fällt auf dem Markt die durchschnittliche Qualität zu gering aus, haben Anbieter hoher Qualität keinen Anreiz diese anzubieten und ziehen sich aus dem Markt zurück.

Vertrauenseigenschaften bergen eine grundsätzlich neue Dimension des Marktversagens. Da Vertrauenseigenschaften nicht selbst vom Verbraucher verifiziert werden können, müssen sie grundsätzlich vermittelt werden. Dabei sind die Verbraucher auf die Richtigkeit der Informationen, die das Vorhandensein der Vertrauenseigenschaft proklamiert, angewiesen. Das Vertrauen in die Richtigkeit der vermittelten Informationen muss also die eigene Überprüfung ersetzen.[519]

Die Vermittlung von Vertrauenseigenschaften steht damit einem Glaubwürdigkeitsproblem gegenüber.[520] Sie setzt grundsätzlich ein Mindestglaubwürdigkeitsniveau der zur Verfügung gestellten Information voraus. Wird dieses Mindestniveau an Glaubwürdigkeit unterschritten, wird es nicht zu einer Transaktion, die auf Vertrauenseigenschaften beruht, kommen.[521] Erst wenn dieses Mindestniveau erreicht ist, kann die Informationsvermittlung erfolgreich sein und die Transaktion durchgeführt werden. Mit steigender Glaubwürdigkeit steigt dann auch das handelbare Qualitätsniveau der Vertrauenseigenschaft an (siehe Abbildung 34).[522]

---

517 Das Problem der optimalen Informationssuche wird im Rahmen der Arbeit nicht behandelt (vgl. hierzu Stigler, G.J. 1961).

518 Vgl. Akerlof, G.A. 1970.

519 Vgl. Hauser, H. 1979, S. 751.

520 Vgl. Kaas, K.P. 1992, S. 482 und Kaas, K.P. 1990, S. 544. Vgl. auch SLOVIC (1996), der festhält, dass keine Form von Kommunikation befriedigend ist, wenn es an Glaubwürdigkeit fehlt (Slovic, P. 1996, S. 175).

521 Vgl. Benner, D. 2002, S. 205.

522 Das handelbare Qualitätsniveau wird auch durch die Wertschätzung, die die Verbraucher dem Produkt entgegenbringen, beeinflusst. Je höher bei gegebener Glaubwürdigkeit die Wertschätzung ist, umso höher ist auch das handelbare Qualitätsniveau (vgl. Benner, D. 2002, S. 213f.).

Abbildung 34: Qualitätsniveau und Glaubwürdigkeit

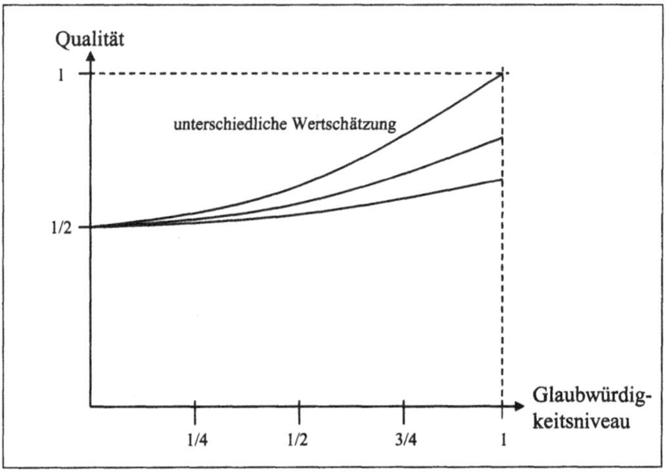

Quelle: Benner, D. 2002, S. 214, verändert

Die Notwendigkeit, dass die Vermittlung von Vertrauenseigenschaften glaubwürdig ist, schränkt darüber hinaus die Möglichkeit ein, Qualitätsgewährleistungsmaßnahmen (bspw. Kontrollen) zur Bestätigung des Vorhandenseins von Vertrauenseigenschaften einzusetzen.[523] Bei Qualitätsgewährleistungsmaßnahmen handelt es sich ebenfalls um Vertrauenseigenschaften. Sie sind also auch auf die Vermittlung von Informationen angewiesen, die glaubwürdig sein müssen.[524]

5.3.2 Werbung zur Vermittlung von Produkteigenschaften

Werbung ist eine Möglichkeit der Anbieter, Verbraucher über Eigenschaften ihrer Produkte zu informieren. Dient sie der Vermittlung von Erfahrungs- bzw. Vertrauenseigenschaften ist sie prinzipiell mit Informationsproblemen behaftet,

---

523 Vgl. Benner, D. 2002, S. 223.

524 Die Möglichkeit, Qualitätsgewährleistungsmaßnahmen einzusetzen, wird darüber hinaus durch die Wertschätzung, die die Verbraucher dem Produkt entgegenbringen, beeinflusst. Bei geringer Wertschätzung ist bei der Vermittlung einer Qualitätsgewährleistungsmaßnahme ein geringes Glaubwürdigkeitsniveau notwendig, um diese als Bestätigung für das Vorhandensein einer Vertrauenseigenschaft einsetzen zu können. Die Wertschätzung, die die Verbraucher dem Produkt entgegenbringen, ist definiert als die Wertschätzung in die erwartete Qualität (vgl. Benner, D. 2002, S. 223f.).

die die Gefahr des Marktversagens bergen.[525] Ein Eingriff des Staates zur Überwindung von Informationsproblemen bei der Vermittlung von Produkteigenschaften durch Werbung ist allerdings nur dann notwendig, wenn die Informationsprobleme, die zu Marktversagen führen, nicht privat gelöst werden können.[526] Die Lösung des Informationsproblems liegt sowohl bei Erfahrungseigenschaften als auch bei Vertrauenseigenschaften prinzipiell darin, den Verbrauchern die Möglichkeit zur Transformation der Produkteigenschaften in Sucheigenschaften zu ermöglichen.[527]

Bei Werbung mit Erfahrungseigenschaften ist zwar die Gefahr des Marktversagens gegeben,[528] aber diese Werbung kann auf die zur Überwindung des Informationsproblems etablierten marktkonformen Lösungen zurückgreifen. So kann bspw. in der entsprechenden Werbung die Vermittlung von Erfahrungseigenschaften bei Produkten, die wiederholt gekauft werden, mit einem hohen Werbeaufwand verbunden werden.[529] Da die Verbraucher eine Erfahrungseigenschaft nach dem Kauf verifizieren können, sichert ein hoher Werbeaufwand die Informationsvermittlung vor dem Kauf ab,[530] d.h. er ermöglicht die Transformation der Erfahrungseigenschaft in eine Sucheigenschaft.[531]

Werbung mit Vertrauenseigenschaften muss glaubwürdig sein, um der Gefahr des Marktversagens zu entgehen.[532] Werbung muss also Glaubwürdigkeit besitzen oder sie muss durch zusätzliche Aktivitäten unterstützt werden, so dass sie Glaubwürdigkeit erlangt.

Werbung besitzt Glaubwürdigkeit nicht per se: Werbung, die glaubwürdig sein will, greift auf die beiden Komponenten der Glaubwürdigkeit: Kompetenz und Vertrauenswürdigkeit zurück.[533] Um verstanden zu werden, muss Werbung

[525] Für Werbung mit Sucheigenschaften besteht kein Informationsproblem, da Verbraucher diese Eigenschaften vor dem Kauf am Produkt selbst verifizieren können (vgl. Kapitel 5.3.1 und siehe Fußnote 517).

[526] Vgl. Fritsch, M., Wein, T., Ewers, H-J. 1999, S. 262 und S. 277.

[527] Vgl. Caswell, J.A., Mojduszka, E.M. 1996, S. 1251.

[528] Vgl. Kapitel 5.3.1.

[529] Vgl. Kaas, K.P. 1992.

[530] Vgl. auch Goldberg, M.E., Hartwick, J. 1990. Im Blickpunkt der Betrachtung steht hier die Verifikation von Produkteigenschaften, nicht die Skepsis, die Werbeaussagen generell und in Verbindung mit einem hohen Werbeaufwand entgegengebracht wird (vgl. hierzu Kapitel 5.2.1).

[531] Vgl. Caswell, J.A., Mojduszka, E.M. 1996, S. 1250.

[532] Vgl. Kapitel 5.3.1.

[533] Vgl. Willems, H. 1999b, S. 122. Diese Unterteilung geht auf HOVLAND und WEISS (1951) zurück (vgl. Hovland, C.I., Weiss, W. 1951).

grundsätzlich auf das Alltagswissen der Verbraucher Bezug nehmen.[534] Dies bedeutet, dass Werbung, die Glaubwürdigkeit mit Hilfe von Kompetenz vermitteln will, bspw. auf Testergebnisse wissenschaftlicher Institutionen verweist und sich dabei des Alltagswissens der Verbraucher über Wissenschaft bedient.[535] Werbung inszeniert also Glaubwürdigkeit reflexiv, d.h. bezogen auf das Alltagswissen der Verbraucher.[536] Da Verbraucher die vermittelten Vertrauenseigenschaften jedoch per definitionem nicht überprüfen können, können sie nie sicher sein, ob Glaubwürdigkeit nicht ausschließlich inszeniert wird.[537]

Zur Vermittlung von Vertrauenseigenschaften durch Werbung muss deren Glaubwürdigkeit daher durch zusätzliche Aktivitäten unterstützt werden, die von der Werbung unabhängig sind.[538] Da aber Werbung Glaubwürdigkeit nur inszenieren kann (siehe oben),[539] kann auch Werbung, die unabhängig von der Vermittlung der Vertrauenseigenschaften ist, Glaubwürdigkeit nicht hervorbringen.[540]

Zur Lösung des Glaubwürdigkeitsproblems wird grundsätzlich eine dritte Instanz benötigt, die zwischen Verbraucher und Anbieter tritt.[541] Deren Aktivität bestätigt die Richtigkeit der vermittelten Informationen, wodurch diese glaubwürdig werden. Den Verbrauchern ist es mit dieser Information möglich, eine Vertrauenseigenschaft in eine Sucheigenschaft zu transformieren.[542]

Private Institutionen können die Rolle der dritten Instanz wahrnehmen, wenn ihren Informationen auf Basis der ihnen zuerkannten Vertrauenswürdigkeit und Kompetenz Glaubwürdigkeit zugeschrieben wird. Ihnen ist es möglich, bspw.

---

534 Vgl. Willems, H. 1999b, S. 119ff.

535 Vgl. Willems, H. 1999b, S. 122. Andere Formen der Glaubwürdigkeitsinszenierung sind bspw. das Hervorheben von Auszeichnungen oder der (globalen) Marktstellung (vgl. Willems, H. 1999b, S. 121ff, Willems, H. 1999a, S. 74).

536 Vgl. Willems, H. 1999b, S. 121f.

537 Vgl. auch Teisl, M.F., Roe, B. 1998, S. 144.

538 Vgl. Benner, D. 2002, S. 230.

539 Ein hoher Werbeaufwand ist lediglich eine Form der Inszenierung, da die Vertrauenseigenschaft nicht überprüfbar ist. So ist die Einladung zu einem Betriebsbesuch für den Verbraucher eine Inszenierung, der keine Möglichkeit hat, die Einladung anzunehmen. Darüber hinaus mag nicht jeder Verbraucher die besichtigten Betriebsabläufe durchschauen; Aussagen von Experten sind dann eine Form der Inszenierung von Glaubwürdigkeit.

540 Im Gegensatz zu Erfahrungseigenschaften kann ein hoher Werbeaufwand das Informationsproblem bei Vertrauenseigenschaften nicht lösen, da er Glaubwürdigkeit voraussetzt, um seine Wirkung zu entfalten (vgl. Benner, D. 2002, S. 230).

541 Vgl. Caswell, J.A., Mojduszka, E.M., 1996, S. 1251 und Caswell, J.A. 1998, S. 152.

542 Vgl. Caswell, J.A. 1998, S. 152.

über das Erzeugen schlechter Publicity Druck auf die Anbieter auszuüben.[543] Allerdings ist die Möglichkeit der Etablierung einer privaten Institution als dritte Instanz begrenzt. Zum einen können sich die Verbraucher bei einer dritten Instanz, die privat organisiert ist, nicht sicher sein, dass deren Handeln nicht lediglich der Inszenierung von Glaubwürdigkeit dient.[544] Sie können die Informationen der dritten Instanz ebenfalls nicht überprüfen. Zum anderen hat die Zuschreibung von Glaubwürdigkeit lediglich indirekt etwas mit der objektiven Wahrheit der Information zu tun.[545] Die Glaubwürdigkeit der Information ist daher insbesondere dann trügerisch, wenn deren Grundlage, d.h. die „Produktion" der Vertrauenseigenschaft, nicht entsprechend überwacht und durchgesetzt wird.[546] Bedingung für die erfolgreiche Tätigkeit der dritten Instanz ist daher die Kontrolle und Überwachung des Vorhandenseins der Vertrauenseigenschaft.[547] Die Teilnahme an privaten Kontroll- und Überwachungssystemen ist allerdings freiwillig, sie können prinzipiell umgangen werden.[548] Die Etablierung eines Kontroll- und Überwachungssystems setzt daher die Möglichkeit zur Ausübung von Zwang voraus. Private Institutionen sind aber zur Ausübung von Zwang nicht per se legitimiert.[549]

Insgesamt zeigen die Ausführungen, dass das Problem des Marktversagens bei Werbung mit Erfahrungseigenschaften, nicht aber bei Werbung mit Vertrauenseigenschaften durch rein private Aktivitäten gelöst werden kann.

5.3.3 Die Rolle des Staates bei der Durchführung von Werbung

Der Staat besitzt bei der Werbung mit Vertrauenseigenschaften eine besondere Rolle. Nur der Staat ist zur Anwendung des notwendigen Zwangs legitimiert[550] und besitzt die Möglichkeit, die erforderlichen Kontroll- und Überwachungssy-

---

543 Vgl. deskriptiv Kaas, K.P. 1992 und analytisch Freddersen, T.J., Gilligan, T.W. 2001. Zur möglichen Organisation einer als dritte Instanz fungierenden Institution durch die Anbieter selbst siehe auch Kapitel 4.1.2.

544 Vgl. Teisl, M.F., Roe, B. 1998, S. 144.

545 Vgl. Köhnken, G. 1990, S. 168. Zum psychologischen Konstrukt der Glaubwürdigkeit siehe KÖHNKEN 1990 (Köhnken, G. 1990).

546 Vgl. Kaas, K.P. 1991, S. 367.

547 Vgl. Marette, S., Bureau, J-C., Gozlan, E. 2000, S. 436 und McClusky, J.J. 2000.

548 Vgl. Stiglitz, J.E. 1989, S. 21.

549 Vgl. Stiglitz, J.E. 1989, S. 21.

550 Vgl. Stiglitz, J.E. 1998, S. 4. In einem auf demokratischen und rechtsstaatlichen Prinzipien beruhenden Staat wird diesem die Möglichkeit der Zwangausübung von den Bürgern zuerkannt, er besitzt diese Möglichkeit nicht per se. STIGLITZ 1998 weist darauf hin, dass dies zugleich das Problem beinhaltet, den Staat selbst auf die Einhaltung von Vereinbarungen zu verpflichten (vgl. Stiglitz, J. 1998, S. 4).

steme zu etablieren.[551] Er ist daher - mittelbar oder unmittelbar - die ultimative dritte Instanz, die zur Vermittlung von Vertrauenseigenschaften notwendig ist.

Basis der staatlichen Rolle als dritte Instanz ist die Etablierung von gesetzlichen Bestimmungen, die die Kontrolle und Überwachung von Vertrauenseigenschaften durch den Staat selbst oder von ihm beauftragte „Vierte" regeln.[552] Die gesetzlichen Bestimmungen enthalten neben Durchführungsvorschriften für die Kontrollen insbesondere normative Begriffe (Verständigungsnormen), die besagen, welche Bedeutung die zu kontrollierenden Vertrauenseigenschaften besitzen.[553] Dies begründet zugleich die Glaubwürdigkeit der von ihm vermittelten Informationen.[554]

Die Vermittlung der Bedeutung der normativen Begriffe, d.h. die eigentliche Vermittlung der Vertrauenseigenschaften, erfolgt durch den Staat selbst bzw. durch von ihm beauftragte „Vierte".[555] Sie muss allerdings in einer Weise durchgeführt werden, die die Glaubwürdigkeit der Informationen bewahrt. Da zum einen eine syllogistische Beziehung zwischen der Glaubwürdigkeit einer Information und der Glaubwürdigkeit der Informationsquelle besteht[556] und zum anderen die Vermittlung von Informationen interessengeleitet sein kann, muss der Staat einerseits bei der Auswahl eines „Vierten" auf dessen Glaubwürdigkeit aus Sicht der Verbraucher achten.[557] Andererseits muss er eine verbraucherorientierte Informationsbereitstellung gewährleisten.[558]

---

551 Siehe auch Kramer, C.S., Caswell, J.A. 1994, S. 167.

552 Für den Staat müssen die jeweiligen Vertrauenseigenschaften grundsätzlich erfahrbar sein, andernfalls erreichen auch gesetzliche Regelungen nicht ihr Ziel (vgl. Baird, D.G., Gertner, R.H., Picker, R.C. 1995, S. 95ff.).

553 Vgl. Caswell, J.A., Padberg, D.I. 1992, S. 461f. und Marette, S., Bureau, J-C., Gozlan, E. 2000, S. 439. Siehe auch Kapitel 2.2.2.

554 Hierbei handelt es sich um eine normative Aussage, die daher nicht zwangsläufig die aus Sicht der Verbraucher tatsächliche Glaubwürdigkeit staatlicher Institutionen widerspiegelt (vgl. zur Glaubwürdigkeit staatlicher Institutionen bspw. Hunt, S., Frewer, L.J., Shepherd, R. 1999).

555 Vgl. Fritsch, M., Wein, T., Ewers, H-J. 1999, S. 295.

556 Vgl. Lutz, R.J. 1985, S. 49f. Die syllogistische Beziehung besagt, dass eine Information glaubwürdig (unglaubwürdig) ist, weil sie von einer glaubwürdigen (unglaubwürdigen) Informationsquelle vermittelt wird und vice versa. Für ein Beispiel einer glaubwürdigen/unglaubwürdigen Informationsquelle siehe Fußnote 557.

557 Generell bescheinigen Verbraucher anbieterunabhängigen Institutionen größere Glaubwürdigkeit als anbieternahen Institutionen (bspw. der Centralen Marketinggesellschaft der deutschen Agrarwirtschaft (CMA)) (vgl. Vogt, M., Weißen, E. 1998, S. 543).

558 Vgl. auch Hunt, S., Frewer, L.J., Shepherd, R. 1999, S. 179.

In dieser Form ist seine Informationsbereitstellung sowohl unabhängig von Anbieterinteressen[559] als auch von staatlichen Eigeninteressen.[560] Er wägt zur Informationsbereitstellung also weder zwischen den Interessen der Verbraucher und den Interessen der Anbieter ab[561] noch lässt er konjunktur- bzw. beschäftigungspolitische Überlegungen in sie einfließen.[562]

Die verbraucherorientierte Informationsbereitstellung ist auf Ebene der Bedarfs- und auf Ebene der Konsumentscheidung neutral gestaltet, d.h., sie tritt weder für noch gegen Konsumhaltungen und Wünsche bzw. den Kauf eines Produktes ein[563] und enthält insbesondere keine emotionalen Appelle.[564] Mit ihr wird den Verbrauchern die Reflexion ihrer Bedürfnisse ermöglicht und erleichtert,[565] ohne deren Richtung bzw. Ergebnis vorzugeben oder nahezulegen, die zunächst gewonnenen Erkenntnisse als abgeschlossen anzuerkennen. Sie hält vielmehr die weitere Reflexion offen und fördert sie.[566] Im Rahmen der verbraucherorientierten Bereitstellung berücksichtigt der Staat die begrenzte Informationsverarbeitungskapazität der Verbraucher,[567] d.h., die Bereitstellung ist so gestaltet, dass die Informationen zugänglich, verständlich und vergleichbar sind.[568]

Die Rolle des Staates im Rahmen der Werbung mit Vertrauenseigenschaften besteht mithin in den Aufgaben, die betreffende Vertrauenseigenschaft als Verständigungsnorm zu definieren, deren Einhaltung zu überwachen und Verbraucherinformation (verbraucherorientierte Informationsbereitstellung, Auswahl der Vierten) zu gewährleisten. Diese Aufgaben bilden die Eckpunkte eines Konzepts der staatlichen Informationspflicht, da sie zur glaubwürdigen Vermittlung von Vertrauenseigenschaften notwendig sind und die Funktion des Marktes bei Transaktionen mit Vertrauenseigenschaften sicherstellen. Die staatliche Informationspflicht bei Vertrauenseigenschaften illustriert Abbildung 35.

---

[559] Vgl. Einsiedel, E.F. 1998, S. 411.
[560] Vgl. Fritsch, M., Wein, T., Ewers, H-J. 1999, S. 279.
[561] Vgl. Scherhorn, G. 1979, S. 17.
[562] Vgl. Scherhorn, G. 1979, S. 38.
[563] Vgl. Scherhorn, G. 1979, S. 35ff.
[564] Vgl. Scherhorn, G. 1979, S. 38.
[565] Vgl. Scherhorn, G. 1979, S. 37f.
[566] Vgl. Scherhorn, G. 1979, S. 18.
[567] Vgl. Scherhorn, G. 1983, S. 128f. und Vgl. Grunert, K.G. 2000, S. 840.
[568] Vgl. Scherhorn, G. 1983, S. 127.

Abbildung 35: Informationspflicht des Staates bei Vertrauenseigenschaften

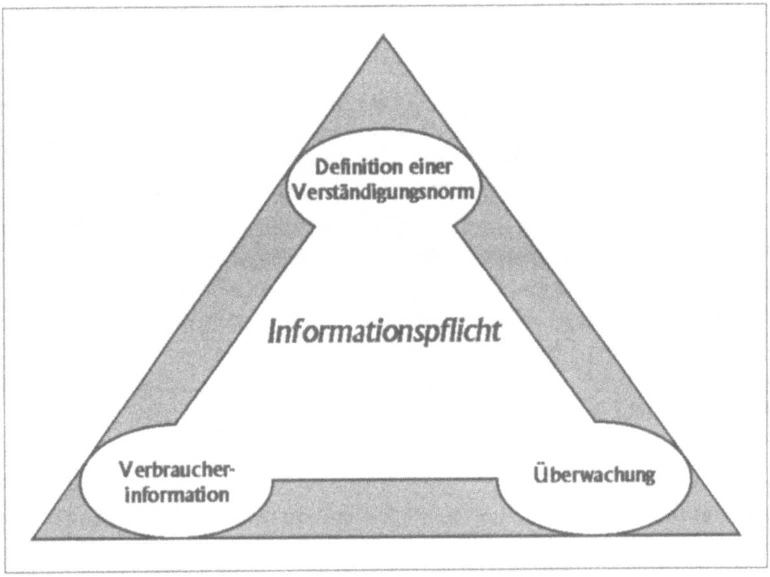

Quelle: eigene Darstellung

Mit der Ausübung seiner Informationspflicht gewährleistet der Staat allen anderen Informationsvermittlern die Möglichkeit zur Rückversicherung auf ihn und versetzt diese damit in die Lage, ihren Informationen die zur Vermittlung von Vertrauenseigenschaften notwendige Glaubwürdigkeit zu geben. Den Verbrauchern ersetzt der Staat mit der Wahrnehmung seiner Informationspflicht die eigene Verifikation von Vertrauenseigenschaften.

5.4 Konsequenzen staatlicher Unterstützung

In diesem Abschnitt werden die Konsequenzen, die die staatliche Unterstützung generischer Werbung auf das Marktgeschehen hat, herausgearbeitet. Dies erfolgt auf der Grundlage der Bedeutung der Werbung als Instrument der Informationsvermittlung, des Umgangs der Verbraucher mit Werbung und der Rolle des Staates bei der Durchführung von Werbung. Ausgangspunkt ist die Ermittlung der Wahrnehmung, die die Verbraucher vom Staat besitzen, wenn dieser generische Werbung durchführt bzw. sich an generischer Werbung beteiligt. Anschließend werden die Auswirkungen für die Erzeuger herausgearbeitet. Vor diesem Hintergrund werden dann die sich aus dem Umgang der Verbraucher mit Werbung ergebenden Konsequenzen für das Marktgeschehen, d.h. für Transaktionen mit Vertrauenseigenschaften, dargestellt.

5.4.1 Wahrnehmung der Verbraucher

Beteiligt sich der Staat an generischer Werbung bzw. führt er diese selbst durch, nimmt er zwei Rollen im Marktgeschehen wahr. Zum einen agiert er als Werbender und zum anderen tritt er als dritte Instanz auf. Während er mit Hilfe von generischer Werbung das Vorhandensein zugrunde liegender Produkteigenschaft verspricht und für die Gewährleistung der Einhaltung des Werbeversprechens durch alle Erzeuger (mit)verantwortlich ist, macht er als dritte Instanz, sofern es sich um Vertrauenseigenschaften handelt, den Verbrauchern deren Verifikation erst möglich.[569, 570]

In der Wahrnehmung der Verbraucher werden die Rollen des Werbenden und der dritten Instanz miteinander verbunden, wenn die Verbraucher die Beteiligung des Staates an der Werbung erkennen. Zu diesem Erkennen wird es kommen, da sich die Verbraucher bei ihrem Umgang mit Werbung nicht auf ihre skeptische Haltung gegenüber den Werbeaussagen beschränken,[571] sondern den für die Werbung eigentlich Verantwortlichen identifizieren wollen.[572] Dabei werden sie sowohl auf ihr Überredungswissen zurückgreifen als auch zusätzliche Informationen heranziehen, die sie bspw. den Medien oder der Werbung selbst entnehmen.[573] Der Staat wird somit in der Wahrnehmung der Verbraucher *der sich selbst überwachende Werbende* (siehe Abbildung 36).

---

[569] Vgl. Kapitel 5.3.2.

[570] Der Staat wird in diesen beiden Rollen prinzipiell eine Informationsvermittlung betreiben, die zwischen Eigen- bzw. Anbieter- und Verbraucherinteressen abwägt. Vgl. hierzu LANDTAG VON BADEN-WÜRTTEMBERG (2001): Im baden-württembergischen Landtag wurde die Frage verhandelt, wann die Verbraucher bei Nicht-Einhalten einer versprochenen Eigenschaft, die keine Gesundheitsgefährdung bedeutet, informiert werden müssen. Hierzu äußerte der zuständige Landwirtschafts- und Verbraucherschutzminister des Landes Baden-Württemberg, es sei eine Ermessensausübung, bei der die Lage der illegal Handelnden und der Rechtschaffenen berücksichtigt werden muss. Die Gerichtsbeständigkeit der Entscheidung müsse dabei beachtet werden (Landtag von Baden-Württemberg (2001), S. 658). Zur Information der Verbraucher über diesen Abwägungsprozess siehe MÜLLER (2001) (Müller, A. 2001).

[571] Vgl. Kapitel 5.2.1.

[572] Vgl. Kapitel 5.2.2.

[573] Vgl. Kapitel 5.2.2.

Abbildung 36: Der Staat als Informationsvermittler

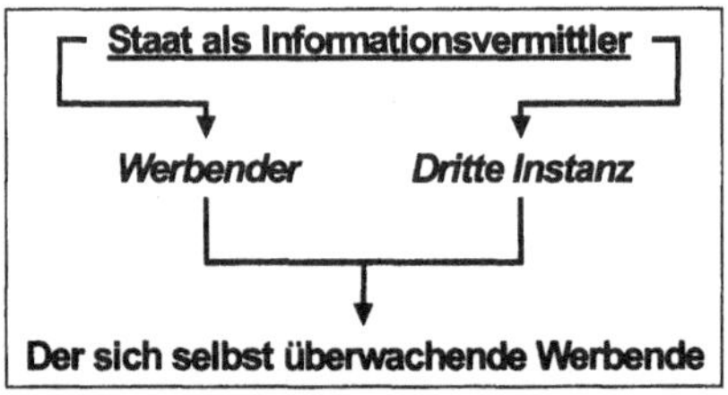

Quelle: eigene Darstellung

Jede staatliche Informationsvermittlung wird als eine Tätigkeit des sich selbst überwachenden werbenden Staates wahrgenommen. Sie wird unter Berücksichtigung des change-of-meaning-principle[574] als in Eigen- bzw. Anbieterinteressen eingebundene Informationsvermittlung, d.h. als Werbung gedeutet. Als Werbung wahrgenommen ist die Informationsvermittlung des Staates dann lediglich eine Inszenierung von Glaubwürdigkeit.[575] Der Staat als eine Institution, deren Informationsvermittlung Glaubwürdigkeit in der Wahrnehmung der Verbraucher inszeniert, eignet sich nicht mehr für die Rolle der dritten Instanz.

Die inhaltliche Substanz der als Werbung wahrgenommenen staatlichen Informationsvermittlung wird darüber hinaus angezweifelt.[576] Der Zweifel an der inhaltlichen Substanz bedingt, dass die Informationen, die der Staat als der sich selbst überwachende Werbende vermittelt, eine geringere Glaubwürdigkeit besitzen als die Informationen, die ein Staat vermittelt, der sich ausschließlich als dritte Instanz betätigt und seine Informationsbereitstellung verbraucherorientiert gestaltet.[577]

Die Wahrnehmung vom Staat als der sich selbst überwachende Werbende führt also zu seinem Ausfall als dritte Instanz und zu einer geringen Glaubwürdigkeit der von ihm vermittelten Informationen.

5.4.2 Auswirkungen für die Erzeuger

Die Wahrnehmung der Verbraucher vom Staat als der sich selbst überwachende Werbende wirkt sich für die Erzeuger aus, für deren Erzeugnis der Staat anhand generischer Werbung das Vorhandensein einer Vertrauenseigenschaft (bspw. Herkunft) verspricht. Auswirkungen für die Erzeuger ergeben sich sowohl bei

[574] Vgl. Kapitel 5.2.2.
[575] Vgl. Kapitel 5.3.2.
[576] Vgl. Kapitel 5.2.1.
[577] Vgl. Kapitel 5.3.3.

Einhaltung des generischen Werbeversprechens als auch bei dessen Nicht-Einhaltung.[578]

Wird das generische Werbeversprechen eingehalten, ist es den betreffenden Erzeugern lediglich möglich, ein geringes handelbares Qualitätsniveau der Vertrauenseigenschaft abzusetzen. Die geringe Höhe des handelbaren Qualitätsniveaus wird durch die geringe Glaubwürdigkeit der vom Staat vermittelten Informationen bedingt.[579]

Die Nicht-Einhaltung des Werbeversprechens führt einerseits zu einem Absinken der Glaubwürdigkeit der Informationen desjenigen, der das Werbeversprechen macht, d.h. hier, der Informationen, die der Staat vermittelt. Sinkt die Glaubwürdigkeit unter das notwendige Mindestniveau, hat das Auswirkungen auf den Absatz des beworbenen Erzeugnisses.[580]

Andererseits sind die Verbraucher bei Nicht-Einhaltung des generischen Werbeversprechens nicht in der Lage, zwischen der Nicht-Einhaltung des Werbeversprechens durch einen Erzeuger und der Nicht-Einhaltung des Werbeversprechens durch alle Erzeuger zu unterscheiden. Das generische Werbeversprechen gilt zum einen für alle Erzeuger des Produktes[581] und bezieht sich zum anderen auf eine Vertrauenseigenschaft. Für die Unterscheidung benötigen Verbraucher daher Informationen absoluter Glaubwürdigkeit, die nur von der dritten Instanz zur Verfügung gestellt werden können.[582] Da die Wahrnehmung der Verbraucher aber dazu führt, dass der Staat als dritte Instanz ausfällt, erhalten die Verbraucher die für die Unterscheidung notwendigen glaubwürdigen Informationen nicht und können keine Unterscheidung treffen.[583]

Insgesamt wirkt sich also die Wahrnehmung der Verbraucher vom Staat als der sich selbst überwachende Werbende auf den Absatz aller Erzeuger des beworbenen Produktes aus.

5.4.3 Der Umgang mit Werbung - Fazit

Die Auswirkung des Umgangs der Verbraucher mit Werbung auf das Marktgeschehen stellt sich vor dem Hintergrund der geschilderten Zusammenhänge zwi-

---

[578] Die Nicht-Einhaltung des Werbeversprechens wird den Verbrauchern bspw. durch eine private Institution vermittelt, die prinzipiell als dritte Instanz agieren könnte (vgl. Fußnote 543).

[579] Vgl. Kapitel 5.3.1 und Kapitel 5.4.1.

[580] Vgl. Kapitel 5.3.1.

[581] Vgl. Kapitel 2.4und Kapitel 3 zur Definition von generischer Werbung.

[582] Vgl. Kapitel 5.3.2, Kapitel 5.3.3und Kapitel 5.4.1.

[583] Vgl. Kapitel 5.3.2.

schen der Wahrnehmung des Staates, dem handelbaren Qualitätsniveau und der Wirkung auf den Absatz aller Erzeuger wie folgt dar (siehe Abbildung 37).

Abbildung 37: Schematische Darstellung der umfassenden Reflexion

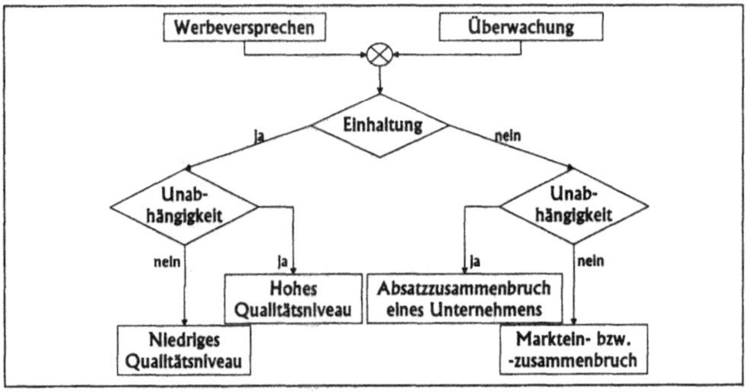

Quelle: eigene Darstellung

Verbraucher besitzen Überredungswissen:[584] Sie erkennen das Werbeversprechen und wissen um die Überwachungsfunktion des Staates. Beides beziehen sie in ihre zeitpunktunabhängige, umfassende Reflexion über Werbung mit ein. Zunächst betrachten sie die Einhaltung des Werbeversprechens und anschließend die Unabhängigkeit der Überwachung.

Bei Einhaltung des Werbeversprechens werden die Verbraucher das Erzeugnis nachfragen. Sie werden ein hohes Qualitätsniveau nachfragen, wenn sie den Staat als unabhängige dritte Instanz wahrnehmen (in Abbildung 37: Einhaltung = ja; Unabhängigkeit = ja). Nehmen sie den Staat allerdings als den sich selbstüberwachenden Werbenden wahr (in Abbildung 37: Einhaltung = ja; Unabhängigkeit = nein),[585] fragen sie nur ein geringes Qualitätsniveau nach.[586]

Bei Nicht-Einhaltung des Werbeversprechens kommt es reflexionsbedingt zu einer Nachfrageänderung. Der Umfang der Nachfrageänderung hängt davon ab, ob die Verbraucher den Staat als dritte Instanz wahrnehmen oder nicht. Nehmen die Verbraucher den Staat als dritte Instanz wahr, sehen sie sich in der Lage, zwischen dem Nicht-Einhalten des Werbeversprechens eines Erzeugers und dem Nicht-Einhalten aller Erzeuger zu differenzieren.[587]

[584] Vgl. Kapitel 5.2.2.
[585] Vgl. Kapitel 5.4.1.
[586] Vgl. Kapitel 5.4.2.
[587] Vgl. Kapitel 5.4.2.

Die Wahrnehmung der Nicht-Einhaltung des Werbeversprechens durch einen Erzeuger (in Abbildung 37: Einhaltung = nein; Unabhängigkeit = ja) wird zwar zu einem Nachfragerückgang für das Produkt des betreffenden Erzeugers führen. Die Möglichkeit zu Transaktionen mit Hilfe der Bewerbung von Vertrauenseigenschaften bleibt aber für alle anderen Erzeuger bestehen, da deren Werbeaussage weiterhin durch den Staat als dritte Instanz abgesichert wird.[588] Ist die Unabhängigkeit in der Wahrnehmung der Verbraucher nicht gegeben (in Abbildung 37: Einhaltung = nein; Unabhängigkeit = nein), wird es reflexionsbedingt zu einem Nachfragerückgang für alle Erzeuger kommen, d.h. es wird zu einem Marktein- bzw. -zusammenbruch kommen.[589]

Infolge eines solchen Marktein- bzw. -zusammenbruchs wird der Staat bemüht sein, sein Überwachungssystem zu verbessern.[590] Auf dieser Grundlage kann die Glaubwürdigkeit der von ihm vermittelten Informationen im Laufe der Zeit wieder ansteigen.[591] Stellt der Staat aber die Werbung nicht ein, wird sich das beschriebene Szenario wiederholen können. Der Markt wird wiederkehrend ein- bzw. zusammenbrechen.[592] Bei der staatlichen Beteiligung bzw. Durchführung generischer Werbung handelt es sich daher prinzipiell um eine *Politik des wiederkehrenden Markteinbruchs*.

---

588 Vgl. Kapitel 5.3.3.

589 Vgl. Kapitel 5.4.2.

590 Siehe Entscheidung des Rates (2000/766/EG) und Entscheidung der Kommission (2001/8/EG). Die beiden Entscheidungen wurden angesichts des ersten offiziellen BSE-Falls in Deutschland getroffen, als der Rindfleischmarkt vorübergehend zusammenbrach. Siehe auch das Versprechen des Ministeriums für Ernährung und Ländlichen Raum Baden-Württemberg, das Kontrollsystem des staatlichen Absatzförderungsprogramms HQZ nach dem Versagen der Informationspolitik des Ministeriums zu verbessern (vgl. Ministerium für Ernährung und Ländlichen Raum 2001).

591 Die Glaubwürdigkeit wird nicht sofort zurückkommen, da es sich bei der Verbesserung des Überwachungssystems um eine Qualitätsgewährleistungsmaßnahme des Werbenden handelt, deren Wirkung wiederum nur auf einer Mindestglaubwürdigkeit beruht. Ist aber die Wertschätzung des Produkts gesunken, gewinnen Qualitätsgewährleistungsmaßnahmen für das Zustandekommen der Transaktion an Bedeutung und wirken auf einer niedrigeren, da gesunkenen Mindestglaubwürdigkeit (vgl. Kapitel 5.3.2, Fußnote 524 und Benner, D. 2002, S. 223ff.).

592 Organe der EG gehen davon aus, dass es wiederkehrend Absatzkrisen im Agrarsektor geben wird: „In Anbetracht der wiederkehrenden Krisensituationen bei Agrarerzeugnissen und Lebensmitteln, die eine rasche Reaktion erforderlich machen, ist es zweckmäßig, ein spezifisches Verfahren für den Fall dringlicher konjunkturbedingter Probleme und für Maßnahmen vorzusehen, die eindeutig im Interesse der Gemeinschaft liegen.“ (vgl. Europäisches Parlament 2001a, S. 387).

6 Das EG-Konzept der Werbeförderung als Instrument der Agrarpolitik

Mit den bisherigen Ausführungen wurde die Grundlage für die Analyse und die Weiterentwicklung der Unterstützung von Werbung landwirtschaftlicher Erzeugnisse gelegt, die von der EG gewährt wird. So wurde das EG-Konzept der Werbeförderung aus den rechtlichen Bestimmungen der Gemeinsamen Agrarpolitik abgeleitet und die drei Funktionen staatlicher Unterstützung von Werbung für landwirtschaftliche Erzeugnisse allgemein analysiert. Vor diesem Hintergrund erfolgen in diesem Kapitel die Analyse und die Weiterentwicklung des EG-Konzepts der Werbeförderung.

6.1 Analyse des EG-Konzepts der Werbeförderung

Das EG-Konzept der Werbeförderung beruht auf der finanziellen Beteiligung an generischer Werbung.[593] Seine drei Eckpunkte sind: Die Förderung des Agrarsektors, die Überwindung des Free-Rider-Problems und die Information der Verbraucher in Form der Vorbereitungswerbung.[594] Die Eckpunkte stellen die Zielsetzungen des EG-Konzepts dar, die in den folgenden Unterabschnitten auf Grundlage der Ausführungen der Kapitel 3 bis 5 untersucht werden. Der Abschnitt schließt mit einer zusammenfassenden Darstellung der Analyse, die den Rahmen für die Weiterentwicklung des EG-Konzepts aufzeigt.

6.1.1 Das EG-Konzept als Instrument der Förderung des Agrarsektors

Das EG-Konzept ist ein Instrument der Agrarpolitik.[595] Sein Beitrag zur Förderung des Agrarsektors ist an seiner Lenkungswirkung,[596] den zu erzielenden Ein-

---

[593] Vgl. Kapitel 2.4.3.
[594] Vgl. Kapitel 2.4.3.
[595] Vgl. Kapitel 2.4.3.
[596] Vgl. Kapitel 3.4.2 und Kapitel 2.4.3.

sparungen im Agrarhaushalt[597] und seiner Auswirkung auf die Produzentenrente der Erzeuger zu bewerten.[598]

Die Lenkungswirkung des EG-Konzepts

Das EG-Konzept ist sowohl in das Marktstabilisierungsziel als auch in die Strukturpolitik eingebettet. Es ist grundsätzlich erzeugnisbezogen konzipiert: Die EG unterstützt mit ihrem Konzept der Werbeförderung generische Werbung für ausgewählte Gattungserzeugnisse und Produktgruppen. Die Werbeförderung soll zur Ansehenssteigerung landwirtschaftlicher Erzeugnisse führen, die in der EG produziert werden.[599] Das Konzept besitzt somit sowohl bei der Verfolgung der Marktstabilisierung als auch im Rahmen seiner strukturpolitischen Einbettung die Funktion der erzeugnisbezogenen kombinierten Ausgleichs- und Abwehrwerbung (siehe Übersicht 17).[600]

Werbung mit dieser Funktion besitzt Eigeneffekte, die zur Nachfragesteigerung der beworbenen Erzeugnisse führt, sowie Kreuzeffekte, die die Nachfrage der heimischen Substitute und nicht-heimischer Erzeugnisse sinken lassen.[601] Für den heimischen Sektor besitzt das Konzept somit eine Lenkungswirkung.[602]

Allerdings ist die Richtung der Lenkung aufgrund der Auswahl der Erzeugnisse nicht einheitlich. Dies verdeutlicht folgendes Beispiel: Die Unterstützung der Werbung für die Produktgruppe „ökologische Erzeugnisse“ lenkt unmittelbar die Nachfrage und mittelbar die Produktion auf diese Erzeugnisse. Gleichzeitig bewirkt die Unterstützung über die Kreuzeffekte dieser Werbung einen Nachfragerückgang konventioneller Erzeugnisse. Dieser kreuzwerbebedingte Nachfragerückgang trägt zur Destabilisierung von Märkten bspw. dem Markt für konventionelles Rindfleisch bei. Da das Konzept die Möglichkeit der Werbung für Erzeugnisse vorsieht, die Absatzprobleme aufweisen,[603] wird die werbebedingte Destabilisierung die Unterstützung der Werbung für diese konventionellen Erzeugnisse veranlassen. Die entsprechende Werbung wird jedoch der Lenkung der Produktionsstruktur auf ökologische Erzeugnisse entgegenwirken.

---

597 Vgl. Kapitel 3.2.5.
598 Vgl. Kapitel 3.1.
599 Vgl. Kapitel 2.4.3 und Kapitel 2.4.2.
600 Vgl. Kapitel 3.4.1.
601 Vgl. Kapitel 3.4.1.
602 Vgl. Kapitel 3.4.2.
603 Vgl. Kapitel 2.1.2.1.

Übersicht 17: Wirkung des EG-Konzepts

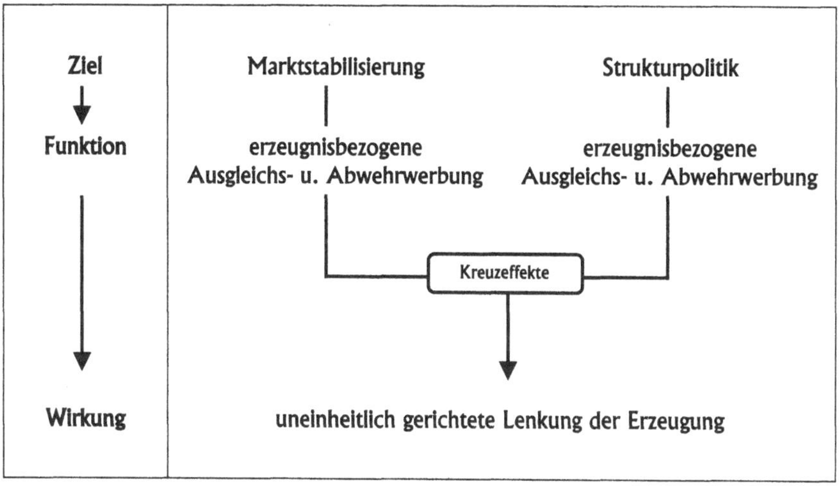

Quelle: eigene Darstellung

Das EG-Konzept führt somit zu einer uneinheitlich gerichteten, sich in ihren Teilaspekten potentiell entgegenstehenden Lenkung der landwirtschaftlichen Erzeugung (siehe Übersicht 17). Insgesamt ist daher davon auszugehen, dass das EG-Konzept zur Verfolgung der agrarpolitischen Ziele nicht effektiv ist.

Die Auswirkungen des EG-Konzepts auf den Agrarhaushalt

Soll die staatliche Unterstützung von generischer Werbung zu Einsparungen im Agrarhaushalt führen, müssen die Ausgaben für Werbung und die zusätzlichen agrarmarktpolitischen Ausgaben für das Substitut (bspw. für Intervention) in der Summe kleiner sein als die agrarmarktpolitischen Einsparungen für das beworbene Erzeugnis. Bei der Konzipierung und Umsetzung der staatlichen Unterstützung sind daher die entsprechenden Eigen- und Kreuzeffekte der unterstützten Werbung zu berücksichtigen.[604]

Die Umsetzung des EG-Konzepts, d.h. die Auswahl der Erzeugnisse und die Verteilung der finanziellen Mittel orientiert sich nicht an ökonomischen Kriterien, d.h. an den Eigen- und Kreuzeffekten der zu unterstützenden Werbung.[605] Daher kann zwar bspw. die Werbung für Rindfleisch über ihren Eigeneffekt zu

604 Vgl. Kapitel 3.2.5.
605 Vgl. Kapitel 2.4.3.

Einsparungen der Interventionsausgaben[606] führen, aber zugleich auch über ihren Kreuzeffekt zu zusätzlichen Ausgaben bei Schweinefleisch.[607] Eine sich in Bezug auf zu erzielende Einsparungen im Agrarhaushalt ergänzende Werbung kann aber aufgrund der mangelnden Berücksichtigung der Werbeeffekt nicht gewährleistet werden. Einsparungen im Agrarhaushalt sind somit allenfalls ein zufälliges Ergebnis der Umsetzung des Konzepts.

Die Auswirkung des EG-Konzepts auf die Produzentenrente

Im Rahmen des EG-Konzepts der Werbeförderung sind die Erzeuger an der Finanzierung der Werbung beteiligt, wenn sie den Anteil ihres Berufsverbandes über eine parafiskalische Stückabgabe finanzieren.[608]

Parafiskalische Abgaben in Form von Stückabgaben heben die Grenzkosten der Erzeugung um den Betrag der Stückabgabe an (Verschiebung der Angebotsfunktion von s nach s' in Abbildung 38). Auf einem regulierten Agrarmarkt führt dies sowohl bei Preisstützung als auch bei Kontingentierung zu keinem Preisanstieg (weiterhin gelten der Stützpreis p_I und der Kontingentpreis p_K, siehe Abbildung 38), aber zu einem Rückgang der Produzentenrente (die Flächen *EFDC* bzw. *EFJH* in Abbildung 38). Werbung (Verschiebung der Nachfragefunktion von d nach d' in Abbildung 38) führt nur bei Kontingentierung zu einem Preisanstieg (p_K auf p_K' in Abbildung 38) und einem Anstieg der Produzentenrente (Fläche $ABGp_K'$ in Abbildung 38).[609] Da unter den beworbenen Erzeugnissen nur der Markt für Milch über das Instrument der Kontingentierung reguliert wird,[610] wird lediglich die Milchwerbung einen positiven Effekt auf die Produzentenrente haben können.

---

606 Zur Werbung für Rindfleisch vgl. Anhang 1. Zu agrarmarktpolitischen Maßnahmen für Rindfleisch siehe Kapitel 2.2.2.

607 Zur werbebedingten Substitutionsbeziehung zwischen Rindfleisch und Schweinefleisch siehe Kapitel 3.3.2. Zu deren Auswirkung auf die Interventionsausgaben siehe Kapitel 3.2.1. Zu agrarmarktpolitischen Maßnahmen für Schweinefleisch siehe Kapitel 2.2.2.

608 Vgl. Kapitel 2.1.2.1 und siehe zur Finanzierung der geförderten Branchenverbände Fußnote 37.

609 Vgl. Kapitel 3.2.5.

610 Vgl. Kapitel 2.2.2 und Anhang 1.

Abbildung 38: Wirkung der Stückabgabe auf die Produzentenrente

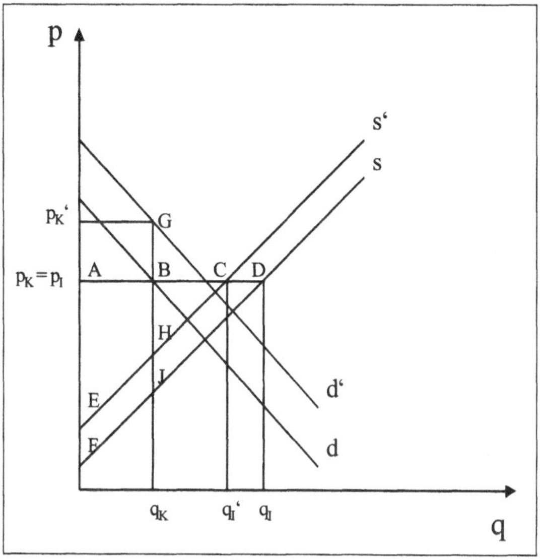

Quelle: eigene Darstellung

Für die Erzeuger, die nicht an der Finanzierung der Werbung über parafiskalische Abgaben beteiligt sind, führt die Milchwerbung zu einem Anstieg der Produzentenrente. Bei Preisstützung hingegen bleibt trotz werbebedingtem Nachfrageanstieg die Produzentenrente unverändert (siehe Abbildung 38).[611] Insgesamt resultiert somit aus dem EG-Konzept für die Erzeuger tendenziell eine finanzielle Belastung.

Das EG-Konzept der Werbeförderung stellt generell eine uneinheitlich gerichtete Lenkung der Erzeugung dar, die nur zufällig zu Einsparungen im Agrarhaushalt sowie tendenziell zur finanziellen Belastung der Erzeuger führt. Es ist daher für eine zielgerichtete Förderung des Agrarsektors nicht geeignet. Nur seine Neugestaltung, die das Konzept an den zugrunde liegenden agrarpolitischen Zielsetzungen ausrichtet, d.h. der Vergabe der finanziellen Mittel, welche Eigen- und Kreuzeffekt der zu fördernden Werbung zugrunde legt, kann sicherstellen, dass es zur Förderung des Agrarsektors beiträgt.[612]

[611] Vgl. Kapitel 3.2.5.
[612] Vgl. Kapitel 3.4.2.

6.1.2 Das EG-Konzept als Beitrag zur Überwindung des Free-Rider-Problems

Vor dem Hintergrund der Ausführungen des vierten Kapitels geht der Beitrag der EG zur Überwindung des Free-Rider-Problems generischer Werbung im Rahmen ihres Konzepts über den in Kapitel 2.4.2 und Kapitel 2.4.3 ausgeführten Umfang hinaus. Er besteht aus zwei Komponenten, denen unterschiedliche Annahmen über das Verhalten von Akteuren in Free-Rider-Situationen zugrunde liegen (siehe Abbildung 39).

Abbildung 39: EG-Konzept und Überwindung des Free-Rider-Problems

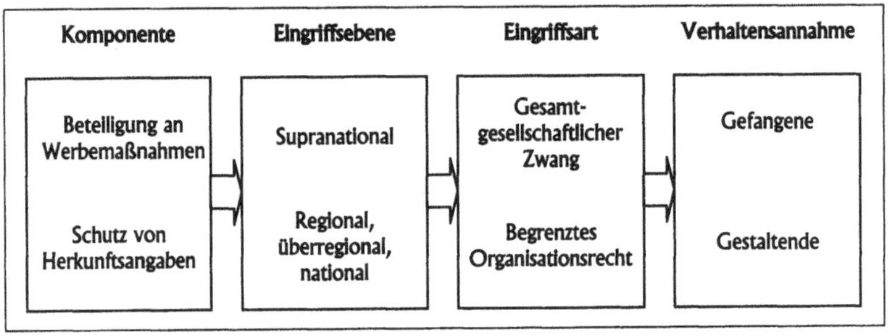

Quelle: eigene Darstellung

Die EG beteiligt sich zum einen zur Überwindung des Free-Rider-Problems auf europäischer d.h. supranationaler Ebene finanziell an generischer Werbung, die in erster Linie das Attribut „europäische" Herkunft vermittelt.[613] Dieser Beitrag zur Überwindung des Free-Rider-Problems beruht auf der Ausübung gesamtgesellschaftlichen Zwangs, da die EG die finanzielle Beteiligung aus ihrem Agrarhaushalt bestreitet, der sich aus den allgemeinen Steuereinnahmen der Mitgliedstaaten finanziert.[614] Implizit liegt ihrem Beitrag zur Überwindung des Free-Rider-Problems auf europäischer Ebene die Annahme zugrunde, dass die betroffenen Akteure eine latente Gruppe bilden, die die sich ihnen stellende Entscheidungssituation nicht beeinflussen können. Die EG sieht somit die Akteure auf europäischer Ebene als Gefangene der entsprechenden Entscheidungssituation an (siehe Abbildung 39).[615]

Ihr Konzept enthält zum anderen zur Überwindung des Free-Rider-Problems auf regionaler, überregionaler bzw. nationaler Ebene einen rechtlichen Schutz von

---

[613] Vgl. Kapitel 2.4.3.
[614] Vgl. Kapitel 2.1.2.
[615] Vgl. Kapitel 4.2.1.

Herkunftsangaben.[616] Dieser Schutz beschränkt sich auf Herkunftsangaben, denen eine spezifische Herkunft-Qualitäts-Beziehung zugrunde liegt. Er trifft darüber hinaus nur eine Unterscheidung nach der Anzahl (drei oder weniger), nicht aber nach der Art (Erzeugung, Verarbeitung, Herstellung) der einbezogenen Vermarktungsstufen. So entspricht die Herkunftsangabe *geschützte Ursprungsbezeichnung* dem Schutz einer spezifischen Herkunft-Qualitäts-Beziehung, die alle drei Vermarktungsstufen integriert. Eine *geschützte geographische Angabe* bezieht sich auch auf weniger als drei Vermarktungsstufen, ohne dabei zu unterscheiden, um welche es sich dabei handelt.[617] Den Akteuren wird somit ein begrenztes Organisationsrecht gewährt, das ihnen ermöglicht, mit Hilfe der Herkunftsangabe die herkunftsbezogene Kaufbereitschaft der Verbraucher als eine an ihre Verhältnisse angepasste Allmende-Ressource zu nutzen. Implizit liegt diesem Beitrag die Verhaltensannahme zugrunde, dass die betroffenen Akteure in der Lage sind, die sich ihnen stellende Entscheidungssituation zu beeinflussen. Unterhalb der europäischen Ebene betrachtet die EG die Akteure somit als Gestaltende der Entscheidungssituation (siehe Abbildung 39).[618]

Vor dem Hintergrund des erforderlichen Staatseingriffs, der zur Überwindung des Free-Rider-Problems bei generischer Werbung die heimischen Erzeuger im Blickfeld hat, wird deutlich, dass die Beteiligung der EG an generischer Werbung der Berufs- und Branchenverbände nicht notwendig ist. Die Gewährung eines herkunftsbezogenen Organisationsrechts ist prinzipiell ausreichend.[619]

Die finanzielle Unterstützung rechtfertigt sich jedoch aus dem im Rahmen des Konzepts begrenzten Organisationsrecht. Um generische Werbung zu ermöglichen, ist es für die EG nur deshalb notwendig, sich an Werbung finanziell zu beteiligen, weil sie im Rahmen ihres Konzepts die Möglichkeit der Gründung verschachtelter Organisationen nicht berücksichtigt und Herkunftsangaben ausschließt, die nicht der spezifischen Herkunft-Qualitäts-Beziehung entsprechen. Sie zwingt sich damit im Rahmen des Konzepts, generische Werbung auf europäischer Ebene zu subventionieren, um sie möglich zu machen.

Die Begrenzung des Organisationsrechts bedeutet allerdings zum einen, dass nur die Erzeuger die herkunftsbezogene Kaufbereitschaft der Verbraucher als eine Allmende-Ressource nutzen können, deren Herkunftsangabe der spezifischen Herkunft-Qualitäts-Beziehung entspricht. Zum anderen generiert die Begrenzung ein „umgekehrtes" Free-Rider-Problem, da sich die Erzeuger, die die Her-

---

[616] Vgl. Kapitel 2.2.2.
[617] Vgl. Anhang 17.
[618] Vgl. Kapitel 4.2.1.
[619] Vgl. Kapitel 4.2.2.

kunftsangabe ihres Produktes auf weniger als drei Vermarktungsstufen beziehen, nicht voneinander abheben können. Dies verdeutlicht folgendes Beispiel.

Ausgangspunkt ist die herkunftsbezogene Kaufbereitschaft der Verbraucher für Erzeugnisse, die eine geschützte geographische Angabe besitzen (bspw. Produkte aus Schweinefleisch: Schwarzwälder Schinken, Schwäbisch-Hällisches Qualitätsschweinefleisch).[620] Vor diesem Hintergrund besitzt generische Werbung für geschützte geographische Angaben die Möglichkeit, den Gesamtmarkt für entsprechende Schweinefleischprodukte zu erweitern, indem sie diese in ein positives Assoziationsumfeld stellt.[621] An dieser Werbung haben prinzipiell die Erzeuger solcher Schweinefleischprodukte ein gemeinsames Interesse. Darüber hinaus besteht für alle entsprechenden Erzeuger ein Anreiz, ihre Schweinefleischprodukte mit dem Hinweis auf die geschützte geographische Angabe selbst zu bewerben, da diese die hohe Kaufbereitschaft der Verbraucher für ihr Erzeugnis erschließt (Erzeugerwerbung Typ 1).

Besitzen Verbraucher zudem eine besonders hohe Kaufbereitschaft für die Schweinefleischprodukte, deren geschützte geographische Angabe sich auf die landwirtschaftliche Vermarktungsstufe bezieht, ist es für Erzeuger, die diese Erzeugnisse anbieten, sinnvoll, diesen besonderen Herkunftsbezug in ihrer eigenen Werbung zusätzlich herauszustellen (Erzeugerwerbung Typ 2).

Allerdings unterscheidet die geschützte geographische Angabe in ihrer Konzeption nicht zwischen den einzelnen Vermarktungsstufen. Tendenziell profitieren von der generischen Werbung daher in besonderem Maße die Erzeuger, deren Schweinefleischprodukte eine geschützte geographische Angabe besitzen, die sich nicht auf die landwirtschaftliche Vermarktungsstufe bezieht (Erzeuger Typ 1). Deren Erzeugnisse werden durch die Erzeugerwerbung Typ 2 zusätzlich in ein positives Assoziationsumfeld gestellt. Dieser Bezug steht ihnen zwar nicht zu, da die Verbraucher aber nicht in der Lage sind, diese Unterscheidung am Produkt zu treffen, besteht die Gefahr der „Ausbeutung" der Erzeugerwerbung Typ 2 durch die Erzeuger Typ 1.

An der Durchführung der generischen Werbung haben daher die Erzeuger ein geringes bzw. kein Interesse,[622] die ihre Schweinefleischprodukte tatsächlich mit einer geschützten geographischen Angabe versehen können, die sich auf die landwirtschaftliche Vermarktungsstufe bezieht (Erzeuger Typ 2). Dies kann da-

---

[620] Vgl. Fußnote 167.

[621] Vgl. zur Zielsetzung generischer Werbung Kapitel 3.

[622] Im Terminus des Kapitels 4.1.1 besitzen diese Erzeuger eine geringe bis gar keine Zahlungsbereitschaft bezüglich eines finanziellen Beitrags, der der Durchführung generischer Werbung dient.

zu führen, dass die entsprechende generische Werbung nicht stattfindet, obwohl deren Durchführung im gemeinsamen Interesse aller Erzeuger ist.[623]

Darüber hinaus unterlassen die Erzeuger Typ 2 in ihrer Erzeugerwerbung den Hinweis auf die geschützte geographische Angabe, da dieser Hinweis die Grundlage für die „Ausbeutung“ ihrer Werbung ist.

Der Schutz von Herkunftsangaben weist somit als Beitrag zur Überwindung des Free-Rider-Problems bei generischer Werbung zwei Lücken auf, die die Nutzung herkunftsbezogener Kaufbereitschaft nicht in vollem Umfang ermöglicht, und damit das Free-Rider-Problem unterhalb der supranationalen Ebene nicht vollständig löst.

Insgesamt zeigt die Analyse, dass die EG im Rahmen ihres Konzepts auf den unterschiedlichen geographischen Ebenen, die zur Definition einer Herkunftsangabe herangezogenen werden können, unterschiedliche Verhaltensannahmen zugrunde legt. Sie sieht somit zur Überwindung des Free-Rider-Problems unterschiedlichen Handlungsbedarf. Allerdings ist zum einen die Finanzierung nicht notwendig, zum anderen löst selbst dieses differenzierte Vorgehen das Free-Rider-Problem generischer Werbung nicht vollständig.

6.1.3 Das EG-Konzept als Instrument der Verbraucherinformtion

Die Verbraucherinformation, die die EG im Rahmen ihres Konzepts der Werbeförderung durchführt, ist konzeptionell Vorbereitungswerbung, da die Informationsmaßnahmen in die agrarpolitische Zielsetzung der GAP eingebunden sind.[624] Auf dem Binnenmarkt ist bei landwirtschaftlichen Erzeugnissen daher prinzipiell nur ein geringes Qualitätsniveau von Vertrauenseigenschaften handelbar und die Gefahr des wiederkehrenden Markteinbruchs gegeben.[625] Diese Gefahr ist nicht nur theoretischer Natur, sondern auch tatsächlich vorhanden, wenn Verbraucher aufgrund ihres unmittelbaren und mittelbaren Umgangs mit Werbung[626] in der Lage sind, die EG als den sich selbst überwachenden Werbenden wahrzunehmen. Kann also gezeigt werden, dass der Inhalt der Informationsmaßnahmen (Argumentationsstrukturen, Verwendung von Worten) und zusätzliche Informationen (bspw. Medienberichte) Verbrauchern die Möglichkeit bietet, die Informationsmaßnahme als Werbung und die EG als Beteiligte und Verantwortliche zu erkennen, stellt das Konzept der Werbeförderung eine

---

[623] Vgl. Kapitel 4.1.1.
[624] Vgl. Kapitel 2.4.3.
[625] Vgl. Kapitel 5.2.1.
[626] Vgl. Kapitel 5.2.1 und Kapitel 5.2.2.

Politik des wiederkehrenden Markteinbruchs dar. Dies wird im Folgenden untersucht.[627]

Die Unterstützung von generischen Werbemaßnahmen durch die EG ist Gegenstand von Medienberichten (siehe Anhang 16) und wissenschaftlicher Forschung.[628] In einer entsprechenden Informationsmaßnahme sind bspw. die folgenden Wortansammlungen enthalten:[629]

1. *Apfel mit Biss... ...dafür flieg ich weltweit!*
2. *Dennis Tito bei der Landung nach seiner Weltraumfahrt zur ISS am 6. Mai 2001.*
3. *Mit finanzieller Beteiligung der Europäischen Gemeinschaft* (incl. EG-Flagge)
4. *Deutsche Obst-Werbung/Bonn www.apfel-mit-biss.de*

Die erste Wortansammlung stellt die produktbezogenen, eigentlich zu vermittelnden Informationen der Informationsmaßnahme dar. Sie ist auf ihre analytische und gestalterische Argumentationsstruktur zu untersuchen. Mit der zweiten Wortansammlung wird vermittelt, wer die abgebildete Person ist, und ein Kontext hergestellt. Die dritte und die vierte Wortansammlung weisen die an der Informationsmaßnahme Beteiligten aus.

In keiner der vier Wortansammlungen wird ein Bezug zu einem oder mehreren Unternehmen hergestellt. Die Informationsmaßnahme ist unternehmensübergreifend, d.h. branchentypisch gestaltet, ihr generischer Charakter ist damit erkennbar.[630]

Die analytische Argumentationsstruktur

Die analytische Argumentationsstruktur der ersten Wortansammlung entspricht der Rechtfertigung, die auf einem Denkschema beruht (siehe Übersicht 18):[631] Allgemein ist jemand bereit, für den Erwerb eines Erzeugnisses Mühen auf sich zu nehmen, wenn er diesem Erzeugnis einen entsprechenden Wert beimisst. Für das in der zitierten Aussage genannte Erzeugnis ist der Aussagende bereit, einen

[627] Dabei ist es nicht notwendig zu postulieren, dass die Verbraucher die analytische und die gestalterische Argumentationsstruktur erkennen sowie die verwendeten Stilfiguren benennen können. Vielmehr ist es ausreichend, davon auszugehen, dass sie die damit verbundene beeinflussende Absicht und die zu erzeugenden psychologischen Ereignisse registrieren und diese in ihren Umgang mit Werbung integrieren (vgl. Kapitel 5.2.2).

[628] Die vorliegende Arbeit ist Teil dieser Forschung.

[629] Vgl. Abbildung 3.

[630] Vgl. Kapitel 3.

[631] Vgl. Kapitel 5.1.2.

weiten Weg, d.h. große Mühen, auf sich zu nehmen, er fliegt nach eigener Aussage dafür weltweit. Da er bereit ist, große Mühen auf sich zu nehmen, um in das dargestellte Erzeugnis zu beißen, schreibt der Aussagende diesem Erzeugnis einen hohen Wert zu. Die Aussage folgt damit dem Denkschema: *Was einer aus eigenem Antrieb unter Mühen zu erreichen versucht, kann nicht schlecht sein.* Als Argumentationsmuster liegt dieser Aussage damit die Rechtfertigung mit der Schlussregel zugrunde: *Dieses Produkt ist gut/toll/erstrebenswert, weil jemand für seinen Erwerb Mühen auf sich nimmt.* Dabei rekurriert die Schlussregel auf die in der zweiten Wortansammlung angegebene Tatsache, dass derjenige, dem die Aussage zugeschrieben werden soll, in den Weltraum flog und nach der Landung in einen Apfel beißt. Insgesamt wird die Behauptung *Äpfel sind gut/toll* gerechtfertigt (siehe Übersicht 18).

Übersicht 18: Argumentationsmuster einer EG-finanzierten Informationsmaßnahme

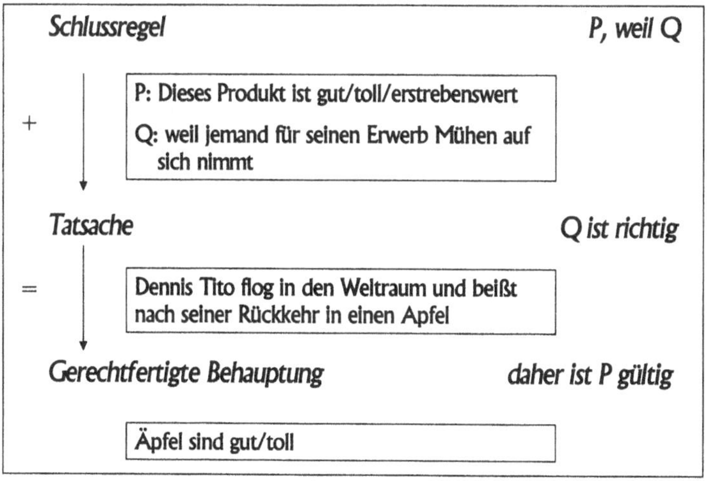

Quelle: eigene Darstellung

Die Gestalterische Argumentationsstruktur

Die Wortansammlung *Apfel mit Biss... ...dafür flieg ich weltweit!* ist in der ersten Person Singular gefasst. Es handelt sich damit um ein Testimonium.[632] Makrotypographische Elemente dieses Testimoniums sind drei Punkte und ein Ausrufezeichen.

[632] Vgl. Kapitel 5.1.2.

Die drei Punkte bilden die syntaktische Stilfigur Anakoluth in Form einer Ellipse.[633] Dabei handelt es sich um eine willkürliche Auslassung, die den Leser zur Mitarbeit anregen soll. Diese Stilfigur lenkt zum einen die Aufmerksamkeit des Lesenden auf *Apfel mit Biss* und betont dadurch die Produktbezeichnung. Die beiden Worte *mit Biss* geben zugleich der Produktbezeichnung lautmalerisch einen knackig-frischen Unterton. Der Unterton erzeugt sprachpsychologisch eine entsprechende Vorstellungswelt, die die Produktbezeichnung als assoziatives Umfeld begleitet.[634] Zum anderen baut sich durch die Doppelung der drei Punkte ein Spannungsbogen auf, der vom Leser eine Fortsetzung erwarten lässt. Das Ausrufezeichen verstärkt den Rufcharakter der Aussage.[635] Darüber hinaus enthält die Aussage als lexikalische Stilfigur den nicht-grammatikalischen Superlativ *weltweit*. Dieser preist das Produkt zusätzlich und verstärkend an.[636, 637]

Die Beteiligten und Verantwortlichen der Werbung

Die Beteiligung der EG an Werbung für Äpfel wird für die Verbraucher durch die Medienberichterstattung im Allgemeinen und aus der dritten Wortansammlung im Besonderen deutlich (siehe Übersicht 19).[638] In Anhang 16 ist ein entsprechender Medienbericht aufgeführt. Mit diesem Bericht erhalten Verbraucher Informationen über die Öffentlichkeitsarbeit der EG. Sie erfahren, dass sich die EG finanziell an Marketingmaßnahmen für Äpfel beteiligt, die von Branchenverbänden durchgeführt werden. Die Apfel-Informationsmaßnahme selbst vermittelt die Beteiligung der EG anhand der aufgedruckten EG-Flagge und dem Zusatz „Mit finanzieller Beteiligung der Europäischen Gemeinschaft".[639, 640] Mit

633 Vgl. Kapitel 5.1.2.

634 Vgl. Kapitel 5.1.1.

635 Vgl. Kapitel 5.1.2.

636 Vgl. Kapitel 5.1.2.

637 Der zweite Teil ist zudem mit einer Werbeaussage einer Zigarettenmarke aus den 70'ern assoziativ verbunden: *Ich geh' meilenweit für CAMEL FILTER*. Mit *dafür flieg ich weltweit*, wird die Anpreisung des beworbenen Produktes noch gesteigert.

638 Vgl. Kapitel 5.2.2. Der Bericht informiert über die produktübergreifende Werbebeteiligung, während das Beispiel der produktspezifischen Werbebeteiligung entstammt (vgl. Kapitel 2.1.2.1). Da beide im gleichen Zeitraum, d.h. während der Bearbeitung der Arbeit, erschienen, wird davon ausgegangen, dass sich für die Verbraucher der aufzuzeigende Zusammenhang ergibt, ohne über diese Unterscheidung informiert zu sein, zumal in dem Bericht von der Neugestaltung der Absatzförderung berichtet wird (vgl. Anhang 16).

639 Vgl. Kapitel 2.1.2.1 und siehe Abbildung 3.

640 Die angegebene Internetseite enthält darüber hinaus die Information, dass die Informationsmaßnahme mit finanzieller Unterstützung der EG für den Mehrverzehr von Tafeläpfeln wirbt (vgl. Fußnote 56).

der vierten Wortansammlung wird darüber hinaus die Deutsche Obst-Werbung/Bonn als weitere Beteiligte kenntlich.[641]

Die Verantwortlichkeit der EG für Apfelwerbung mit branchentypischem Charakter wird aus dem genannten Medienbericht deutlich. In diesem wird die Informationsmaßnahme als ein „branchenübergreifendes EU-Marketinginstrument" beschrieben (siehe Anhang 16). Die der Verantwortlichkeit zugrunde liegende Motivation der EG, die in der Verfolgung der Ziele der Gemeinsamen Agrarpolitik begründet liegt,[642] ist für Verbraucher nicht zuletzt dann erfahrbar, wenn sie von den neueren wissenschaftlichen Ergebnissen über die Analyse der EG-Beteiligung an Werbemaßnahmen Kenntnis erlangen.[643]

Den Verbrauchern stehen also ein Reihe von Anhaltspunkten zur Verfügung, im Rahmen ihres mittelbaren Umgangs, d.h. ihrer zeitpunktunabhängigen, umfassenden Reflexion, die Informationsvermittlung als Werbung sowie die Beteiligung und die Verantwortlichkeit der EG zu erkennen (siehe Übersicht 19).[644]

---

[641] Die angegebene Internetseite enthält Informationen über die Deutsche Obst-Werbung/Bonn und die Art der Informationsmaßnahme. Verbraucher können darüber erfahren, dass die Deutsche Obst-Werbung/Bonn eine Organisation der Bundesvereinigung der Erzeugerorganisationen Obst und Gemüse e.V. und der Centrale Marketinggesellschaft der deutschen Agrarwirtschaft mbH (CMA) ist, die für die Gesundheitswerte und den Mehrverzehr von Tafeläpfeln wirbt (vgl. Fußnote 56).

[642] Vgl. Kapitel 2.4.3 und grundsätzlich den mit Artikel 37 des EG-Vertrags gegebenen Rechtsbezug der jeweiligen EG-Verordnungen.

[643] Vgl. Kapitel 5.2.2. Bspw. ist mit der vorliegenden Arbeit und der Verbreitung ihres Inhalts (bspw. in Form von Vorträgen vor einem nicht-wissenschaftlichen Publikum) diese Möglichkeit gegeben.

[644] Vgl. Kapitel 5.2.2.

Übersicht 19: EG-Konzept und Überredungswissen

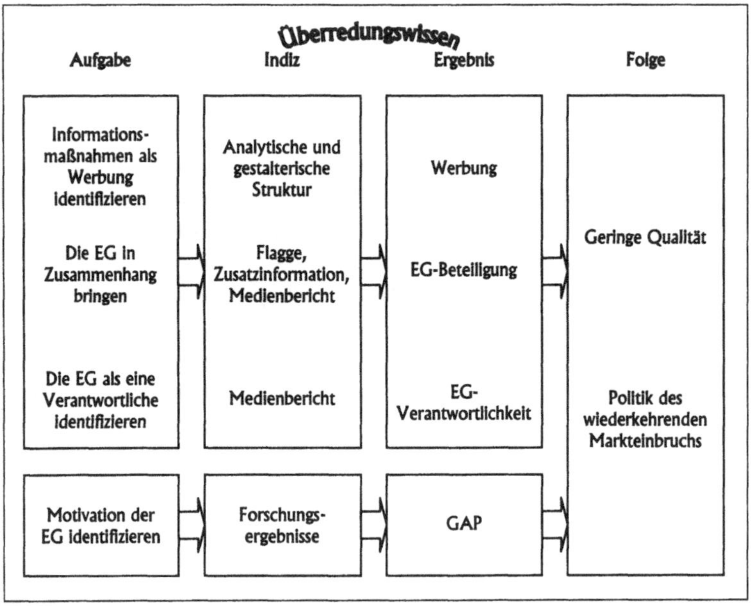

Quelle: eigene Darstellung

Für die Verbraucher stellt sich die EG damit als der sich selbst überwachende Werbende im Binnenmarkt dar.[645] Unter Berücksichtigung des change-of-meaning-principle wird ihren Informationen von den Verbrauchern im Vergleich zu einer Situation, in der sie nur als dritte Instanz agieren würde, eine geringere Glaubwürdigkeit zugesprochen. Sie fällt als dritte Instanz aus und ermöglicht bei Vertrauenseigenschaften nur ein geringes handelbares Qualitätsniveau. Letztlich betreibt sie mit ihrem Konzept eine Politik des wiederkehrenden Markteinbruchs.[646]

Nur die Entkopplung der Verbraucherinformation von der agrarpolitischen Einbindung und ihre konsequente Ausrichtung gemäß der Anforderungen, die sich aus der staatlichen Informationspflicht ergeben, kann den Ausfall der EG als dritte Instanz und die damit verbundenen Auswirkungen für das Marktgeschehen vermeiden. Dies bedeutet, dass die Informationsvermittlung der EG auch im

[645] Vgl. Kapitel 5.4.1.
[646] Vgl. Kapitel 5.4.2.

Rahmen eines Konzepts der Werbeförderung grundsätzlich verbraucherorientiert zu gestalten ist.[647]

6.1.4 Das EG-Konzept als agrarpolitisches Instrument - Fazit

Die Analyse des EG-Konzepts offenbart einen in ihm enthaltenen Zielkonflikt. Einerseits ist für den Eckpunkt „Förderung des Agrarsektors" eine Neugestaltung notwendig, die in der stärkeren Ausrichtung an den zugrunde liegenden agrarpolitischen Zielsetzungen besteht.[648] Andererseits führt schon die bestehende Einbindung der Verbraucherinformation in die agrarpolitische Zielsetzung (Eckpunkt „Vorbereitungswerbung") zur Gefahr des wiederkehrenden Markteinbruchs.[649]

Dieser Zielkonflikt beruht im wesentlichen darauf, dass sich die EG finanziell an generischer Werbung für landwirtschaftliche Erzeugnisse beteiligt. Ihre finanzielle Beteiligung kann aber nur als der notwendige staatliche Eingriff zur Überwindung des Free-Rider-Problems gerechtfertigt werden, wenn die Erzeuger im Rahmen der Durchführung generischer Werbung als Gefangene einer Entscheidungssituation angesehen werden.[650]

Die Ausführungen des Kapitels 4.2.2 ermöglichen es allerdings, den staatlichen Eingriff aus diesem Blickwinkel zu lösen. Die Zielsetzung des Konzepts der Werbeförderung, in dessen Fokus die heimischen Erzeuger stehen, besteht dann darin, das Potenzial der Erzeuger vor dem Hintergrund des Free-Rider-Problems zu verbessern, die Allmende-Ressource „herkunftsbezogene Kaufbereitschaft" selbstorganisiert und angepasst an ihre lokalen/regionalen/überregionalen Bedingungen zu nutzen.[651] Allerdings bietet das bestehende Organisationsrecht diese Möglichkeit nicht.[652]

Es ist daher eine Weiterentwicklung des EG-Konzepts notwendig, die die Gestaltung des herkunftsbezogenen Organisationsrechts als staatlichen Eingriff in den Vordergrund rückt, und es zusammen mit der Gewährleistung glaubwürdiger Informationsvermittlung als Instrument der Förderung des Agrarsektors begreift. Diese Weiterentwicklung ist Gegenstand des folgenden Abschnitts.

[647] Vgl. Kapitel 5.3.2.
[648] Vgl. Kapitel 6.1.1.
[649] Vgl. Kapitel 6.1.3.
[650] Vgl. Kapitel 4.2.1.
[651] Vgl. Kapitel 4.2.2.
[652] Vgl. Kapitel 6.1.2.

6.2 Weiterentwicklung des EG-Konzepts

Die Weiterentwicklung des EG-Konzepts besteht aus zwei Teilen. Zum einen ist ein Organisationsrecht zu gewähren, das die Erschließung der herkunftsbezogenen Kaufbereitschaft der Verbraucher ermöglicht. Zum anderen ist eine Informationsbereitstellung sicherzustellen, die die glaubwürdige Werbung mit Herkunftsangaben möglich macht. Ihre Grundlagen sind die Ausführungen in Kapitel 4 und Kapitel 5.

Die Weiterentwicklung des herkunftsbezogenen Organisationsrechts wird in allgemeiner Weise ausgeführt, da im Sekundärrecht der EG die weiterzuentwickelnde Form des Organisationsrechts ansatzweise schon besteht.[653] Die Neugestaltung der Informationsvermittlung wird hingegen gemäß den Anforderungen konkretisiert, die an die Niederlegung einer Grundverordnung angelegt werden.[654] Dies bedeutet, dass sich die neugestaltete Informationsvermittlung aus Herleitung der Rechtsgrundlage, der Erwägungsgründe und des Verordnungstextes der zu formulierenden Grundverordnung ergibt. Diese Form der Konkretisierung ermöglicht sowohl das Format einzuhalten, das schon dem EG-Konzept zugrunde liegt,[655] als auch die Rahmenbedingung vorzugeben, an denen sich die Informationsvermittlung der EG grundsätzlich im Binnenmarkt orientieren sollte.[656]

6.2.1 Erweiterung des Organisationsrechts

Das im Rahmen des EG-Konzepts bestehende Organisationsrecht bietet weder allen Erzeugern die Möglichkeit, die herkunftsbezogene Kaufbereitschaft der Verbraucher als Allmende-Ressource zu nutzen, noch löst es das Free-Rider-Problem generischer Werbung vollständig.[657] Es bedarf daher einer Erweiterung, die als staatlicher Eingriff sowohl die Lösung des Free-Rider-Problems[658] als auch den informationsökonomischen Charakter der zu erschließenden Allmende-Ressource berücksichtigt.

Seine Erweiterung muss erstens das Organisationsrecht für Herkunftsangaben öffnen, denen die spezifische Herkunft-Qualitäts-Beziehung nicht zugrunde liegt. Sie muss zweitens Herkunftsangaben einbeziehen, die auf verschachtelten Organisationen lokaler bzw. regionaler Zusammenschlüsse beruhen. Drittens ist

[653] Vgl. Fußnote 162.
[654] Vgl. Kapitel 2.1.1.
[655] Vgl. Kapitel 2.1.2.
[656] Vgl. Kapitel 2.1.1.
[657] Vgl. Kapitel 6.1.2.
[658] Vgl. Kapitel 4.2.2.

das Organisationsrecht differenziert nach einbezogenen Vermarktungsstufen zu gewähren.[659] Gleichzeitig ist bei der Gestaltung der Erweiterung zu beachten, dass die zu erschließende Allmende-Ressource auf der Vertrauenseigenschaft Herkunft beruht.[660]

Die Erweiterung des Organisationsrechts zur Überwindung des Free-Rider-Problems besteht daher in der Etablierung von Maßnahmen, die die Werbung mit Herkunftsangaben unter Berücksichtigung der staatlichen Informationspflicht in Form spezifischer gesetzlicher Bestimmungen unterstützen.[661] So sind Verständigungsnormen zu definieren, die die erforderliche Differenzierung der Herkunftsangaben gesetzlich fixieren. Gleichzeitig ist auf Grundlage gesetzlicher Vorschriften ein staatliches Überwachungs- und Kontrollsystem zu etablieren, das die Verwendung und Einhaltung der Verständigungsnormen überprüft.[662] Und schließlich sind gesetzliche Bestimmungen niederzulegen, die die verbraucherorientierte Informationsbereitstellung über die gesetzlichen Regelungen zur Verwendung und Bedeutung von Herkunftsangaben regeln.[663]

Bei der Etablierung des Überwachungs- und Kontrollsystems ist auf die strikte Trennung zwischen der staatlichen Überwachungsaufgabe und privaten Absatzförderungsbemühungen zu achten, da die Erzeuger im Rahmen ihrer Absatzförderungsbemühungen auf die uneingeschränkte Glaubwürdigkeit des Überwachungssystems als Qualitätsgewährleistungsmaßnahme angewiesen sind.[664] Ein Überwachungs- und Kontrollsystem, das bei gegebener Zielsetzung der Gemeinsamen Agrarpolitik[665] dessen Instrument ist, d.h. seinen Rechtsbezug in Artikel 37 hat und private Absatzförderungsbemühungen unmittelbar unterstützt, kann aber die zur glaubwürdigen Werbung erforderliche Überwachungsaufgabe nicht erfüllen.[666] Es sollte somit in eine gesetzliche Regelung zur Kennzeichnung der Erzeugnisse integriert werden, die ihren Rechtsbezug in den EG-rechtlichen Bestimmungen zum Verbraucherschutz und nicht in den Bestimmungen zur Agrarpolitik hat.

---

659 Vgl. Kapitel 4.2.2.
660 Vgl. Kapitel 5.3.1.
661 Vgl. Kapitel 5.3.3.
662 Vgl. Kapitel 5.3.3. Mit diesem Überwachungssystem, das die Einhaltung der jeweiligen Herkunftsdefinition bestätigt, geht die Erweiterung des Organisationsrechts prinzipiell über den gemeinschaftlichen Schutz von Gemeinschaftskollektivmarken hinaus (vgl. Fußnote 162).
663 Vgl. Kapitel 5.3.3.
664 Vgl. Kapitel 5.3.2.
665 Vgl. Kapitel 2.2.1.
666 Vgl. Kapitel 5.4.3 und Kapitel 6.1.3.

Insgesamt bietet das derart erweiterte Organisationsrecht den Erzeugern die Möglichkeit, selbstorganisiert und glaubwürdig die herkunftsbezogene Kaufbereitschaft der Verbraucher vollständig zu erschließen. Wie die entsprechende Informationsvermittlung grundsätzlich zu gestalten ist, zeigen die Ausführungen des folgenden Unterabschnitts.

6.2.2 Neugestaltung der Informationsvermittlung

Die Informationsvermittlung der EG über landwirtschaftliche Erzeugnisse ist verbraucherorientiert neu zu gestalten.[667] Ihr Hintergrund ist damit die staatliche Informationspflicht, gemäß deren Anforderungen sie als Verbraucherinformation zu entwerfen ist.[668]

Die rechtliche Basis der Verbraucherinformation der EG ist Artikel 153 Absatz 2 des EG-Vertrages, der die Verbraucherinformation als Bestandteil des gemeinschaftlichen Verbraucherschutzes ausweist.[669] Auf dieser Grundlage erfordert die Niederlegung der Grundverordnung, die die Rahmenbedingungen der Verbraucherinformation vorgibt, die Beteiligung des Parlaments per Mitentscheidungsverfahren.[670] Als Niederlegungsverantwortliche und Rechtsbezug der Grundverordnung ergibt sich damit:

> *DER RAT UND DAS EUROPÄISCHE PARLAMENT DER EUROPÄISCHEN UNION –*
>
> *gestützt auf den Vertrag zur Gründung der Europäischen Gemeinschaft, insbesondere auf Artikel 153 Absatz 2,*
>
> *auf Vorschlag der Kommission,*
>
> *nach Stellungnahme des Europäischen Parlaments,*
>
> *nach Stellungnahme des Wirtschafts- und Sozialausschusses,*
>
> *in Erwägung nachstehender Gründe:*

Hintergrund der Informationsvermittlung ist das Verständnis, dass zur optimalen Entwicklung eines Marktes nicht ausschließlich die Förderung des Wettbewerbs, d.h. die Situation der Anbieter, zu beachten ist, sondern auch die Rolle der Verbraucher im Marktgeschehen zu berücksichtigen ist. Ihre Rolle zur Entwicklung

---

667 Vgl. Kapitel 6.14.

668 Vgl. Kapitel 5.3.3.

669 Vgl. Kapitel 2.3.2.

670 Vgl. Kapitel 2.1.1.

des europäischen Binnenmarktes können die Verbraucher aber nur wahrnehmen, wenn sie umfassend informiert sind.[671] Damit lautet der erste Erwägungsgrund der Grundverordnung:

> *(1) Zur optimalen Entwicklung des Binnenmarktes ist die Beteiligung der Verbraucher notwendig. Die Beteiligung der Verbraucher gründet sich auf ihre umfassende Informiertheit.*

Eine weitere Grundlage der Informationsvermittlung ist die Anerkennung sowohl der bestehenden strukturellen Benachteiligung der Verbraucher beim Gütertausch:[672]

> *(2) Die Informiertheit der Verbraucher stößt auf strukturelle Begrenzungen, die ihrer Stellung im Marktgeschehen innewohnen.*

Die strukturellen Nachteile der Verbraucher führen zu einer unzureichenden Informiertheit. Dies kann die Funktion des Binnenmarktes beeinträchtigen, die EG hat daher hier eine besondere Aufgabe wahrzunehmen:

> *(3) Zur Überwindung dieser Begrenzung leistet die Gemeinschaft einen Beitrag, wenn sie für die Information der Verbraucher sorgt. Sie trägt dadurch zugleich zur Entwicklung des europäischen Binnenmarktes bei. Es ist ihr daher die Möglichkeit zu eröffnen, diesen Beitrag zu leisten.*

Die EG definiert normative Begriffe für den Wirtschaftsverkehr zur Kennzeichnung von Erzeugnissen, womit sie Produkteigenschaften festlegt, die von den Verbrauchern nicht verifiziert werden können (bspw. Herkunft, garantiert traditionelle Spezialität).[673] Von Bedeutung für das Funktionieren des Binnenmarktes ist daher die Informiertheit der Verbraucher bezüglich der Bedeutung der gesetzlichen Denotation dieser normativen Begriffe:[674]

> *(4) Der gemeinschaftliche Beitrag liegt vor allen Dingen darin, den Verbrauchern die gemeinschaftlichen Bestimmungen zur Kennzeichnung von Erzeugnissen zu vermitteln, wobei die Vermittlung der gesetzlichen Bedeutung der Kennzeichnungsbegriffe im Vordergrund steht.*

---

[671] Vgl. Kapitel 5.3.
[672] Vgl. Kapitel 5.3.1, siehe auch Fußnote 512.
[673] Vgl. Kapitel 2.2.2.
[674] Siehe oben.

Im Rahmen der Informationsvermittlung spielt die Glaubwürdigkeit der Information eine bedeutende Rolle.[675] Daher hat die EG im Rahmen der Informationsvermittlung auf die Wahrung der glaubwürdigen Vermittlung zu achten und mit der Informationsvermittlung kein Eigeninteresse zu verfolgen, die sich aus anderen Politikbereichen, wie etwa der Gemeinsamen Agrarpolitik, ergeben könnten:[676]

> *(5) Es ist sicherzustellen, dass die Informationsvermittlung glaubwürdig erfolgt und die Gemeinschaft kein Eigeninteresse verfolgt, das über die aus Artikel 153 Absatz 2 hinausgehende Verpflichtung übersteigt.*

Damit sich der Binnenmarkt entsprechend der Bedürfnisse der Verbraucher entwickeln kann, ist es notwendig, den Verbrauchern Informationen in einer Form bereitzustellen, die ihnen die Reflexion der eigenen Bedürfnisse und der Kaufentscheidung ermöglichen und offenhält. Damit darf im Rahmen der Informationsvermittlung weder das Ziel der Reflexion vorgegeben noch die Möglichkeit der Reflexion eingeschränkt werden. Verbraucher sind bedürfnis- und kaufentscheidungsneutral zu informieren:[677]

> *(6) Es sind Bestimmungen vorzusehen, die jegliche Beeinflussung der Verbraucher im Rahmen der Informationsvermittlung ausschließen.*

Da eine derartige Informationsvermittlung weder für noch gegen den Kauf eines Erzeugnisses eintreten darf,[678] ist sicherzustellen, dass den Verbrauchern auch die die Kennzeichnung einschränkenden Bestimmungen vermittelt werden:

> *(7) Dies bedeutet auch, dass die Verbraucher über die die Kennzeichnung einschränkenden Bestimmungen zu informieren sind.*

Insgesamt macht diese Form der Informationsvermittlung aus Sicht der Verbraucher nur Sinn, wenn die Regelung zur Verbesserung der Informationslage der Verbraucher beiträgt:[679]

---

[675] Vgl. Kapitel 5.3.2.
[676] Vgl. Kapitel 5.3.2.
[677] Vgl. Kapitel 5.3.2.
[678] Vgl. Kapitel 5.3.2.
[679] Vgl. Kapitel 5.3.2.

(8) Es ist sicherzustellen, dass die Informationslage der Verbraucher verbessert wird, daher sind Bestimmungen niederzulegen, die dieser Forderung Rechnung tragen.

Die Aufführung der Erwägungsgründe schließt mit folgender Formel:[680]

HABEN FOLGENDE VERORDNUNG ERLASSEN:

Daran schließt sich der in Artikel gefasste Verordnungstext an. [681]

Der EG kommt im Binnenmarkt die Rolle der dritten Instanz zu. Diese Rolle hat sie auch dadurch wahrzunehmen, dass sie finanzielle Mittel für Informationskampagnen bereitstellt, die der Verbesserung der Informationslage der Verbraucher bezüglich Informationen über die Rahmenbedingungen der Lebensmittelerzeugung dienen:[682]

Artikel 1

Die Gemeinschaft finanziert Informationsmaßnahmen zur Verbesserung der Informationslage der Verbraucher über die Rahmenbedingungen der Erzeugung und Vermarktung von Agrarerzeugnissen und Lebensmitteln in der Gemeinschaft ganz oder teilweise.

Ziel dieser Informationspolitik ist die Verbesserung der Informationslage der Verbraucher hinsichtlich ihrer Kenntnis über die Rahmenbedingungen der Lebensmittelerzeugung und -vermarktung. Die von der EG gesetzten Rahmenbedingungen betreffen in diesem Rahmen generell Produktionsverfahren, Lebensmittelsicherheit und Etikettierungsbestimmungen landwirtschaftlicher Erzeugnisse und Lebensmittel. Dies sind zugleich Informationen, die sich auf Vertrauenseigenschaften dieser Produkte beziehen. Rechtliche Regelungen im Allgemeinen und Etikettierungsvorschriften im Besonderen definieren darüber hinaus normative Begriffe, d.h. Verständigungsnormen (bspw. Herkunft, ökologischer Landbau, garantiert traditionelle Spezialität). Auch um eine normative Irreführung auszuschließen, sind die Verbraucher daher über die Bedeutung dieser Verständigungsnormen zu informieren:[683]

---

[680] Vgl. Kapitel 2.1.1.

[681] Vgl. Kapitel 2.1.1.

[682] Vgl. Kapitel 5.3.2.

[683] Vgl. Kapitel 5.3.2 und Kapitel 6.2.1; siehe auch Fußnote 155.

Artikel 2

Bei den Maßnahmen gemäß Artikel 1 handelt es sich um:

a) Informationskampagnen über den Inhalt von Gemeinschaftsvorschriften, die die Rahmenbedingungen der Erzeugung, Herstellung, Verarbeitung und Vermarktung von Agrarerzeugnissen und Lebensmitteln bestimmen;

b) Informationskampagnen über die Gewährleistung der Lebensmittelsicherheit;

c) Informationskampagnen über Bestimmungen der Lebensmitteletikettierung und der dort definierten normativen Begriffe.

Die EG kann „Vierte" mit der Durchführung der Informationskampagnen beauftragen.[684] Sie hat dann deren Bedeutung hinsichtlich der Stellung am Markt zu berücksichtigen, um ihre Rolle als dritte Instanz nicht zu gefährden. Eine Interessenkollision zwischen Verbraucherinteressen und Anbieterinteressen bzw. den Eigeninteressen des „Vierten" (bspw. Umweltschutz) ist grundsätzlich zu vermeiden. Es werden daher nur „Vierte", d.h. private und öffentliche Institutionen mit der Informationsvermittlung beauftragt, die Informationen ausschließlich im Interesse der Verbraucher vermitteln. Bei der Informationsvermittlung ist die EG als Auftraggeber zu kennzeichnen:[685]

Artikel 3

Mit der Durchführung der Informationsmaßnahmen können private und öffentliche Institutionen beauftragt werden.

Es werden nur solche Institutionen mit der Informationsvermittlung beauftragt, die ausschließlich Verbraucherinteressen vertreten.

Im Rahmen der Durchführung durch diese Institutionen ist die Beteiligung der Gemeinschaft herauszustellen.

Verbraucherinformation ist weder durch konjunkturelle Probleme motiviert noch legt sie den Verbrauchern ein Bedürfnis, ein Verhalten bzw. den Kauf eines Produktes nahe. Bei der Gestaltung der Informationsmaßnahmen ist vielmehr darauf zu achten, dass die Reflexion der Verbraucher eröffnet, gefördert

684 Vgl. Kapitel 5.3.2.
685 Vgl. Kapitel 5.3.2.

und offengehalten wird.[686] Dies bedeutet insbesondere, dass die zu vermittelnde Information in keine Argumentation eingebettet ist:[687]

Artikel 4

Die Maßnahmen gemäß Artikel 1 und Artikel 2 dürfen nicht in einer Weise gestaltet sein, dass die Verbraucher in ihrem Verhalten und ihrer Entscheidung beeinflusst werden.

Zur Information der Verbraucher ist es erforderlich, dass diese zum Zeitpunkt der Kaufentscheidung in verwertbarer Form zur Verfügung steht. Daher ist darauf zu achten, dass die zu vermittelnden Informationen in der Weise aufbereitet werden, die der Informationsverarbeitungskapazität der Verbraucher Rechnung trägt. Gleichzeitig ist es notwendig, dass die Verbraucher einen einfachen Zugang zu diesen Informationen haben, es ist daher auf eine Vielzahl an Kommunikationskanäle zu achten. Zudem sind die Möglichkeiten der Informationsverarbeitung der Verbraucher nicht einheitlich, und es gilt insbesondere die Verbraucher zu erreichen, die in ihrer Möglichkeit zur Verarbeitung und im Zugang benachteiligt sind. Zur Auswahl des Informationsvermittlers wird daher die Gestaltung seiner Informationsmaßnahme herangezogen.[688] Mit der Prüfung wird die EG-Kommission beauftragt:

Artikel 5

1) Ungeachtet der Bestimmungen des Artikels 3 prüft die Kommission bei der Auswahl der Informationsvermittler die eingereichten Informationsmaßnahmen auf ihre Eignung zur Verbesserung der Informationslage der Verbraucher.

Hierbei berücksichtigt sie insbesondere:

- Die Verständlichkeit der Information

- Die Zugänglichkeit der Information.

2) Bei der Auswahl trägt die Kommission den Informationsverarbeitungs- und -aufnahmemöglichkeiten der verschiedenen Verbrauchergruppen Rechnung.

---

686 Vgl. Kapitel 5.3.2.
687 Vgl. Kapitel 5.1.2.
688 Vgl. Kapitel 5.3.2.

Die geförderten Informationsmaßnahmen müssen dem neuesten Stand der Wissenschaft entsprechen,[689] daher hat die Kommission dem Parlament und dem Rat nach Ablauf einer festzulegenden Frist eine Bewertung der geförderten Maßnahmen vorzulegen:

Artikel 6

Die Kommission berücksichtigt bei der Prüfung der Maßnahmen insbesondere Artikel 95 Absatz 2 des Vertrages zur Gründung der Europäischen Gemeinschaft.

Die Kommission legt dem Europäischen Parlament und dem Rat x-Jahren nach Inkrafttreten dieser Verordnung einen Bericht über die Anwendung dieser Verordnung vor.

Einzelheiten zur Durchführung spezifischer Informationsmaßnahmen (bspw. für benachteiligte Verbrauchergruppen) sind in Durchführungsverordnungen zu erlassen:[690]

Artikel 7

Zur Durchführung dieser Verordnung erlässt die Gemeinschaft entsprechende Verordnungen.

Das EG-Konzept der Werbeförderung birgt die Gefahr des Glaubwürdigkeitsverlustes der von der EG vermittelten Informationen.[691] Da sich dieser Glaubwürdigkeitsverlust auf den Erfolg der durch diese Verordnung geförderten Informationsmaßnahmen auswirken kann, ist es notwendig, alle Verordnungen aufzuheben, die dem EG-Konzept der Werbeförderung zugrunde liegen:

Artikel 8

Die Verordnung hebt die Verordnung (EG) Nr. 2826/2000 des Rates auf.

Der letzte Artikel der Verordnung enthält den Zeitpunkt ihres Inkrafttretens:[692]

---

[689] Vgl. Kapitel 2.3.2.
[690] Vgl. Kapitel 2.1.1.
[691] Vgl. Kapitel 6.1.3.
[692] Vgl. Kapitel 2.1.1.

Artikel 9

Die Verordnung tritt am....in Kraft.

Die Verordnung endet mit folgenden Formeln:[693]

Die Verordnung ist in allen Teilen verbindlich und gilt unmittelbar in allen Mitgliedstaaten.

Geschehen zu Brüssel, den ... ... 200x.

Im Namen des Europäischen Parlaments

Der Präsident

Im Namen des Rates

Der Präsident

Bei der entwickelten Verordnung handelt es sich um eine Verordnung, die zum einen die Grundlage für die umfassende Information der Verbraucher legt, und zum anderen die Verordnungen aufhebt, die dem Ziel der Verbraucherinformation entgegenstehen. Die Überschrift der Verordnung ergibt sich dann wie folgt:[694]

VERORDNUNG (EG) Nr. ../.. DES EUROPÄISCHEN PARLAMENTS UND DES RATES vom ... ... 200x über Kampagnen zur Verbraucherinformation im Binnenmarkt und zur Aufhebung der Verordnung (EG) Nr. 2826/2000 des Rates über Informations- und Absatzförderungsmaßnahmen im Binnenmarkt

Im Folgenden wird der Text der Verordnung zusammenfassend dargestellt.

[693] Vgl. Kapitel 2.1.1.
[694] Vgl. Kapitel 2.1.1.

VERORDNUNG (EG) Nr. ../.. DES EUROPÄISCHEN PARLAMENTS UND DES RATES
vom 200x
über Kampagnen zur Verbraucherinformation im Binnenmarkt und zur Aufhebung der Verordnung (EG) Nr. 2826/2000 des Rates über Informations- und Absatzförderungsmaßnahmen im Binnenmarkt

DAS EUROPÄISCHE PARLAMENT UND DER RAT DER EUROPÄISCHEN UNION –

gestützt auf den Vertrag zur Gründung der Europäischen Gemeinschaft, insbesondere auf Artikel 157 Absatz 2,

auf Vorschlag der Kommission,[α]

nach Stellungnahme des Wirschafts- und Sozialausschusses,[β]

in Erwägung nachstehender Gründe:

(1) Zur optimalen Entwicklung des Binnenmarktes ist die Beteiligung der Verbraucher notwendig. Die Beteiligung der Verbraucher gründet sich auf ihre umfassende Informiertheit.

(2) Die Informiertheit der Verbraucher stößt auf strukturelle Begrenzungen, die ihrer Stellung im Marktgeschehen innewohnt.

(3) Zur Überwindung dieser Begrenzung leistet die Gemeinschaft einen Beitrag, wenn sie für die Information der Verbraucher sorgt. Sie trägt dadurch zugleich zur Entwicklung des europäischen Binnen marktes bei. Es ist ihr daher die Möglichkeit zu eröffnen, diesen Beitrag zu leisten.

(4) Der gemeinschaftliche Beitrag liegt vor allen Dingen darin, den Verbrauchern die gemeinschaftlichen Bestimmungen zur Kennzeichnung von Erzeugnissen zu vermitteln, wobei die Vermittlung der gesetzlichen Bedeutung der Kennzeichnungsbegriffe im Vordergrund steht.

(5) Es ist sicherzustellen, dass die Informationsvermittlung glaubwürdig erfolgt und die Gemeinschaft kein Eigeninteresse verfolgt, das über die aus Artikel 153 Absatz 2 hinausgehende Verpflichtung übersteigt.

(6) Es sind Bestimmungen vorzusehen, die jegliche Beeinflussung der Verbraucher im Rahmen der Informationsvermittlung ausschließen.

(7) Dies bedeutet auch, dass die Verbraucher über die die Kennzeichnung einschränkenden Bestimmungen zu informieren sind.

(8) Es ist sicherzustellen, dass die Informationslage der Verbraucher verbessert wird, daher sind Bestimmungen niederzulegen, die dieser Forderung Rechnung tragen.

HABEN FOLGENDE VERORDNUNG ERLASSEN:

α Abl C [...] vom [...], S. [...].
β Abl C [...] vom [...], S. [...].

Artikel 1

Die Gemeinschaft finanziert Informationsmaßnahmen zur Verbesserung der Informationslage der Verbraucher über die Rahmenbedingungen der Erzeugung und Vermarktung von Agrarerzeugnissen und Lebensmitteln in der Gemeinschaft ganz oder teilweise.

Artikel 2

Bei den Maßnahmen gemäß Artikel 1 handelt es sich um:

a) Informationskampagnen über den Inhalt von Gemeinschaftsvorschriften, die die Rahmenbedingungen der Erzeugung, Herstellung, Verarbeitung und Vermarktung von Agrarerzeugnissen und Lebensmitteln bestimmen;

b) Informationskampagnen über die Gewährleistung der Lebensmittelsicherheit;

c) Informationskampagnen über Bestimmungen der Lebensmitteletikettierung und der dort definierten normativen Begriffe.

Artikel 3

Mit der Durchführung der Informationsmaßnahmen können private und öffentliche Institutionen beauftragt werden.

Es werden nur solche Institutionen mit der Informationsvermittlung beauftragt, die ausschließlich Verbraucherinteressen vertreten.

Im Rahmen der Durchführung durch diese Institutionen ist die Beteiligung der Gemeinschaft herauszustellen.

Artikel 4

Die Maßnahmen gemäß Artikel 1 und Artikel 2 dürfen nicht in einer Weise gestaltet sein, dass die Verbraucher in ihrem Verhalten und ihrer Entscheidung beeinflusst werden.

Artikel 5

1) Ungeachtet der Bestimmungen des Artikels 3 prüft die Kommission bei der Auswahl der Informationsvermittler die eingereichten Informationsmaßnahmen auf ihre Eignung zur Verbesserung der Informationslage der Verbraucher.

Hierbei berücksichtigt sie insbesondere:

- Die Verständlichkeit der Information

- Die Zugänglichkeit der Information.

2) Bei der Auswahl trägt die Kommission den Informationsverarbeitungs- und -aufnahmemöglichkeiten der verschiedenen Verbrauchergruppen Rechnung.

Artikel 6

Die Kommission berücksichtigt bei der Prüfung der Maßnahmen insbesondere Artikel 95 Absatz 2 des Vertrages zur Gründung der Europäischen Gemeinschaft.

Die Kommission legt dem Europäischen Parlament und dem Rat x-Jahren nach Inkrafttreten dieser Verordnung einen Bericht über die Anwendung dieser Verordnung vor, gegebenenfalls mit geeigneten Vorschlägen.

Artikel 7

Zur Durchführung dieser Verordnung erlässt die Gemeinschaft entsprechende Verordnungen.

Artikel 8

Die Verordnung hebt die Verordnung (EG) Nr. 2826/2000 des Rates auf.

Artikel 9

Die Verordnung tritt am....in Kraft

Die Verordnung ist in allen Teilen verbindlich und gilt unmittelbar in allen Mitgliedstaaten.

Geschehen zu Brüssel, den ... ... 200x.

Im Namen des Europäischen Parlaments

Der Präsident

Im Namen des Rates

Der Präsident

Mit der Umsetzung dieser oder einer vergleichbaren Verordnung legt die EG die Grundlage für eine Informationsvermittlung, die ihre Rolle als dritte Instanz nicht gefährdet. Zur Förderung des Agrarsektors trägt diese Form der Informationsvermittlung bei, da zum einen die Verbraucher sich neutral über die heimischen landwirtschaftlichen Erzeugnisse und deren Produktion in Kenntnis setzen können, und zum anderen die Erzeuger die Glaubwürdigkeit ihrer Werbung auf die Informationsvermittlung des Staates als dritte Instanz stützen können. Insgesamt würde die Umsetzung bei der Schaffung eines Binnenmarktes mitwirken, auf dem die strukturellen Nachteile der Verbraucher überwunden wären.

7 Zusammenfassung

Staatlicher Unterstützung von Werbung für landwirtschaftliche Erzeugnisse werden drei Funktionen zugeschrieben:

- Förderung des Agrarsektors
- Überwindung des Free-Rider-Problems
- Information der Verbraucher.

Diese drei Funktionen bilden ein staatliches Konzept der Werbeförderung und werfen zugleich Fragen nach dessen Gestaltung und Wirkung auf: Wie ist eine Unterstützung zu gestalten, die den ganzen Sektor fördern soll? Wie kann eine staatliche Unterstützung angelegt werden, die das Free-Rider-Problem überwindet? Welche Auswirkungen hat die Unterstützung auf das Marktgeschehen?

Diese Fragen sind der Ansatzpunkt der vorliegenden Arbeit. Sie setzt sich auf Basis der aufgeworfenen Fragen mit der Unterstützung von Werbung auseinander, die von der EG im Rahmen ihrer Gemeinsamen Agrarpolitik gewährt wird. Die Arbeit verfolgt dabei das Ziel, am gewählten Beispiel die staatliche Unterstützung von Werbung für landwirtschaftliche Erzeugnisse auf eine Basis zu stellen, die alle drei Funktionen staatlicher Unterstützung berücksichtigt. Sie leistet damit zugleich einen Beitrag zur umfassenden Bewertung der staatlichen Unterstützung von Werbung für landwirtschaftliche Erzeugnisse.

In Kapitel 2 wird aus den Bestimmungen der Gemeinsamen Agrarpolitik das EG-Konzept der Werbeförderung herausgearbeitet. Das EG-Konzept ist implizit in den Bestimmungen der GAP enthalten, die die agrarmarktpolitischen Instrumente der Informationsvermittlung zum Inhalt haben. Zu diesen Instrumenten zählen die Unterstützung von Werbemaßnahmen und die Definition von Verständigungsnormen. Die Unterstützung von Werbemaßnahmen unterteilt sich in die Werbebeteiligung und die Vergabe von Bildzeichen. Die Definition von Verständigungsnormen bezieht sich auf die Etablierung spezifischer Produktgruppen (ökologisch, traditionelle Spezialitäten, geschützte geographische Angaben und geschützte Ursprungsbezeichnungen) durch die Festlegung normativer Begriffe. Diese Instrumente stehen mit umwelt- und regionalpolitischen sowie binnenwirtschaftlichen Instrumenten in Beziehung. Aufgrund dieser Beziehung ist die Vermittlung von Informationen, die mit diesen Instrumenten angestrebt wird, in das Marktstabilisierungsziel und die Strukturpolitik der GAP eingebunden.

Das EG-Konzept zur Werbeförderung als solches beruht auf der finanziellen Beteiligung der EG an generischen Werbemaßnahmen, die von Berufs- und Branchenverbänden durchgeführt werden. Es beinhaltet als Eckpunkte die Förderung des europäischen Agrarsektors, die Überwindung des Free-Rider-Problems auf europäischer Ebene und die Information der Verbraucher in Form der Vorbereitungswerbung. Das Konzept steht prinzipiell im Einklang mit den WTO-Bestimmungen, ist aber aufgrund seines Rechtsbezugs nicht Bestandteil der gemeinschaftlichen Verbraucherinformationspolitik, obwohl die Vermittlung von Informationen ein wesentlicher Gegenstand des Konzepts ist.

Im dritten Kapitel beginnt die grundsätzliche Auseinandersetzung mit den drei Funktionen der staatlichen Unterstützung von Werbung für landwirtschaftliche Erzeugnisse. Kapitel 3 beleuchtet die staatliche Unterstützung generischer Werbung in ihrer Funktion der Förderung des gesamten Agrarsektors. Ziel ist es, die Frage nach der Gestaltung der staatlichen Unterstützung zu beantworten, die den Agrarsektor fördern soll. Hierzu werden zunächst die Wirkungen generischer Werbung auf die Nachfrage beschrieben. Es folgt die Darstellung der Wechselwirkungen zwischen der Unterstützung generischer Werbung und anderen Instrumenten der Agrarpolitik. Dann werden Ergebnisse aus empirischen Studien zur Wirkung generischer Werbung angeführt.

Vor diesem Hintergrund werden die möglichen Formen der Sektorförderung durch staatliche Unterstützung von Werbung unter Berücksichtigung der Eigen- und Kreuzeffekte herausgearbeitet: Die staatliche Unterstützung kann sowohl zur Förderung des gesamten heimischen Agrarsektors als auch zur Lenkung der heimischen Produktion auf eine politisch gewünschte Ausrichtung (Erzeugnisse) beitragen. In beiden Fällen steht der Herkunftsbezug im Vordergrund der Gestaltung der zu unterstützenden Werbung. Nur mit diesem Bezug ist zu gewährleisten, dass die Unterstützung ausschließlich den heimischen Erzeugern zugute kommt. Soll der gesamte heimische Sektor gefördert werden, ist die zu unterstützende Werbung als *erzeugnisübergreifende Abwehrwerbung* zu gestalten. Soll hingegen eine Lenkung des heimischen Sektors stattfinden, so ist die Form der *erzeugnisbezogenen kombinierten Abwehr- und Ausgleichswerbung* zu wählen.

Kapitel 4 befasst sich mit der staatlichen Unterstützung in ihrer Funktion als Beitrag zur Überwindung des Free-Rider-Problems und zielt auf die Beantwortung der Frage nach der Gestaltung der staatlichen Unterstützung, die zur Überwindung des Free-Rider-Problems beitragen soll. Dieses Problem ergibt sich allgemein aus der Nichtausschließbarkeit der Akteure vom Nutzen generischer

Werbung, die sich nicht an ihrer Finanzierung beteiligen. Es stellt die Etablierung der zur Durchführung generischer Werbung notwendigen Kooperation der Akteure grundsätzlich in Frage. Zunächst werden zwei Ansätze zur Erklärung des Free-Rider-Problems ausgeführt: Die Logik des kollektiven Handelns und die Verfassung der Allmende. Der Unterschied dieser beiden Ansätze liegt zum einen in der Darstellungsmöglichkeit der generischen Werbung. Auf Grundlage der Logik des kollektiven Handelns ist generische Werbung als Zweck der Kooperation, d.h. als ein bereitzustellendes Kollektivgut aufzufassen. Die Verfassung der Allmende macht sie als ein von der Kooperation einzusetzendes Mittel zur Nutzung einer Allmende-Ressource (d.h. der Kaufbereitschaft der Verbraucher) darstellbar. Zum anderen liegen den Ansätzen zwei unterschiedliche Verhaltensannahmen für die Wirtschaftsakteure einer großen Gruppe zugrunde. Während die Logik des kollektiven Handelns die Akteure einer großen Gruppe ohne zusätzliche Anreize nicht in der Lage sieht, miteinander zu kooperieren, geht die Verfassung der Allmende grundsätzlich von der Fähigkeit der Akteure zur Kooperation aus. Bei Zugrundelegen der Verfassung der Allmende erschöpft sich staatliches Handeln in der Gewährung eines Organisationsrechts, das die sich-nicht-beteiligenden Akteure von der Nutzung ausschließt, wenn aufgrund der Art der Allmende-Ressource die Akteure regionale, d.h. abgrenzbare, Untergruppen bilden können. Die Logik des kollektiven Handelns sieht hingegen die Lösung des Free-Rider-Problems bei einer großen Gruppe von Akteuren grundsätzlich in der Ausübung staatlichen Zwangs.

An die Darstellung dieser beiden Ansätze schließt sich die Wiedergabe von empirischen Ergebnissen aus der experimentellen Ökonomie an, die Auskunft darüber geben, wie sich Akteure in Free-Rider-Situationen tatsächlich verhalten. Die sich daraus für das Verhalten der Akteure abzuleitenden Verhaltensannahmen werden wiedergegeben. Die Darstellung des empirisch nachweisbaren Verhaltens zeigt, dass einem Teil der Akteure Verhaltensweisen zu eigen sind, die diesen auch dann Kooperation ermöglicht sowie initiieren lässt, wenn sie nicht in der Lage sind, miteinander zu kommunizieren.

Anschließend wird das Free-Rider-Problem generischer Werbung vor dem Hintergrund der beiden Ansätze und der empirischen Ergebnisse diskutiert. Die Diskussion zeigt zum einen bei Zugrundelegen des Ansatzes der Logik des kollektiven Handelns auf, dass die Einschränkung der Handlungsmöglichkeit, d.h. die Ausübung von Zwang, erst die Durchführung generischer Werbung möglich macht. Bei Zugrundelegen der Verfassung der Allmende ist hingegen prinzipiell die Gewährung eines Organisationsrechts, d.h. die Unterstützung der Handlungsmöglichkeiten der Akteure ausreichend, wenn dadurch die auf generischer Information beruhende Erschließung der Kaufbereitschaft gegenüber Sich-Nicht-Beteiliegenden abgegrenzt werden kann.

Vor diesem Hintergrund wird abschließend ein Lösungsansatz des Free-Rider-Problems entwickelt, der zur Unterstützung der Handlungsmöglichkeiten der Akteure dient und die typisch herkunftsbezogene Ausgestaltung der staatlichen Unterstützung berücksichtigt: Die Gewährung eines herkunftsbezogenen und verschachtelten Organisationsrechts.

Kapitel 5 setzt sich mit der staatlichen Unterstützung in ihrer Funktion als Mittel zur Information der Verbraucher auseinander. Ziel ist es dabei, die Frage nach der Wirkung der staatlichen Unterstützung auf das Marktgeschehen zu beantworten. Dazu wird Werbung als Instrument der Informationsvermittlung, der Umgang der Verbraucher mit Werbung und die Rolle des Staates bei der Durchführung von Werbung betrachtet. Hinsichtlich der Betrachtung von Werbung als Instrument der Informationsvermittlung wird anhand der informationsvermittelnden Struktur der Werbung gezeigt, dass Werbung Informationen immer in einem Korsett der Beeinflussung transportiert. Die anschließende Darstellung des Umgangs der Verbraucher mit Werbung unterscheidet den unmittelbaren und den mittelbaren Umgang der Verbraucher. Der unmittelbare Umgang beruht auf der skeptischen Haltung der Verbraucher Werbeaussagen gegenüber. Der mittelbare Umgang besteht in der zeitpunktunabhängigen, umfassenden Reflexion der Verbraucher über Werbung, deren eigentlichen Auftraggeber und deren Ziele. Auf Basis der Reflexion kann sich die Auffassung der Verbraucher von einem Akteur, der Informationen vermittelt, im Marktgeschehen ändern, wenn dessen Aussagen als Werbung und er selbst als Werbender wahrgenommen wird.

Die Betrachtung der Rolle des Staates bei der Durchführung von Werbung erläutert zunächst die generelle Problematik der Vermittlung von Produkteigenschaften der informationsökonomischen Eigenschaftstypologie (Such-, Erfahrungs- und Vertrauenseigenschaften). Während die Vermittlung von Sucheigenschaften kein spezifisches Informationsproblem aufwirft und bei der Vermittlung von Erfahrungseigenschaften das Informationsproblem durch private Handlungen gelöst werden kann, besteht bei der Vermittlung von Vertrauenseigenschaften ein spezifisches Informationsproblem: Die Verbraucher müssen sich bei der Vermittlung von Vertrauenseigenschaften auf die Glaubwürdigkeit der Informationen verlassen.

Die Bedeutung der Glaubwürdigkeit bei Transaktionen mit Vertrauenseigenschaften wird verdeutlicht. Sie übt sowohl auf das am Markt handelbare Qualitätsniveau als auch grundsätzlich auf die Durchführung von Transaktionen mit Vertrauenseigenschaften Einfluss aus. Anschließend wird die Rolle des Staates bei der Durchführung von Werbung mit Vertrauenseigenschaften ausgeführt. Die Rolle des Staates besteht in der Aufgabe, als dritte Instanz zu agieren und ergibt sich, weil Anbieter die zur Vermittlung von Vertrauenseigenschaften notwendige Glaubwürdigkeit der Information nur reflexiv inszenieren können.

Diese Aufgabe bedingt eine Informationspflicht des Staates, die aus den Eckpunkten besteht: Definition von Verständigungsnormen, Überwachung deren Einhaltung und Verbraucherinformation, d.h. verbraucherorientierte also beeinflussungsfreie, und die umfassende Reflexion ermöglichende Informationsvermittlung, sowie die Auswahl eines Informationsmittlers.

Vor diesem Hintergrund arbeitet die Diskussion der staatlichen Unterstützung von Werbung als Instrument der Information der Verbraucher sowohl die Wahrnehmung der umfassend reflektierenden Verbraucher von einem Staat heraus, der sich an der Durchführung von Werbung beteiligt, als auch die sich aus dieser Wahrnehmung ergebenden Konsequenzen für das Marktgeschehen. Die Verbraucher nehmen einen solchen Staat als *den sich selbst überwachenden Werbenden* wahr, der als dritte Instanz ausfällt. Da es jedoch keine andere Institution gibt, die diese Rolle übernehmen kann, ist die Konsequenz ein relativ geringes Glaubwürdigkeitsniveau für Informationen, die Vertrauenseigenschaften vermitteln. Dieses geringe Glaubwürdigkeitsniveau bedingt, dass durch die Unterstützung nur ein *geringes Qualitätsniveau* bei Vertrauenseigenschaften handelbar ist, und dass mit der Unterstützung grundsätzlich eine *Politik des wiederkehrenden Markteinbruchs* betrieben wird.

In Kapitel 6 wird das EG-Konzept analysiert und weiterentwickelt. Hierzu werden die bisherigen Ausführungen über die drei Funktionen staatlicher Unterstützung von Werbung herangezogen.

In seiner Funktion zur Förderung des Agrarsektors erweist sich das Konzept als *uneinheitlich gerichtete Lenkung der Erzeugung.* Seine Umsetzung führt nur zufällig zu Einsparungen im Agrarhaushalt und stellt tendenziell eine finanzielle Belastung der Erzeuger dar.

Der Beitrag des Konzepts zur Überwindung des Free-Rider-Problems setzt sich aus zwei Komponenten zusammen, die sich implizit auf zwei unterschiedliche Verhaltensannahmen gründen: Auf europäischer Ebene übt die EG gesamtgesellschaftlichen Zwang aus und sieht die Akteure als Gefangene der Entscheidungssituation an. Unterhalb der europäischen Ebene gewährt sie ein herkunftsbezogenes Organisationsrecht, das die Erschließung der herkunftsbezogenen Kaufbereitschaft ermöglicht, und betrachtet die Akteure als Gestaltende der Entscheidungssituation. Das differenzierte Vorgehen beinhaltet allerdings zum einen, dass die finanzielle Beteiligung prinzipiell nicht zu begründen ist, und zum anderen, dass das Free-Rider-Problem dennoch nicht vollständig gelöst wird.

Die Analyse des EG-Konzepts als Mittel zur Information der Verbraucher zeigt, dass die Verbraucher prinzipiell in der Lage sind, die Informationsmaßnahmen als Werbung, die Beteiligung der EG an und die Verantwortlichkeit der EG für diese Werbung zu erkennen. Das Konzept beinhaltet damit zum einen, dass bei

Vertrauenseigenschaften nur ein geringes Qualitätsniveau handelbar ist, und erweist sich zum anderen als *Politik des wiederkehrenden Markteinbruchs*.

Insgesamt offenbart die Analyse des EG-Konzepts einen Konflikt zwischen seinen Eckpunkten „Förderung des Agrarsektors" und „Information der Verbraucher", der sich aus seiner Einordnung in die GAP bzw. der finanziellen Beteiligung der EG ergibt. Einerseits ist das Konzept in seiner Gestaltung und Umsetzung stärker in die agrarpolitische Zielsetzung einzubinden, um den Agrarsektor zielgerichtet zu fördern. Andererseits stellt schon die bestehende Einbindung eine Politik des wiederkehrenden Markteinbruchs dar. Die Lösung des Konflikts beruht auf der Erkenntnis, dass die Erzeuger im Rahmen generischer Werbung in erster Linie Gestaltende einer Entscheidungssituation sind, die zur Erschließung der herkunftsbezogenen Kaufbereitschaft auf die Glaubwürdigkeit des Staates angewiesen sind.

Die Weiterentwicklung des EG-Konzepts stützt sich auf diese Erkenntnis und verbindet die Erweiterung des herkunftsbezogenen Organisationsrechts mit der Neugestaltung der Informationsvermittlung. Die Erweiterung des Organisationsrechts beruht zum einen auf der im vierten Kapitel entwickelten Lösung des Free-Rider-Problems und zum anderen auf den Eckpunkten der im fünften Kapitel dargelegten staatlichen Informationspflicht. Sie gibt allen Erzeugern auf allen geographischen Ebenen die Möglichkeit, die herkunftsbezogene Kaufbereitschaft der Verbraucher zu erschließen. Die Neugestaltung der Informationsvermittlung wird in der Form einer Grundverordnung festgehalten. Sie bewahrt die Rolle der EG als dritte Instanz, indem sie zum einen die Grundverordnung nicht in der Gemeinsamen Agrarpolitik ansiedelt, sondern in der EG-Verbraucherpolitik. Zum anderen bewahrt sie die Rolle der EG, indem sie deren Beteiligung auf Informationsmaßnahmen begrenzt, die in Konzeption und Durchführung einzig und allein die Interessen der Verbraucher berücksichtigen.

Diese Arbeit zeigt insgesamt, dass mit dem EG-Konzept vergleichbare staatliche Konzepte der Werbeförderung zwar prinzipiell an der Förderung des Agrarsektors mitwirken und auch einen Beitrag zur Überwindung des Free-Rider-Problems leisten können, sich aber insbesondere dann negativ für den Agrarsektor auswirken, wenn das Funktionieren des Marktes auf die uneingeschränkte Glaubwürdigkeit der staatlich zu vermittelnden Informationen angewiesen ist (bspw. bei Lebensmittelskandalen). Angesichts dieses Konflikts ist generell der Rückzug staatlicher Institutionen aus der finanziellen Unterstützung von Werbung für landwirtschaftliche Erzeugnisse zu fordern.

Die Arbeit zeigt zugleich, dass eine staatliche Unterstützung von Werbung, die in der weiterentwickelten Form etabliert wird, ein Instrument der Förderung des Agrarsektors ist. Dabei liegt dieser Form der Unterstützung ein anderes Verständnis staatlichen Handelns zugrunde. Erzeugern wird nicht ein agrarpolitischer Rahmen vorgegeben, an dem sie ihr Handeln auszurichten haben. Vielmehr wird auf das Potenzial der Erzeuger zu selbstorganisertem Handeln Bezug genommen und ihnen die Möglichkeit eröffnet, sich auf die Glaubwürdigkeit der staatlichen Verbraucherinformation zu stützen und das herkunftsbezogene, verschachtelte Organisationsrecht zu nutzen, um selbstorganisert Werbung für landwirtschaftliche Erzeugnisse durchzuführen.

Anhang

Anhang 1: Ausgewählte Erzeugnisse und deren Auswahlkriterien

- Milch und Milcherzeugnisse
- Qualitätsweine b.A., Tafelweine mit geographischen Angaben
- Frisches Obst und Gemüse
- Verarbeitungserzeugnisse aus Obst und Gemüse
- Lebende Pflanzen und Waren des Blumenhandels.

Auswahlkriterium der betreffenden Erzeugnisse war dabei deren spezifische Absatzprobleme, d.h. deren Verbrauchsrückgang bzw. deren Überproduktion. Wesentliches Ziel der geförderten Maßnahmen ist daher jeweils die Verbrauchssteigerung.

Quelle: Verordnung (EG) Nr. 94/2002 der Kommission, Anhang I, S. 26, S. 33ff., Verordnung (EG) Nr. 305/2002 der Kommission, S. 13

Anhang 2: Ausgewählte Themen für den Binnenmarkt und deren Ziele

- Informationen über geschützte Ursprungsbezeichnungen, geschützte geographische Angaben bzw. garantiert traditionelle Spezialitäten und die hierzu in den Agrarvorschriften vorgesehenen graphischen Symbole
- Informationen über Methoden des ökologischen Landbaus
- Informationen über landwirtschaftliche Produktionssysteme zur Herkunftssicherung und Etikettierung der Erzeugnisse
- Informationen über Lebensmittelqualität und -sicherheit sowie über ernährungswissenschaftliche und gesundheitliche Aspekte
- Informationen über das Bildzeichen der Regionen in äußersten Randlagen der EG.

Das wesentliche Ziel dieser Maßnahmen ist die Absatzförderung der Erzeugnisse.

Quelle: Verordnung (EG) Nr. 94/2002 der Kommission, Anhang I, S. 26, S. 30 - 32

Anhang 3: Hauptaussagen der geförderten Maßnahmen bezüglich ausgewählter Erzeugnisse

Milch und Milcherzeugnisse

- Milch und Milcherzeugnisse sind gesunde, natürliche, dynamische Produkte, die an das moderne Alltagsleben angepasst sind und mit Genuss verzehrt werden
- Die Aussagen müssen positiv sein und den Verbrauchergewohnheiten auf den verschiedenen Märkten Rechnung tragen
- Die Kontinuität der wichtigsten Aussagen muss während der gesamten Laufzeit des Programms unbedingt gewährleistet sein, um die Verbraucher von der wohltuenden Wirkung eines regelmäßigen Konsums dieser Produkte zu überzeugen

Wein

- Die Gemeinschaftsvorschriften enthalten strenge Vorgaben in Bezug auf die Erzeugung, die Qualitätsangaben, die Etikettierung und die Vermarktung, die den Verbrauchern die Qualität und die Herkunftssicherung des angebotenen Erzeugnisses garantieren
- Auswahlmöglichkeiten zwischen zahlreichen europäischen Produkten verschiedener Herkunft
- Auswirkungen von mäßigem Weinkonsum auf die Gesundheit

Frisches Obst und Gemüse

- Natürlichkeit
- Frische
- Qualität (Sicherheit, Nähr- und Geschmackswert, Produktionsmethoden, Umweltschutz, Zusammenhang mit dem Ursprung)

...

...noch Anhang 3

- Gaumenfreuden
- Ausgewogene Ernährung
- Vielfältiges und saisonal unterschiedliches Angebot an frischen Erzeugnissen
- Leichte Zubereitung: Frischverzehr - kein Kochen
- Herkunftssicherung

Verarbeitungserzeugnisse aus Obst und Gemüse

- Qualität (Sicherheit, Nähr- und Geschmackswert, Zubereitungsmethoden)
- Einfache Nutzung
- Gaumenfreuden
- Vielfalt des Produktangebots
- Verfügbarkeit das ganze Jahr über
- Ausgewogene Ernährung

Lebende Pflanzen und Waren des Blumenhandels

- Qualität des europäischen Erzeugnisses
- Umweltverträgliche Produktionsverfahren
- Techniken, die auf eine größere Haltbarkeit der Erzeugnisse abzielen
- Optimierung der Sortenkombinationen von Pflanzen und Blumen

Quelle: Verordnung (EG) Nr. 94/2002 der Kommission, S. 33ff., Verordnung (EG) Nr. 305/2002 der Kommission, S. 13

Anhang 4: Hauptzielgruppen der geförderten Maßnahmen bezüglich ausgewählter Erzeugnisse

Milch und Milcherzeugnisse

- Kinder und Jugendliche, insbesondere junge Mädchen von 8 bis 13 Jahren
- Junge Frauen und Mütter zwischen 20 und 40 Jahren

Wein

- Verbraucher im Alter von 20 bis 40 Jahren

Frisches Obst und Gemüse

- Junge Hausfrauen unter 35 Jahren
- Kinder und Jugendliche im Schulalter
- Einrichtungen der Gemeinschaftsverpflegung und Schulkantinen
- Ärzte und Ernährungswissenschaftler

Verarbeitungserzeugnisse aus Obst und Gemüse

- Hausfrauen
- Einrichtungen der Gemeinschaftsverpflegungen und Schulkantinen
- Ärzte und Ernährungswissenschaftler

Lebende Pflanzen und Waren des Blumenhandels

- Erzeuger
- Gärtnereien
- Vertriebsstellen
- Schüler
- Meinungsbildner: Journalisten, Lehrer
- Verbraucher

Quelle: Verordnung (EG) Nr. 94/2002 der Kommission, S. 33ff., Verordnung (EG) Nr. 305/2002 der Kommission, S. 13

Anhang 5: Zielvorgaben der geförderten Maßnahmen bezüglich ausgewählter Erzeugnisse

Milch und Milcherzeugnisse

- Steigerung des Flüssigmilchverbrauchs
- Stabilisierung des Verbrauchs von Milcherzeugnissen
- Förderung des Milchkonsums bei Jugendlichen

Wein

- Unterrichtung der Verbraucher über die Vielfalt, die Qualität und die Produktionsbedingungen europäischer Weine sowie die Ergebnisse wissenschaftlicher Studien

Frisches Obst und Gemüse

- Es geht darum, das „frische" und „natürliche" Image der Produkte wiederherzustellen und insbesondere durch die Förderung des Konsums bei den Jugendlichen zu erreichen, dass das Alter der Konsumenten sinkt

Verarbeitungserzeugnisse aus Obst und Gemüse

- Es geht darum, ein modernes, junges Produktimage zu schaffen und Informationen zu liefern, die zur Förderung des Konsums beitragen

Lebende Pflanzen und Waren des Blumenhandels

- Steigerung des Verbrauchs von Blumen und Pflanzen mit Ursprung in der Gemeinschaft
- Rationalisierung des Wirtschaftszweigs in den einzelnen Mitgliedstaaten und verstärkte Weitergabe der Kenntnisse der Akteure aller Stufen, insbesondere unter Berücksichtigung umweltfreundlicher Praktiken
- Verstärkte Partnerschaft zwischen Fachleuten mehrerer Mitgliedstaaten, die u.a. die Weitergabe des besten Fachwissens und die Valorisierung bestimmter spezifischer Erzeugungen ermöglicht

Quelle: Verordnung (EG) Nr. 94/2002 der Kommission, S. 33ff., Verordnung (EG) Nr. 305/2002 der Kommission, S. 13, Verordnung (EG) Nr. 2097/2002 der Kommission, S. 43ff.

Anhang 6: Hauptaussagen der ausgewählten Gemeinschaftsregelungen

Geschützte Ursprungsbezeichnungen, geschützte geographische Angaben, garantiert traditionelle Spezialitäten

- Besonderheiten des Erzeugnisses bzw. der Erzeugnisse, die mit seinem/ihrem geographischen Ursprung zusammenhängen (g.U./g.g.A.), insbesondere in Bezug auf die Komponenten, die den Zusammenhang mit dem geographischen Umfeld oder dem geographischen Ursprung und das Image bzw. die Bekanntheit maßgeblich bestimmen. Bevorzugt werden Kampagnen für mehrere Erzeugnisse aus einem Mitgliedstaat oder aus mehreren Mitgliedstaaten
- Besonderheiten des Erzeugnisses bzw. der Erzeugnisse, die mit einem besonderen traditionellen Herstellungsverfahren zusammenhängen (g.t.S.), unabhängig von dem Herstellungsgebiet
- Qualitätsmerkmale (Sicherheit, Geschmacks- und Nährwert, Herkunftssicherung)
- große Vielfalt, Reichhaltigkeit und Schmackhaftigkeit der Erzeugnisse
- Vorstellung von Erzeugnissen mit den Bezeichnungen g.U., g.g.A. oder g.t.S., als Beispiele für eine gelungene Werterhöhung von Lebensmitteln mit besonderen Merkmalen
- Ziele des Systems: Werterhöhung und Schutz der eingetragenen Erzeugnisse, Kampf gegen die unrechtmäßigen Namensaneignungen und Imitationen von geschützten Bezeichnungen

Ökologische Erzeugung

- Die Erzeugnisse des ökologischen Landbaus sind natürlich, dem modernen Alltag angepasst und werden mit Genuss verzehrt. Sie werden mit Produktionsverfahren erzeugt, die den Belangen des Umwelt- und Tierschutzes Rechnung tragen. Für diese Erzeugnisse gelten strenge Vorschriften in Bezug auf die Erzeugung und Rückverfolgbarkeit, deren Einhaltung auf jeder Stufe der Nahrungskette von unabhängigen und von öffentlichen Stellen kontrolliert wird

...

...noch Anhang 6

- Angaben zum gemeinschaftlichen Bildzeichen (diese können durch Informationen über die in den Mitgliedstaaten eingeführten Bildzeichen ergänzt werden, sofern die entsprechenden Lastenhefte strengeren Produktionsbedingungen genügen, als jene, die für das gemeinschaftliche Bildzeichen gelten);

(die Aussagen müssen inhaltlich gut strukturiert und positiv formuliert sein; an die Verbraucher gerichtete Aussagen müssen den Besonderheiten des Verbrauchs bei den verschiedenen Zielgruppen Rechnung tragen.

Die Verwendung des Begriffs „biologisch" oder „ökologisch" und seiner Entsprechungen in anderen Sprachen ist in Verbindung mit Nahrungsmittelerzeugnissen gesetzlich geschützt. Das gemeinschaftliche Bildzeichen ist ein Symbol für Erzeugnisse aus ökologischem Landbau, das in der gesamten EU als solches verstanden wird und gewährleistet, dass die entsprechenden Erzeugnisse den strikten EU-Produktionsbedingungen genügen und streng kontrolliert wurden).

Das Bildzeichen der Regionen in äußeren Randlagen

- Typische Merkmale. Natürliche Erzeugnisse
- Herkunft aus einer Gemeinschaftsregion
- Qualität (Sicherheit, Nähr- und Geschmackswert, Produktionsmethoden, Bezug zum Herkunftsgebiet)
- Exotische Erzeugnisse
- Vielfalt des Angebots, auch außerhalb der Saison
- Herkunftssicherung

Quelle: Verordnung (EG) Nr. 94/2002 der Kommission, S. 30ff., Berichtigung der Verordnung (EG) Nr. 94/2002 der Kommission, Verordnung (EG) Nr. 2097/2002 der Kommission, S. 43ff.

Anhang 7: Hauptzielgruppen der ausgewählten Gemeinschaftsregelungen

Geschützte Ursprungsbezeichnungen, geschützte geographische Angaben, garantiert traditionelle Spezialitäten

- Erzeuger und Verarbeiter sowie deren Verbände
- Vertriebsstellen (Supermärkte, Großhändler, Einzelhandel, Gaststätten) und deren Verbände
- Verbraucher und deren Verbände
- Meinungsmultiplikatoren

Ökologische Erzeugung

- Verbraucher im Allgemeinen oder spezielle Verbrauchergruppen
- Landwirte, Verarbeiter und Vertreiber (Supermärkte, Großhändler, Gastronomie/Kantinen, Verkaufsstellen)
- Meinungsmultiplikatoren

Das Bildzeichen der Regionen in äußeren Randlagen

- Örtliche Erzeuger und Verarbeiter
- Vertriebsstellen und Verbraucher
- Multiplikatoren

Quelle: Verordnung (EG) Nr. 94/2002 der Kommission, S. 30ff., Verordnung (EG) Nr. 2097/2002 der Kommission, S. 43ff.

Anhang 8: Zielvorgaben der ausgewählten Gemeinschaftsregelungen

Geschützte Ursprungsbezeichnungen, geschützte geographische Angaben, garantiert traditionelle Spezialitäten

- Umfassend über den Inhalt des Qualitätssystems und dessen Auswirkungen auf die Werterhöhung und den Schutz der eingetragenen Erzeugnisse informieren
- durch Kampagnen für Erzeugnisse eines Mitgliedstaates oder mehrerer Mitgliedstaaten den Inhalt und den europäischen Charakter der Qualitätssysteme für die Erzeugnisse der Land- und Ernährungswirtschaft darstellen
- die Erzeuger und Verarbeiter, die einem gemeinschaftlichen Qualitätssystem noch nicht angeschlossen sind, dazu anregen, ein solches System zu nutzen und dabei die Lastenhefte der verschiedenen eingetragenen Erzeugnisse einzuhalten
- die Verbraucher und Vertriebsstellen über Existenz, Bedeutung und Vorteile dieser Systeme und der dazugehörigen Bildzeichen - sowie über die Voraussetzungen für das Führen dieser Bezeichnungen und die einschlägigen Kontrollen - sowie die Systeme zur Herkunftssicherung informieren, um so die Nachfrage nach den betreffenden Erzeugnissen zu stimulieren

Ökologische Erzeugung

- Förderung des Verbrauchs von Erzeugnissen aus ökologischem Landbau
- Verbesserung der Kenntnisse der Verbraucher, Landwirte, Verarbeiter und Vertreiber in Bezug auf den ökologischen Landbau und dessen Erzeugnisse
- Aufklärung der Öffentlichkeit über die Gemeinschaftsvorschriften für den ökologischen Landbau, die Kontrollen und das gemeinschaftliche Bildzeichen für den ökologischen Landbau

...

...noch Anhang 8

Das Bildzeichen der Regionen in äußeren Randlagen

- Über die Existenz, Bedeutung und Vorteile des Bildzeichens aufklären
- Erzeuger und Verarbeiter in den betreffenden Regionen dazu anregen, das Bildzeichen zu benutzen
- Die Bekanntheit des Bildzeichens bei Vertriebsstellen und Verbrauchern zu verbessern

Quelle: Verordnung (EG) Nr. 94/2002 der Kommission, S. 30ff., Verordnung (EG) Nr. 2097/2002 der Kommission, S. 43ff.

Anhang 9: Hauptzielgruppen der Informationsmaßnahmen für einen Teilsektor

Rindfleischsektor

- 25 - 45-jährige Städterinnen mit Kindern. Diese Frauen bilden den Schwerpunkt der Lebensmittelkäufer
- 35 Jahre alte kaufkräftige Singles und Paare, die eine Vorliebe dafür haben, einfach zuzubereitende Erzeugnisse zu genießen
- der institutionelle Markt: Schulen, Krankenhäuser, Catering-Firmen
- Fachpresse und Verbraucherverbände als Meinungsbildner

Quelle: Verordnung (EG) Nr. 1358/2001 der Kommission, S. 37

Anhang 10: Hauptaussagen der Informationsmaßnahmen für einen Teilsektor

Rindfleischsektor

- Rind- und Kalbfleisch sind kontrollierte Nahrungsmittel mit hohem Nährwert
- Verschärfte Sicherheitsmaßnahmen und Kontrollen sind in Kraft
- Die Fleischetiketten sollen den Verbrauchern von der Sicherheit der Erzeugnisse überzeugen
- Bei Bedarf können Verbraucher jederzeit ausführlichere Informationen erhalten

Quelle: Verordnung (EG) Nr. 1358/2001 der Kommission, S. 37

Anhang 11: Zielvorgaben der Informationsmaßnahmen für einen Teilsektor

Rindfleischsektor

Das Informationsprogramm zielt darauf ab, durch koordinierte Bemühungen in allen betroffenen Mitgliedstaaten das Verbrauchervertrauen in Rind- und Kalbfleisch wiederherzustellen. Das Programm muss flexibel sein. Ziele und Struktur sollen allen Mitgliedstaaten gemeinsam sein, doch die Kombination der verschiedenen Programmelemente und die Zeitplanung können je nach Lage von Mitgliedstaat zu Mitgliedstaat unterschiedlich gestaltet werden. Das Programm muss kohärent, jedoch nicht unbedingt einheitlich sein und den gesamten Rindfleischmarkt betreffen.

In jedem Mitgliedstaat ist die für das Programm verantwortliche Stelle festzulegen. Darüber hinaus ist eine Kontaktstelle vorzusehen.

Das Programm muss den Vorbehalten der Verbraucher Rechnung tragen und diese von der gesundheitlichen Unbedenklichkeit von Rind- und Kalbfleisch überzeugen.

Quelle: Verordnung (EG) Nr. 1358/2001 der Kommission, S. 37

Anhang 12: Agrarerzeugnisse aus den ultraperipheren Gebieten für die Sondermaßnahmen hinsichtlich ihrer Erzeugnisse erlassen wurden

Azoren	**Kanarische Inseln**	**Madeira**	**Franz. Departements**
Tierhaltung	Tierhaltung	Tierhaltung	Tierhaltung
Milcherzeugnisse	Milcherzeugnisse	Milcherzeugnisse	Milcherzeugnisse
Tabak	Obst	Kartoffeln	Reis
Ananas	Gemüse	Zuckerrohr	Obst
Zucker	Pflanzen	Obst	Gemüse
Pflanzkartoffeln	Blumen	Gemüse	Pflanzen
Chicorée	Wein	Pflanzen	Blumen
Tee	Kartoffeln	Blumen	Zuckerrohr
Obst	Tabak	Wein	
Gemüse	Honig		
Pflanzen			
Blumen			
Wein			

Quelle: Verordnung (EG) Nr. 1452/2001 des Rates, Verordnung (EG) Nr. 1453/2001 des Rates, Verordnung (EG) Nr. 1454/2001 des Rates

Anhang 13: Agrarerzeugnisse aus den ultraperipheren Gebieten für die Sondermaßnahmen hinsichtlich der Versorgung erlassen wurden

Azoren, Madeira	Kanarische Inseln	Franz. Departements
Getreide und Getreideerzeugnisse für die tierische und die menschliche Ernährung	Getreide und Getreideerzeugnisse für die tierische und die menschliche Ernährung	Getreide und Getreideerzeugnisse für die tierische und die menschliche Ernährung
Hopfen	Malz	Hopfen
Künstlich getrocknete Luzerne	Hopfen	Kartoffelpflanzgut
Sojaölkuchen	Reis	Pflanzliche Öle für die Verarbeitungsindustrie
Reis	Pflanzliche Öle	Zur Verarbeitung bestimmte Fruchtpülpen, Fruchtmuse und konzentrierte Fruchtsäfte, ausgenommen die unter die Beihilferegelung gemäß Artikel 13 fallenden Erzeugnisse
Pflanzliche Öle	Zucker	Futtermittelzubereitungen der KN-Codes NC 2309 90 31, 2309 90 33, 2309 90 41, 2309 90 43, 2309 90 51 und 2309 90 53
Zucker	Eingedickter Fruchtsaft (Grundstoffe), anderer als von Artikel 9 dieser Verordnung betroffen	
Fruchtkonserven und Fruchtsäfte (Grundstoffe), außer denen, die unter Artikel 5 dieser Verordnung fallen	Rindfleisch: frisch, gekühlt, gefroren	
Rindfleisch: frisch gekühlt, gefroren	Schweinefleisch, gefroren	
Schweinefleisch	Geflügelfleisch, gefroren	
Milchpulver ex	Trockenei (für die Lebensmittelindustrie)	
Flüssigmilch	Pflanzkartoffeln	
Butter	Flüssigmilch	
Käse	eingedickte Milch oder Milchpulver	
Pflanzkartoffeln	Butter	
	Käse	
	Zubereitungen aus Milch für Kinder	
	ohne tierisches Fett	
	Mehl und Pellets von Luzerne	
	Ölkuchen und andere feste Bestandteile aus der Gewinnung von Sojaöl	

Quelle: Verordnung (EG) Nr. 1452/2001 des Rates, Verordnung (EG) Nr. 1453/2001 des Rates, Verordnung (EG) Nr. 1454/2001 des Rates

Anhang 14: Ausgewählte Institutionen und gewährte finanzielle Beteiligung bezüglich Informationsmaßnahme für den Rindfleischsektor

Ausgewählte Informationsprogramme der Berufs- und Branchenverbände			
Mitgliedstaat	Programm vorgelegt von	Gesamtkosten (in €)	Finanzhilfe (in €)
Deutschland	CMA- Centrale Marketinggesellschaft der deutschen Agrarwirtschaft, Bonn	3.257.540	1.954.524
Österreich	Agrarmarkt Austria Marketing, Wien	600.000	360.000
Belgien	ProWalBeef asbl, Jambes en Walonie	325.400	195.240
	Belbeef asbl, Brüssel	500.000	300.000
Spanien	MERCASA, Madrid	854.279	512.567
Frankreich	Interbec/CIV, Paris	3.658.260	2.194.956
Italien	ASSOCARNE, Roma	733.368	440.021
	Conferderazione Italiana Agricoltori, Roma	1.332.092	799.255
Luxemburg	Chambre de l'Agricukture, Luxembourg	13.636	8.182
Niederlande	Productschappen Vee, Vlees en Eieren, Rijswijk	1.768.956	1.061.374
Schweden	Svensk Köttinformation, Stockholm	315.461	189.276
Insgesamt	11 Programme	13.358.992	8.015.395

...

...noch Anhang 14

Ausgewählte Informationsprogramme der Mitgliedstaaten			
Mitgliedstaat	Programm vorgelegt von	Gesamtkosten (in €)	Finanzhilfe (in €)
Deutschland	Bundesanstalt für Landwirtschaft (BLE)	160.679	96.407
Irland	Department of Agriculture, Food and Rural Developement	380.922	228.553
Insgesamt	2 Programme	541.601	324.960

Ausgewählte Absatzförderungsprogramme der Berufs und Branchenverbände			
Mitgliedstaat	Programm vorgelegt von	Gesamtkosten (in €)	Finanzhilfe (in €)
Mehr als einer	CELF Nord France (B, NL)	3.865.000	1.932.500
	GEPC France (E, I)	5.938.300	2.969.150
Belgien	VBT (endives)	p.m.	p.m.
	VLAM (lait)	3.000.000	1.500.000
	VLAM (fruits frais)	1.110.000	555.000
	VLAM (Plantes et fleurs)	750.000	375.000
Dänemark	Meijeriforeningen	1.155.315	577.657
Deutschland	CMA, Bonn	3.000.000	1.500.000
	Fördergemeinschaft Nachhaltige Landwirtschaft e.V.	900.000	450.000
	Deutsche Obst-Werbung	257.900	128.950
	5 am Tag e.V.	1.375.000	687.500
	Bund deutscher Baumschulen e.V.	599.760	299.880
Griechenland	Enosi Viokalier Giton Arkadias	1.577.000	788.500
Spanien	Intercitrus	7.990.574	3.995.287
	Confederación espanola del Vino	1.254.676	627.338

...

...noch Anhang 14

	Catalonia Qualitat (Eurofel)	1.804.365	902.182
	GEPC	p.m.	p.m.
Frankreich	CERAFEL	225.000	112.500
	CNIEL	1.232.186	616.093
	AFIVIN	1.278.000	639.000
	PROMEUROP -EUROFEL	3.202.683	1.601.341
	CELF Nord	p.m.	p.m.
	GEPC	p.m.	p.m.
Irland	National Dairy Council	298.723	149.361
Italien	Assoc. Naz. Fungicoltori (GEPC)	p.m.	p.m.
	Consorzio Almaverde	795.600	397.800
	Assoc. Marchigiana Agricoltura Biologica „AMAB“	556.314	278.157
	UNAVINI	2.986.580	1.493.292
	FEDERDOC	480.300	240.150
	ASSOLATTE	516.000	258.000
	CONFAGRICOLTURA	1.830.000	915.000
	ASSOMELA (EUROFEL)	801.000	400.500
	UNACOA	122.400	61.200
Niederlande	Dutch Produce Association	p.m.	p.m.
Österreich	AMA Marketing GmbH	1.308.000	654.000
	AMA Marketing GmbH	1.308.036	654.019
	Österreichisches Nationales Weinkomitee	413.000	206.500
	AMA Marketing GmbH	4.864.430	2.432.215
	Österreichische Blumenwerbung GmbH	1.656.939	828.469
Portugal	ANOP	433.628	216.814
Finnland	Maito ja Terveys ry	890.000	445.000

...

...noch Anhang 14

Schweden	GRO I Sverige AB	663.500	331.750
	Livsmedels Sverige	704.840	352.420
	Svensk Mjölk, Mjölkfrämjandet	1.079.685	539.842
	GRO I Sverige AB	232.200	116.100
Vereinigtes Königreich	Dairy Council & Dairy Council Northern Ireland	1.761.828	880.914
Ingesamt	40 Programme	64.218.762	32.109.381

Quelle: eigene Darstellung nach Europäische Kommission 2001b, 2002

Anhang 15: Plakatmotive der geförderten Werbung

Quelle: CMA 2001

Quelle: CMA 2001

Anhang 16: Medienberichterstattung über EG geförderte Werbung

Neuregelung der Absatzförderungspolitik geplant

Die Europäische Kommission will ein neues Marketing-Instrument schaffen

bü. BRÜSSEL, 18. September. Die Europäische Kommission plant eine Reform der EU-Absatzförderungspolitik für Lebensmittel und Agrarprodukte. In Zukunft müsse sich die Öffentlichkeitsarbeit der Gemeinschaft auf Themen konzentrieren, die bisher weder von der privatwirtschaftlichen Werbung für Handelsmarken noch von den staatlichen oder halbstaatlichen Marketing-Organisationen ausreichend aufgegriffen würden, heißt es in einem Vorschlag an den Europäischen Ministerrat. Ziel der Kommission ist ein branchenübergreifendes EU-Marketinginstrument, das auf die „allgemeine, umfassende Information und Absatzförderung" ausgerichtet ist. Im Vordergrund steht das Ziel, das Ansehen europäischer Produkte bei den durch BSE, den Dioxinskandal und die Listeriose-Fälle verunsicherten Verbrauchern im In- und Ausland zu verbessern.

Dazu setzt die Kommission im einzelnen auf detaillierte Informationen über die Qualität und Herkunft der Produkte, Lebensmittelsicherheit und Etikettierung, die europäischen Ursprungsangaben sowie den ökologischen Landbau. Die Gemeinschaft soll sich mit durchschnittlich 50 Prozent an den daraus entstehenden Kosten beteiligen; der Rest müßte von den Mitgliedstaaten sowie den beteiligten Branchen- und Dachverbänden aufgebracht werden. Dem Vorschlag zufolge würden die EU-Mittel für das Programm in den kommenden Jahren stufenweise bis auf jährlich 45 Millionen Euro aufgestockt. Über die zu fördernden Vorhaben will die Kommission in Zusammenarbeit mit einem Ausschuß nationaler Experten entscheiden.

Mit ihrem Entwurf reagiert die Kommission auf die wachsende Kritik an der als bürokratisch und wenig effizient geltenden bisherigen EU-Regelung. Der Verwaltungsaufwand ist extrem hoch, und immer wieder gibt es Überschneidungen mit der Absatzförderungspolitik der Ernährungswirtschaft sowie regionaler und staatlicher Stellen in den Mitgliedstaaten.

Die Kommission arbeitet bisher mit zwölf unterschiedlichen Einzelregelungen, für die jeweils besondere branchenspezifische Vorschriften und Bedingungen gelten. Unter den von der Kommission direkt verwalteten Marketing-Instrumenten bildet die Absatzförderung für Olivenöl gegenwärtig den mit Abstand größten Posten. Für viele andere Produkte erfolgt die EU-Absatzförderung indirekt über die Mitgliedstaaten oder über die einzelnen Branchenverbände, zum Beispiel für Rindfleisch, Blumen, Milcherzeugnisse, Äpfel, Zitrusfrüchte und Traubensaft.

Quelle: Buender, H. 2000

Anhang 17: Kriterien der herkunftsbezogenen Verständigungsnormen geschützte Ursprungsbezeichnung und geschützte geographische Angabe

Die Verständigungsnorm *geschützte Ursprungsbezeichnung (g.U.)* besagt, dass ein derart gekennzeichnetes Produkt seine Güte oder Eigenschaften überwiegend oder ausschließlich den geographischen Verhältnissen einschließlich seiner natürlichen und menschlichen Einflüsse verdankt. Zudem schließt die Definition ein, dass das entsprechende Erzeugnis in dem begrenzten geographischen Gebiet erzeugt, verarbeitet und hergestellt wird. Bei dem begrenzten geographischen Gebiet handelt es sich um ein Land, eine Gegend oder einen Ort.

Die Verständigungsnorm *geschützte geographische Angabe (g.g.A.)* besagt, dass sich eine bestimmte Qualität, das Ansehen oder eine andere Eigenschaft des derart gekennzeichneten Produktes aus diesem geographischen Ursprung ergibt. Sie beinhaltet zudem, dass das entsprechende Erzeugnis in dem begrenzten geographischen Gebiet erzeugt und/oder verarbeitet und/oder hergestellt wird. Auch hier handelt es sich bei dem begrenzten geographischen Gebiet um ein Land, eine Gegend oder einen Ort.

Quelle: Verordnung (EWG) Nr. 2081/92 des Rates

Anhang 18: Kriterien der herkunftsbezogenen Verständigungsnorm für die ultraperipheren Gebiete der EG

Die Kriterien der herkunftsbezogenen Verständigungsnorm für die ultraperipheren Gebiete der EG wurden unter Bezugnahme auf entsprechende Gemeinschaftsbestimmungen oder in deren Ermangelung auf internationale Normen definiert. Existieren keine gemeinschaftlichen oder internationalen Normen, dann werden die entsprechenden Merkmale auf Vorschlag der Branchenverbände von den zuständigen Regionalbehörden des nationalen Landwirtschaftsministeriums definiert.

Neben den Anforderungen an die Produktion der Erzeugnisse gelten bestimmte Anforderungen an deren Herkunftsbezug. Für ein unverarbeitetes Erzeugnis ist der Herkunftsbezug gegeben, wenn es in einem der ultraperipheren Gebiete gewonnen wird. Bei einem verarbeiteten Erzeugnis entscheidet die Art seines Hauptmerkmals über die einzuhaltenden Anforderungen hinsichtlich der Herkunftsbestimmung. Das Hauptmerkmal kann einerseits durch die eingesetzten Rohstoffe und andererseits durch das Gewinnungs- oder Herstellungsverfahren bestimmt sein. Besteht das Hauptmerkmal in dem/den verwendeten Rohstoff(en), so muss dieser bzw. müssen diese bei einem Erzeugnis aus den französischen überseeischen Departements zu 100% und bei einem Erzeugnis aus den übrigen ultraperipheren Gebieten zu 90% seines Volumens in der jeweiligen ultraperipheren Region gewonnen werden. Bei verarbeiteten Erzeugnissen, bei denen das Gewinnungs- oder Herstellungsverfahren das Hauptmerkmal darstellt, ist der regionsspezifischen Besonderheit dieses Verfahrens Rechnung zu tragen. Diese Bestimmungen sind gleichzeitig die Grundlage für die Vergabe der entsprechenden Bildzeichen.

Quelle: Entscheidung der Kommission (1999/165/EG), Entscheidung der Kommission (1999/124/EG), Entscheidung der Kommission (1999/266/EG), Entscheidung der Kommission (99/315/EG)

Literaturverzeichnis

Akerlof, G.A. 1970: The market for 'lemons': qualitative uncertainty and the market mechanism. In: Quaterly Journal of Economics, 84, S. 488 - 500.

Alston, J.M., Freebairn, J.W., James, J.S. 2001: Beggar-Thy-Neighbor Advertising: Theory and Application to Generic Commodity Promotion Programms. In: American Journal of Agricultural Economics, 83, 4, S. 888 - 902.

Alvensleben, R.v. 1991: Probleme des Gemeinschaftsmarketings bei Nahrungsmitteln. In: Breuer, G. (Hrsg): Agrarvermarktung in Österreich: von der Marktordnung zum Marketing. Service-Fachverlag: Wien, S. 57 - 63.

Ambros, W. 1986: Verbraucherinteressen und Agrarpolitik. Marchal-und-Matzenbacher-Wissenschaftsverlag: Krefeld.

Anderegg, R. 1999: Grundzüge der Agrarpolitik. Oldenbourg: München.

Andreoni, J. 1995: Cooperation in Public-Goods Experiments: Kindness or Confusion? In: The American Economic Review, 85, S. 891 - 904.

Baird, D.G., Gertner, R.H., Picker, R.C. 1995: Game Theory and the Law. Havard University Press: London.

Balling, R. 1997: Gemeinschaftsmarketing für Lebensmittel. Vauk: Kiel.

Baumgart, M. 1992: Die Sprache der Anzeigenwerbung - Eine linguistische Analyse aktueller Werbeslogans. Physica-Verlag: Heidelberg.

Becker, T., Benner, E. 2000: Zur Problematik der Herkunftsangabe im regionalen Marketing. Hohenheimer Agrarökonomische Arbeitsberichte Nr. 1. Universität Hohenheim.

Behrens, G. 1996: Werbung: Entscheidung - Erklärung - Gestaltung. Vahlen: München.

Benner, D. 2002: Qualitätsungewißheit bei Gütern mit Vertrauenseigenschaften: Entwicklung und Anwendung eines entscheidungstheoretisch fundierten Analyserahmens. Peter Lang Verlag: Frankfurt/M.

Benner, E. 2000a: Public Quality Policy Initiatives in Selected Member States of the EU. In: T. Becker (Hrsg.): Quality Policy and Consumer Behaviour in the European Union, S. 157 - 192. Vauk: Kiel.

Benner, E. 2000b: Zur effizienten Herkunftsangabe im Binnenmarkt. Hohenheimer Agrarökonomische Arbeitsberichte Nr. 4. Universität Hohenheim.

Berndt, R. 1985: Kooperative Werbung. In: Wirtschaftswissenschaftliches Studium (WiSt), 14, 1, S. 1 - 7.

Bockstael, N.E., Strand, I.E., Lipton, D.W. 1992: Pulsed Generic Advertising: The Case of Common Property. In: Marine Resource Economics, 7, S. 189 - 208.

Bousch, D.M., Friestad, M., Rose, G.M. 1994: Adolescent Skepticism toward TV Advertising and Knowledge of Advertising Tactics. In: Journal of Consumer Research, 21, S. 165 – 175.

Brester, G.W., Schroeder, T.C. 1995: The Impact of Brand and Generic Advertising on Meat Demand. In: American Journal of Agricultural Economics, 77, 4, S. 969 - 979.

Buender, H. 2000: Neuregelung der Absatzförderungspolitik geplant. In: Frankfurter Allgemeine Zeitung, 19.09.2000, Nr. 218, S. 28.

Calfee, J.E., Ringold, D.J. 1994: The 70% Majority: Enduring Consumer Beliefs About Advertising. In: Journal of Public Policy & Marketing, 13, 2, S. 228 - 238.

Campbell, M.C., Kirmani, A. 2000: Consumers' Use of Persuasion Knowledge: The Effects of Accessibility and Cognitive Capacity on Perceptions of an Influence Agent. In: Journal of Consumer Research, 27, S. 69 - 83.

Carey, C., Bolton, D.L. 1996: Brand Versus Generic Advertising and the Decision to Advertise Colletivly. In. Review of Industrial Organization, 11, S. 93 - 105.

Caswell, J.A. 1998: How Labeling of Safety and Process Attributes Affects Markets for Food. In: Agricultural and Resource Economics Review, 27, 2, S. 151 -158.

Caswell, J.A., Mojduszka, E.M., 1996: Using Informational labeling to Influence the Market for Quality in Food Products. In: American Journal of Agricultural Economics, 78, 5, S. 1248 - 1253.

Caswell, J.A., Padberg, D.I. 1992: Towards a More Comprehensive Theory of Food Labels. In: American Journal of Agricultural Economics, 74, 2, S. 460 - 468.

Cornes, R., Sandler, T. 1996: The theory of externaties, public goods, and club goods. 2. Aufl. Cambridge Univ. Press: Cambridge.

Coulibaly, N., Brorsen, B.W. 1999: Explaining the Differences Between Two Previous Meat Generic Advertising Studies. In: Agribusiness, 15, 4, S. 501 - 515.

Darby, M.R., Karni, E. 1973: Free Competition and the optimal Amount of Fraud. In: Journal of Law and Economics, 16, S. 67 – 88.

Deaton, A., Muellbauer, J. 1994: Economics and consumer behavior. Repr. Cambridge Univ. Press: Cambridge.

Department for Environment, Food and Rural Affairs 2002a: Schwarzwalder Schinken (PGI). http://www.defra.gov.uk/foodrin/foodname/ germany.htm. 07.05.2002.

Department for Environment, Food and Rural Affairs 2002b: Schwabisch-Hallisches Qualitatsschweinefleisch (PGI). http://www.defra.gov.uk/ foodrin/foodname/germany.htm. 07.05.2002.

Deutsche Obst-Werbung 2002: Apfel mit Biss. http://www.apfel-mit-biss.de 15.02.2002.

Dyole, P., Saunders, J. 1990: Multiproduct Advertising Budgeting. In: Marketing Science, 9, 2, S. 97 - 113.

Einsiedel, E.F. 1998: The Market for Credible Information in Biotechnology. In: Journal of Consumer Policy, 21, 4, S. 405 - 444.

Europäische Gemeinschaft 1999: Stellungnahme des Wirtschafts- und Sozialausschusses zu dem Vorschlag für eine Verordnung (EG) des Rates über Informations- und Absatzförderungsmaßnahmen für Agrarerzeugnisse in Drittländern (1999/C 169/04). In: Amtsblatt der Europäischen Gemeinschaften (Abl Nr. C 169 vom 16.06.1999, S. 8 - 11) Amt für amtliche Veröffentlichungen der Europäischen Gemeinschaften: Luxemburg.

Europäische Kommission 1998: Mitteilung der Kommission: Verbraucherpolitischer Aktionsplan 1999 - 2001 (KOM(1998)696 endg.). Amt für amtliche Veröffentlichungen der Europäischen Gemeinschaften: Luxemburg.

Europäische Kommission 1999a: 27. Finanzbericht über den Europäischen Ausrichtungs- und Garantiefonds (EAGFL) - Abteilung Garantie Haushaltsjahr 1997. Amt für amtliche Veröffentlichungen der Europäischen Gemeinschaften: Luxemburg.

Europäische Kommission 1999b: Der Vertrag von Amsterdam: Was sich in Europa geändert hat. Amt für amtliche Veröffentlichungen der Europäischen Gemeinschaften: Luxemburg.

Europäische Kommission 2000: 28. Finanzbericht über den Europäischen Ausrichtungs- und Garantiefonds (EAGFL) - Abteilung Garantie Haushaltsjahr 1998 [KOM(1999) 568 endg.]. Amt für amtliche Veröffentlichungen der Europäischen Gemeinschaften: Luxemburg.

Europäische Kommission 2001a: 29. Finanzbericht über den Europäischen Ausrichtungs- und Garantiefonds (EAGFL) - Abteilung Garantie Haushaltsjahr 1999 [KOM(2000) 882 endgültig]. Amt für amtliche Veröffentlichungen der Europäischen Gemeinschaften: Luxemburg.

Europäische Kommission 2001b: Informationskampagnen über Rindfleisch von Kommission genehmigt. Pressemitteilung IP/01/1872. http://europa.eu.int, 21.12.2001.

Europäische Kommission 2002: Promotion campaigns for EU agricultural products. IP/02/1230 http://europa.eu.int, 26.08.2002.

Europäisches Parlament 2001a: Informations- und Absatzförderungsmaßnahmen für Agrarerzeugnisse, A5-0385/2000. In: Amtsblatt der Europäischen Gemeinschaften (Abl Nr. C vom 17.08.2001, S. 386 - 391). Amt für amtliche Veröffentlichungen der Europäischen Gemeinschaften: Luxemburg.

Europäisches Parlament 2001b: Schriftliche Anfrage E-3570/00 (2001/C 350 E/003). In: Amtsblatt der Europäischen Gemeinschaften (Abl Nr.

C 350E vom 11.12.2001, S. 3). Amt für amtliche Veröffentlichungen der Europäischen Gemeinschaften: Luxemburg.

Fehr, E., Gächter, S. 2000: Cooperation and Punishment in Public Goods Experiments. In: The American Economic Review, 90, 4, S. 980 - 994.

Ford, G.T., Smith, D.B., Swasy, J.L. 1990: Consumer Skepticism of Advertising Claims: Testing Hypotheses form Economics of Information. In: Journal of Consumer Research, 16, S. 433 - 441.

Foreign Agricultural Service, U.S. Department of Agriculture 1998: The Competition in 1997 - U.S. and the Competitor Expenditures on Export Promotion and Export Subsidies for Agricultural, Forestry and Fishery Products. Washington, D.C.

Forker, O.D., Kinnucan, H.W. 1992: Economic Measurement of Generic Advertising. Internat. Dairy Federation, Special Issue Nr. 9202, Brüssel.

Forker, O.D., Ward, R.W. 1993: Generic Advertising: The Economics and Measurement of Generic Programs. New York: Lexington Books.

Freddersen, T.J., Gilligan, T.W. 2001: Saints and Markets: Activists and the Supply of Credence Goods. In: Journal of Economics & Management Strategy, 10, 1, S. 149 - 171.

Friestad, M., Wright, P. 1994: The Persuasion Knowledge Model: How People Cope with Persuasion Attempts. In: Journal of Consumer Research, 21, S. 1 - 31.

Friestad, M., Wright, P. 1995: Persuasion Knowledge: Lay People's and Researchers' Belief about the Psychology of Advertising. In: Journal of Consumer Research, 22, S. 62 - 74.

Friestad, M., Wright, P. 1999: Everyday Persuasion Knowledge. In: Psychology & Marketing, 16, 2, S. 185 - 194.

Fritsch, M., Wein, T., Ewers, H-J. 1999: Marktversagen und Wirtschaftspolitik: Mikroökonomische Grundlagen staatlichen Handelns. Vahlen: München.

Glitsch, K. 1999: Verhalten europäischer Konsumenten und Konsumentinnen gegenüber Fleisch - Eine theoretische und empirische Analyse. Lang: Frankfurt/M.

Goldberg, M.E., Hartwick, J. 1990: The Effects of Advertising Reputation and Extremity of Advertising Claim on Advertising Effectiveness. In: Journal of Consumer Research, 17, S. 172 - 179.

Grunert, K.G. 2000: Korrekte Entscheidung in Kenntnis der Sachlage? Anmerkungen zum Verbraucherbild im Weißbuch zur Lebensmittelsicherheit. In: Zeitschrift für das gesamte Lebensmittelrecht, 27, 6, S. 831 - 842.

Gündisch, J., Mathijsen, P. 1999: Rechtsetzung und Interessenvertretung in der Europäischen Union; Verfahren - Mitwirkung - Qualität - Legitimation. Boorberg: Stuttgart.

Gürhan-Canli, Z., Meheswaran, D. 2000: Determinants of Country of Origin Evaluations. In: Journal of Consumer Research, 27, S. 96 - 108.

Hauser, H. 1979: Qualitätsinformation und Marktstrukturen. In: Kyklos, 32, S. 739 - 763.

Henry, C.R., Clary, C.R. 1998: Meta-Analysis of Generic Advertising Effectiviness. Paper presented on the American Agricultural Economics Association Annual Meeting, August 2-5, 1998, Salt Lake City, Utah.

Herrmann, R., Krischik-Bautz, S., Thompson, S. 2000: Möglichkeiten der Erfolgskontrolle regionaler Vermarktungssysteme auf Grundlage quantitativer Methoden. In: agrarspectrum, 30, S. 156 - 178.

Hoff, K. 1996: Gemeinschaftswerbung auf Agrarmärkten - Eine Meta-Analyse, Berichte über Landwirtschaft, 74, S. 340 - 357.

Hoff, K., Claes, R. 1997: Der Einfluß von Skandalen und Gemeinschaftswerbung auf die Nachfrage nach Rindfleisch. In: Agrarwirtschaft, 46, 10, S. 332 - 344.

Hoffmann, R. 2000: Country of origin - a consumer conception perspective of fresh meat. In: British Food Journal, 102, 3, S. 211 - 229.

Homann, K, Suchanek, A. 1992: Grenzen der Anwendbarkeit einer Logik des kollektiven Handelns. In: Schubert, K. (Hrsg.): Leistungen und Grenzen politisch-ökonomischer Theorien: Eine kritische Bestandsaufnahme zu Mancur Olson, Wiss. Buchges.: Darmstadt, S. 13 - 27.

Hoos, S. 1956: Economic Implication of California Agricultural Marketing Programs. In: Journal of Farm Economics, 38, 5, S. 1679 - 1691.

Hovland, C.I., Weiss, W. 1951: The Influence of Source Credibility on Communication Effectiveness. In: Public Opinion Quarterly, 15, S. 635 - 650.

Hunt, S., Frewer, L.J., Shepherd, R. 1999: Public trust in source of information about radiation risks in the UK. In: Journal of Risk Research, 2, 2, S. 167 - 180.

Ippolito, P.M., Mathios, A.D. 1990: Information, advertising and health choices: a study of the cereal market. In: RAND Journal of Economics, 21, 3, S. 459 – 480.

Kaas, K.P. 1990: Marketing als Bewältigung von Informations- und Unsicherheitsproblemen im Markt. In: Die Betriebswirtschaft, 50, 4, S. 539 - 548.

Kaas, K.P. 1991: Marktinformationen: Screening und Signaling unter Partnern und Rivalen. In: Zeitschrift für Betriebswirtschaft, 61, 3, S. 357 - 370.

Kaas, K.P. 1992: Marketing für umweltfreundliche Produkte: Ein Ausweg aus dem Dilemma der Umweltpolitik. In: Die Betriebswirtschaft, 52, 4, S. 473 - 487.

Kaas, K.P., Busch, A. 1996: Inspektions-, Erfahrungs- und Vertrauenseigenschaften von Produkten - Theoretische Konzeption und empirische Validierung. In: Marketing - Zeitschrift für Forschung und Praxis, 18, 4, S. 243 - 252.

Kaiser, H.M., Liu, D.J. 1998: The Effectiveness of Generic versus Brand Advertising: The Case of U.S. Dairy Promotion. In: Review of Agricultural Economics, 20, 1, S. 69 - 79.

Kaiser, H.M., Forker, O.D., Lenz, J., Sun, C-H. 1992: Evaluating Generic Dairy Advertising Impacts on retail, Wholesale, and Farm Milk Markets. In: The Journal of Agricultural Economics Research, 44, 4, 1992, S. 3 - 17.

Keser, C. 1996: Voluntary contribution to a public good when partial contribution is a dominant strategy. In: Economics Letters, 50, S. 359 - 366.

Keser, C. 2000: Cooperation in Public Goods Experiments: CIRANO, Montreal.

Keser, C., Winden, F.v. 2000: Conditional Cooperation and Voluntary Contribution to Public Goods. In: Scandinavian Journal of Economics, 102, 1, S. 23 - 39.

Kinnucan, H.W., Venkateswaran, M. 1994: Generic Advertising and Structural Heterogenity Hypothesis. In: Canadian Journal of Agricultural Economics, 42, S. 381 - 396.

Kinnucan, H.W., Xiao, H., Hsia, C-J. 1996: Welfare Implications of Increased U.S. Beef Promotion. In: Applied Economics, 18, S. 1235 - 1243.

Kinnucan, H.W. 1996: A Note on Measuring Returns to Generic Advertising in Interelated Markets. In: Journal of Agricultural Economics, 41, 2, S. 261 - 267.

Kinnucan, H.W., Belleza, E.T. 1995: Price and Quantity Effects of Canada's Dairy Advertising Programs. In: Agricultural and Resource Economic Review, 26, S. 199 - 210.

Kinnucan, H.W., Chang, H-S., Venkateswaran, M. 1993: Generic Advertising Wearout. In: Review of Marketing and Agricultural Economics, 61, 3, S. 401 - 416.

Kinnucan, H.W., Forker, O.D. 1986: Seasonality in the Consumer Response to Milk Advertising with Implications for Milk Promotion Policy. In: American Journal of Agricultural Economics, 68, 3, S. 562 - 571.

Kinnucan, H.W., Miao, Y. 2000: Distributional Impacts of Generic Advertising on Related Commodity Markets. In: American Journal of Agricultural Economics 82, 3, S. 672 - 678.

Kinnucan, H.W., Xiao, H., Hsia, C-J., Jackson, J.D. 1997: Effects of Health Information and Generic Advertising on U.S. Meat Demand. In: American Journal of Agricultural Economics, 79, 1, S. 13 - 23.

Kirmani, A. 1990: The Effect of Perceived Advertising Costs on Brand Perception. In: Journal of Consumer Research, 17, S. 160 - 171.

Koester, U. 1981: Grundzüge der landwirtschaftlichen Marktlehre, Vahlen: München.

Koester, U. 1992: Grundzüge der landwirtschaftlichen Marktlehre, 2., völlig neubearb. und wesentlich erw. Aufl. Vahlen: München.

Köhnken, G. 1990: Glaubwürdigkeit: Untersuchungen zu einem psychologischen Konstrukt. Psychologie-Verl.-Union: München.

Koslow, S. 2000: Can the Truth Hurt? How Honest and Persuasive Advertising can unintentionally lead to Increased Consumer Skepticism. In: The Journal of Consumer Affairs, 24, 2, S. 245 - 268.

Kramer C.S., Caswell, J.A. 1994: Food Quality: Safety, Nutrition, and Labeling. In: Hallber, M.C., Spitze, R.G.F., Ray, D.E.: Food, Agriculture, and Rural Policy into the Twenty-First Century. Boulder. Westview Press: CO, S. 167 - 183.

Krishnamurthy, S. 2000: Enlarging the Pie vs. Increasing One'S Slice: An Analysis of the Relationship Between Generic and Brand Advertising. In: Marketing Letters 11, 1, S. 37 - 48.

Krishnamurthy, S. 2001: The Effect of Provision Points on Generic Advertising Funding. In: Marketing Letters 12, 4, S. 315 - 325.

Krone, H. 1952: Die Bedeutung, die Voraussetzung und die Möglichkeiten einer Absatzförderung für landwirtschaftliche Erzeugnisse durch Werbung, insbesondere für Milch und Milcherzeugnisse, Obst und Gemüse im Rahmen des Absatzproblems der westdeutschen Landwirtschaft. Institut für Volkswirtschaft, Landwirtschaftliche Hochschule Hohenheim.

Kruse, J., Berger, U.E. 1996: Skript Ordnungspolitik, 3. Aufl. Institut für Volkswirtschaftslehre, Universität Hohenheim.

Lanclos, K., Devadoss, S., Guenthner, J. 1997: Impacts of foreign direct investment and advertising on the export demand for US frozen potatoes. In: Agribusiness, 13, 3, S, 273 - 284.

Landtag von Baden-Württemberg 2001: 14. Sitzung der 13. Wahlperiode, Aktuelle Debatte, S. 646 - 661. http://www3.landtag-bw.de, 07.01.2002.

Layard, P.R.G., Walters, A.A. 1978: Microeconomic Theory, McGraw-Hill, Inc.: New York.

Ledyard, J.O. 1995: Public Goods: A Survey of Experimental Research. In: Kagel, J.H., Roth, A.E. (Hrsg.): The Handbook of Experimental Economics, Princeton University Press: New Jersey, S. 110 - 173.

Lee, J-Y, Fairchild, G.F. 1988: Commodity Advertising, Imports and the Free-Rider-Problem. In: Journal of Food Distribution Research, 19, 2, S. 36 - 42.

Leipold, H. 1997: Die Lust am Niedergang - Eine logische Asymetrie der Logik des kollektiven Handelns. In: Pies, I., Lescheke, M. (Hrsg.) 1997: Mancur Olsons Logik kollektiven Handelns. Mohr: Tübingen, S. 227 - 237.

Liu, D.J. 2000: Distributional Impacts of Generic Advertising: Comments. In: American Journal of Agricultural Economics, 82, 3, S.679 - 681.

Liu, D.J., Forker, O.D. 1988: Generic Fluid Milk Advertising, Demand Expansion, and Sypply Response: The Case of New York. In: American Journal of Agricultural Economics, 70, 2, S. 229 - 236.

Liu, D.J., Forker, O.D. 1990: Optimal Control of Generic Fluid Milk Advertising Expenditures. In: American Journal of Agricultural Economics, 72, 4, S. 1047 - 1055.

Liu, D.J., Kaiser, H.M., Forker, O.D., Mount, T.D. 1990: An Economic Analysis of the U.S. Generic Dairy Advertising Program using an Industry Model. In: Northwestern Journal of Agricultural and Resource Economics, 19, 1, S. 37 - 48.

Lutz, R.J. 1985: Affectiv and Cognitive Antecedents of Attitude Towards the Ad: A Conceptual Framework. In: Alwitt, L.F., Mitchel, A.A.: Psychological processes and Advertising effects. Lawrence Erlbaum Associates: London, S. 45 - 63.

Mangleburg, T., Bristol, T. 1998: Socialization and Adolescent's Skepticism toward Advertsing. In: Journal of Advertising, 27, 3, S. 11 - 21.

Marette, S., Bureau, J-C., Gozlan, E. 2000: Product Safety And Consumers' Information. In: Australian Economic Papers, 39, 4, S. 426 - 441.

McClusky, J.J. 2000: A Game Theoretic Approach to Organic Foods: An Analysis of Asymetric Information and Policy. In: Agricultural and Resource Economics Review, 29, 1, S. 1 - 9.

Ministerium für Ernährung und Ländlichen Raum 2001: Minister Willi Stächele: „Kontrollprogramm wird landesweit ausgedehnt". Pressemitteilung 251/2001, http://www.mlr.baden-wuerttemberg.de, 28.11.2001.

Molho, I. 1997: The Economics of Information: Lying and Cheating in Markets and Organizations. Blackwell: Oxford.

Müller, A. 2001: Kritik an Stächeles Infopolitik auch im Regierungslager. In: Stuttgarter Zeitung vom 13.12.01.

Nelson, P. 1970: Information and Consumer Behavior. In: Journal of Political Economy, 78, 2, S. 311 - 329.

Nelson, P. 1974: Advertising as Information. In: Journal of Political Economy, 82, 4, S. 729 - 754.

Neumärker, K.J.B. 1997: Autokratie und die Logik kollektiven Handelns. In: Pies, I., Lescheke, M. (Hrsg.) 1997: Mancur Olsons Logik kollektiven Handelns.Tübingen: Mohr, S. 153 - 176.

Obermiller, C., Spangenberg, E.R. 1998: Development of a Scale to Measure Consumer Skepticism Toward Advertising. In: Journal of Consumer Psychology, 7, 2, S. 159 - 186.

Olson, M. 1971: The logic of collective action : public goods and the theory of groups. Harvard Univ. Press: Cambridge, Mass.

Ostrom, E. 1999: Die Verfassung der Allmende: jenseits von Staat und Markt. Mohr: Tübingen.

Ostrom, E. 2000: Collective Action and the Evolution of Social Norms. In: Journal of Economic Perspective, 14, 3, S. 137 - 158.

Palfrey, T.R., Prisbrey, J.E. 1997: Anomalous Behavior in Public Goods Experiments: How Much and Why? In: The American Economic Review, 87, 5, S. 829 - 846.

Perelman, C. 1980: Das Reich der Rhetorik - Rhetorik und Argumentation. C.H. Beck: München.

Peter, J.P., Olson, J.C., Grunert, K.G. 1999: Consumer Behaviour and Marketing Strategy. McGraw-Hill: London.

Piccinini, A., Loseby, M. 2001: Agricultural Policies in Europe and the USA - Farmers between Subsidies and the Market. Palgrave: New York.

Pies, I. 1997: Theoretische Grundlagen demokratischer Wirtschafts- und Gesellschaftspolitik - Der Beitrag Mancur Olsons. In: Pies, I., Lescheke, M. (Hrsg.) 1997: Mancur Olsons Logik kollektiven Handelns. Mohr: Tübingen, S. 1 - 26.

Pigott, N.E., Chalfant, J.A., Alston, J.A., Grifith, G.R. 1996: Demand Response to Advertising in the Australian Meat Industry. In: American Journal of Agricultural Economics, 78, 2, S. 268 - 279.

Pollary, R.W., Mittal, B. 1993: Where's the Beef: Factors, Determinants, and Segments in Consumer Criticism of Advertising. In: Journal of Marketing, 57, S. 99 - 114.

Reberte, C., Kaiser, H.M., Lenz, J.E., Forker, O.D. 1996: Generic Advertising Wearout: The Case of the New York City Fluid Milk Campaign. In: Journal of Agricultural and Resource Economics, 21, 2, S. 199 - 209.

Reichardt, F. 1933: Absatzwerbung für deutsche landwirtschaftliche Erzeugnisse (Aufgaben, Erfolgsmöglichkeiten und Grenzen). In: Berichte über Landwirtschaft, 73. Sonderheft.

Richards, T.J., Ispelen, P.v., Kagan, A. 1997: A Two-Stage Analysis of the Effectiveness of Promotion Programms for U.S. Apples. In: American Journal of Agricultural Economics, 79, 3, S. 825 - 837.

Richards, T.J., Patterson, P.M. 1998: Dynamic Complementarity in Export promotion: The Market Access program in Fruits and Vegetables. Paper presented to the American Agricultural Economic Association, August 2-5, 1998.

Scherhorn, G. 1979: Verbraucherpolitische Einordnung und Begründung des Projekts „Strategien der Verbraucherinformation". Arbeitspapier 1, Institut für Haushalts- und Konsumökonomie, Universität Hohenheim.

Scherhorn, G. 1983: Die Funktionsfähigkeit von Konsumgütermärkten. In: Irle, M. (Hrsg. unter Mitw. von Bodo, A.): Marktpsychologie, Band 2, Hogrefe: Göttingen, S. 45 - 150.

Schmitt, G. 1966: Marketing agreements und orders - Ein absatzstrategisches Instrument der landwirtschaftlichen Erzeuger in den USA. In: Agrarwirtschaft, 15, 2, S. 245 - 255.

Schram, A. 2000: Sorting out the seeking: The economics of individual motivations. In: Public Choice, 103, S. 231 - 258.

Sharma, A. 2001: Consumer decision-making, salespeople's adaptive selling and retail performance. In: Journal of Business Research, 54, 2, S. 125 - 129.

Slovic, P. 1996: Percept ion of risk from radiations. In: J.B. Reitan, U. Baverstam and G.N. Kelly (eds) Radiation Risk, Risk Perception and Social Construction: Radiation Protection Dosimetry 68, Brüssel-Luxemburg: Nuclear Technology Publishing, S. 165–80.

Solomon, H., Kinnucan, H.W. 1993: Effects of Non-price Export Promotion: Some Evidence for Cotton. In: Australian Journal of Agricultural Economics, 37, 1, S. 1 - 15.

Stigler, G.J. 1961: The Economics of Information. In: The Journal of Political Economy, 69, S. 213 - 225.

Stiglitz, J.E. 1989: On the Economic Role of the State. In: Heertje, A. (Hrsg.): The Economic Role of the State. 1. Aufl. Blackwell: Oxford, S. 9 - 85.

Stiglitz, J.E. 1998: Redifinig the Role of the State: What should it do ? How Should it Do it? And How should these decisions be made. The World Bank. http://www.worldbank.org/ 24.05.2002.

Stiglitz, J.E. 1999: Volkswirtschaftslehre. 1. deutschsprachige Aufl. Oldenbourg: München.

Suchanek, A. 1997: Anreize, Interaktionen und Institutionen: eine konstruktive Kritik an der Konzeption Mancur Olsons. In: Pies, I., Lescheke, M. (Hrsg.) 1997: Mancur Olsons Logik kollektiven Handelns. Mohr: Tübingen, S. 27 - 55.

Suzuki, N., Kaiser, H.M., Lenz, J.E., Kobayashi, K., Forker, O.D. 1994: Evaluating Generic Milk Promotion Effectiveness with an Imperfect Competition Model. In: American Journal of Agricultural Economics, 76, 2, S. 296 - 302.

Teisl, M.F., Roe, B. 1998: The Economics of Labeling: An Overview of Issues for Health and Environmental Disclousure. In: Agricultural and Resource Economics Review, 27, S. 140 - 150.

Thompson, S.T., Eiler, D.A. 1977: Determinants of Milk Advertising Effektiveness. In: American Journal of Agricultural Economics, 79, 2, S. 330 - 335.

Van der Lans, I.A., van Ittersum, K., de Cicco, A., Loseby, M. 2001: The role of the region of origin and the EU certificates of origin in consumer evaluation of food products. In: European Review of Agricultural Economics, 28, 4, S. 451 - 477.

Verlegh, P.W.J., Steenkamp, J-B.E.M. 1999: A review and meta-analysis of country-of-origin research. In: Journal of Economic Psychology, 10, S. 521 - 546.

Vogt, M., Weißen, E. 1998: Verbraucherschutz, Öffentlichkeitsarbeit und Risikokommunikation. In: aid Verbraucherdienst, 8/98, S. 540 - 545.

Ward, R.W. 1999: Evaluating the Beef Promotion Checkoff: The Robustness and the Conclusions. In: Agribusiness 15, 4, S. 517 - 524.

Ward, R.W., Lambert, C. 1993: Generic Promotion of Beef: Measuring the Impact of the U.S. Beef Checkoff. In: Journal of Agricultural Economics, 44, S. 456 - 465.

Wichard, J.C. 1999: Von Warstein nach Europa? Was verdrängt die Verordnung (EWG) Nr. 2081/92. In: Wettbewerb in Recht und Praxis, 10, S. 1005 - 1010.

Willems, H. 1999a: Die Glaubwürdigkeitsdramaturgie der Werbung - Formen und Funktionen. In: Jahrbuch der Absatz- und Verbrauchsforschung, 45, 1, S. 71 - 85.

Willems, H. 1999b: Werbung als Medieninszenierung: Genrespezifische Kontextbedingungen und dramaturgische Strategien. In: Soziale Welt, 50, S. 115 - 132.

Wrage, H. 1986: Normative Irreführung und Täuschungsschutz. In: Wettbewerb in Recht und Praxis, 3, S. 125 - 129.

Rechtsquellen

Berichtigung der Verordnung (EG) Nr. 94/2002 der Kommission vom 18. Januar 2002 mit Durchführungsvorschriften zur Verordnung (EG) Nr. 2826/2000 des Rates über Informations- und Absatzförderungsmaßnahmen für Agrarerzeugnisse im Binnenmarkt (Abl Nr. L 78 vom 21.03.2002, S. 20).

Berichtigung für Verordnung (EG) Nr. 1720/97 der Kommission vom 3. September 1997 zur Änderung der Verordnung (EWG) Nr. 1318/93 zur Durchführung der Verordnung (EWG) Nr. 2067/92 des Rates über Maßnahmen zur Förderung des Absatzes und des Verbrauchs von hochwertigem Rindfleisch (Abl L 50 vom 26.02.1999, S. 50).

Berichtigung der Verordnung (EG) Nr. 3582/93 der Kommission vom 21. Dezember 1993 zur Durchführung der Verordnung (EWG) Nr. 2073/92 des Rates über die Verbrauchsförderung in der Gemeinschaft und die Erweiterung der Märkte für Milch und Milcherzeugnisse (Abl Nr. L 71 vom 15.03.1994, S. 26).

Beschluß des Rates vom 22. Dezember 1994 über den Abschluß der Übereinkünfte im Rahmen der multilateralen Verhandlungen der Uruguay-Runde (1986 - 1994) im Namen der Europäischen gemeinschaft in bezug auf die in ihre Zuständigkeiten fallende Bereiche (Abl Nr. L 336 vom 23.12.1994, S. 22 - 39).

Beschluss des Rates vom 5. Juni 2000 zur Festlegung seiner Geschäftsordnung (Abl Nr. 149 vom 23.06.2000, S. 21 - 35).

Entscheidung der Kommission (2001/8/EG) vom 29.Dezember 2000 zur Änderung der Entscheidung 2000/764/EG über die Untersuchung von Rindern auf bovine spongiforme Enzephalopathie und zur Aktualisierung von Anhang IV der Entscheidung 98/272/EG über die epidemiologische Überwachung der transmissiblen spongiformen Enzephalopathien (Abl Nr. L 2 vom 05.01.2001, S. 28 - 31).

Entscheidung der Kommission (1999/838/EG) vom 25. November 1999 über die Genehmigung der Vorschläge betreffend die Maßnahmen zur Verkaufsförderung und Werbung im Sektor Milch und Milcherzeugnisse gemäß Verordnung (EG) Nr.3582/93 (Abl Nr. L 325 vom 17.12.1999, S. 59 - 61).

Entscheidung der Kommission (99/315/EG) vom 27. April 1999 zur Genehmigung der Bedingungen für die Verwendung des Bildzeichens für spezifische landwirtschaftliche Qualitätserzeugnisse der französischen überseeischen Departements (Abl Nr. L 121 vom 11.05.1999, S. 19 - 20).

Entscheidung der Kommission (1999/266/EG) vom 8. April 1999 zur Genehmigung der Bedingungen für die Anwendung des Bildzeichens für spezifischc landwirtschaftliche Qualitätserzeugnisse der Region der Azoren (Abl Nr. L 104 vom 21.04.1999, S. 29 - 30).

Entscheidung der Kommission (1999/165/EG) vom 19. Februar 1999 zur Genehmigung der Bedingungen für die Anwendung des Bildzeichens für spezifische landwirtschaftliche Qualitätserzeugnisse der Kanarischen Inseln (Abl Nr. L 55 vom 03.03. 1999, S. 13 - 15).

Entscheidung der Kommission (1999/124/EG) vom 3. Februar 1999 zur Genehmigung der Bedingungen für die Anwendung des Bildzeichens für spezifische landwirtschaftliche Qualitätserzeugnisse der Region Madeira (Abl Nr. L 40 vom 13.02.1999, S. 46 - 48).

Entscheidung des Rates (2000/766/EG) vom 4. Dezember 2000 über bestimmte Schutzmaßnahmen in Bezug auf die transmissiblen spongiformen Enzephalopathien und die Verfütterung von tierischem Protein (Abl Nr. L 306 vom 7.12.2000, S. 32 - 33).

Gerichtshof der Europäischen Gemeinschaften 2002: Rechtssache C-325/00. Urteil des Gerichtshofes vom 5. November 2002. Freier Warenverkehr - Maßnahmen gleicher Wirkung - Güte- und Herkunftszeichen. In: Sammlung der Rechtsprechung des Gerichtshofes und des Gerichts erster Instanz, Teil I Gerichtshof, S. 9977 - 10005.

Gerichtshof der Europäischen Gemeinschaften 2000: Rechtssache C-269/97. Urteil des Gerichtshofes vom 4. April 2000 Verordnung (EG) Nr. 820/97 - Rechtsgrundlage. In: Sammlung der Rechtsprechung des Gerichtshofes und des Gerichts erster Instanz, Teil I Gerichtshof, S. 2257 - 2294.

Richtlinie 1999/44/EG des Europäischen Parlaments und des Rates vom 25. Mai 1999 bestimmten Aspekten des Verbrauchsgüterkaufs und der Garantien für Verbrauchsgüter (Abl Nr. L 171 vom 07.07.1999, S. 12 - 16).

Richtlinie 2000/13/EG des Europäischen Parlaments und des Rates vom 20. März 2000 zur Angleichung der Rechtsvorschriften der Mitgliedstaaten über die Etikettierung und Aufmachung von Lebensmitteln sowie die Werbung hierfür (Abl Nr. L 109 vom 06.05.2000, S. 29 - 42).

Verordnung (EG) Nr. 2097/2002 der Kommission vom 27. November 2002 zur Änderung der Verordnung (EG) Nr. 94/2002 mit den Durchführungsbestimmungen zur Verordnung (EG) Nr. 2826/2000 des Rates über Informations- und Absatzförderungsmaßnahmen für Agrarerzeugnisse im Binnenmarkt (Abl Nr. L 323 vom 28.11.2002, S. 41 - 44).

Verordnung (EG) Nr. 305/2002 der Kommission vom 18. Februar 2002 zur Änderung der Verordnung (EG) Nr. 94/2002 mit Durchführungsvorschriften zur Verordnung (EG) Nr. 2826/2000 des Rates über Informations- und Absatzförderungsmaßnahmen für Agrarerzeugnisse im Binnenmarkt (Abl Nr. L 47 vom 19.02.2002, S. 12 - 16).

Verordnung (EG) Nr. 94/2002 der Kommission vom 18. Januar 2002 mit den Durchführungsvorschriften zur Verordnung (EG) Nr. 2826/2000 des Rates über Informations- und Absatzförderungskampagnen für Agrarerzeugnisse im Binnenmarkt (Abl Nr. L vom 19.01.2002, S. 20 - 36).

Verordnung (EG) Nr. 1358/2001 der Kommission vom 4. Juli 2001 mit spezifischen Maßnahmen für Informationsprogramme im Rindfleischsektor (Abl Nr. 182 vom 05.07.2001, S. 34 - 37).

Verordnung (EG) Nr. 1454/2001 des Rates vom 28. Juni 2001 zur Einführung von Sondermaßnahmen für bestimmte landwirtschaftliche Erzeugnisse zugunsten der Kanarischen Inseln und zur Aufhebung der Verordnung (EWG) Nr. 1601/92 (Poseican) (Abl Nr. L 198 vom 21.07.2001, S. 45 - 57).

Verordnung (EG) Nr. 1453/2001 des Rates vom 28. Juni 2001 zur Einführung von Sondermaßnahmen für bestimmte landwirtschaftliche Erzeugnisse zugunsten der Azoren und Madeiras und zur Aufhebung der Verordnung (EWG) Nr. 1600/92 (Poseima) (Abl Nr. L 198 vom 21.07.2001, S. 26 - 44).

Verordnung (EG) Nr. 1452/2001 des Rates vom 28. Juni 2001 zur Einführung von Sondermaßnahmen für bestimmte landwirtschaftliche Erzeugnisse zugunsten der französischen überseeischen Departements, zur Änderung der Richtlinie 72/462/EWG sowie zur Aufhebung der Verordnungen (EWG) Nr. 525/77 und (EWG) Nr. 3763/91 (Poseidom) (Abl Nr. L 198 vom 21.07.2001, S. 11 - 25).

Verordnung (EG) Nr. 940/2001 der Kommission vom 14. Mai 2001 zur Änderung der Verordnung (EWG) Nr. 2282/90 mit Bestimmungen zur Durchführung von Maßnahmen zur Steigerung des Verbrauchs und der Verwendung von Äpfeln sowie des Verbrauchs von Zitrusfrüchten (Abl Nr. L 132 vom 15.05.2001, S. 14).

Verordnung (EG) Nr. 2879/2000 der Kommission vom 28. Dezember 2000 mit Durchführungsvorschriften zur Verordnung (EG) Nr. 2702/1999 des Rates über Informations- und Absatzförderungsmaßnahmen für

Agrarerzeugnisse in Drittländern (Abl Nr. L 333 vom 29.12.2000, S. 63 - 69).

Verordnung (EG) Nr. 2826/2000 des Rates vom 19. Dezember 2000 über Informations- und Absatzförderungsmaßnahmen für Agrarerzeugnisse im Binnenmarkt (Abl Nr. L 328 vom 23.12.2000, S. 2 - 6).

Verordnung (EG) Nr. 1375/2000 der Kommission vom 28. Juni 2000 zur Änderung der Verordnung (EWG) Nr. 2282/90 mit Bestimmungen zur Durchführung von Maßnahmen zur Steigerung des Verbrauchs und der Verwendung von Äpfeln sowie des Verbrauchs von Zitrusfrüchten (Abl Nr. L 156 vom 29.06.2000, S. 27).

Verordnung (EG) Nr. 1365/2000 des Rates vom 19. Juni 2000 zur Änderung der Verordnung (EWG) Nr. 2759/75 über die gemeinsame Marktorganisation für Schweinefleisch (Abl Nr. L 156 vom 29.06.2000, S. 5 - 6).

Verordnung (EG) Nr. 1666/2000 des Rates vom 17. Juli 2000 zur Änderung der Verordnung (EWG) Nr. 1766/92 über die gemeinsame Marktorganisation für Getreide (Abl Nr. L 193 vom 29.07.2000, S. 1).

Verordnung (EG) Nr. 331/2000 der Kommission vom 17. Dezember 1999 zur Änderung von Anhang V der Verordnung (EWG) Nr. 2092/91 des Rates über den ökologischen Landbau und die entsprechende Kennzeichnung der landwirtschaftlichen Erzeugnisse und Lebensmittel (Abl Nr. L 48 vom 19.02.2000, S. 1 - 28).

Verordnung (EG) Nr. 2702/1999 des Rates vom 14. Dezember 1999 über Informations- und Absatzförderungsmaßnahmen für Agrarerzeugnisse in Drittländern (Abl Nr. L 327 vom 21.12.1999, S. 7 - 10).

Verordnung (EG) Nr. 2419/1999 der Kommission vom 12. November 1999 zur Ergänzung des Anhangs der Verordnung (EG) Nr. 2301/97 zur Eintragung bestimmter Namen in das Verzeichnis der Bescheinigungen besonderer Merkmale gemäß Verordnung (EWG) Nr. 2082/92 des Rates über Bescheinigungen besonderer Merkmale von Agrarerzeugnissen und Lebensmitteln (Abl Nr. L 291 vom 13.11.1999, S. 25 - 26).

Verordnung (EG) Nr. 1621/1999 der Kommission vom 22. Juli 1999 mit Durchführungsvorschriften zur Festsetzung der Beihilfe für die Erzeugung von Weintrauben bestimmter Sorten zur Gewinnung getrockneter Weintrauben gemäß Verordnung (EG) Nr. 2201/96 des Rates (Abl Nr. L 192 vom 24.07.1999, S. 21 - 32).

Verordnung (EG) Nr. 1593/1999 der Kommission vom 20. Juli 1999 zur Änderung der Verordnung (EG) Nr. 1893/98 vom 3 September zur Bestimmung der Mitgliedstaaten, in denen im Wirtschaftsjahr 1997/98 Werbekampagnen zur Förderung des Traubensaftverbrauchs durchgeführt werden (Abl Nr. L 188 vom 21.07.1999, S. 34).

Verordnung (EG) Nr. 1804/1999 des Rates vom 19. Juli 1999 zur Einbeziehung der tierischen Erzeugung in den Geltungsbereich der Verordnung (EWG) Nr. 2092/91 über den ökologischen Landbau und die entsprechende Kennzeichnung der landwirtschaftlichen Erzeugnisse und Lebensmittel (Abl Nr. L 222 vom 24.08.1999, S. 1 - 28).

Verordnung (EG) Nr. 1099/1999 der Kommission vom 27. Mai 1999 zur Änderung der Verordnung (EWG) Nr. 2282/90 mit Bestimmungen zur Durchführung von Maßnahmen zur Steigerung des Verbrauchs und der Verwendung von Äpfeln sowie des Verbrauchs von Zitrusfrüchten (Abl Nr. L 133 vom 28.05.1999, S. 27).

Verordnung (EG) Nr. 1493/1999 des Rates vom 17. Mai 1999 über die gemeinsame Marktorganisation für Wein (Abl Nr. L 179 vom 14.07.1999, S. 1 - 84).

Verordnung (EG) Nr. 1258/1999 des Rates vom 17. Mai 1999 über die Finanzierung der Gemeinsamen Agrarpolitik (Abl Nr. L 160 vom 26.06.1999, S. 103 - 112).

Verordnung (EG) Nr. 1257/1999 des Rates vom 17. Mai 1999 über die Förderung der Entwicklung des ländlichen Raums durch den Europäischen Ausrichtungs- und Garantiefonds für die Landwirtschaft (EAGFL) und zur Änderung bzw. Aufhebung bestimmter Verordnungen (Abl Nr. L 160 vom 26.06.1999, S. 80 - 102).

Verordnung (EG) Nr. 1255/1999 des Rates vom 17. Mai 1999 über die gemeinsame Marktorganisation für Milch und Milcherzeugnisse (Abl Nr. L 160 vom 26.06.1999, S. 48 - 72).

Verordnung (EG) Nr. 1254/1999 des Rates vom 17. Mai 1999 über die gemeinsame Marktorganisation für Rindfleisch (Abl Nr. L 160 vom 26.06.1999, S. 21 - 47).

Verordnung (EG) Nr. 779/1999 der Kommission vom 15. April 1999 mit Durchführungsbestimmungen für das Jahr 1999 zu der Verordnung (EG) Nr. 2275/96 des Rates zur Einführung besonderer Maßnahmen im Sektor lebende Pflanzen und Waren des Blumenhandels (Abl Nr. L 101 vom 16.04.1999, S. 41 - 47).

Verordnung (EG) Nr. 481/1999 der Kommission von 4. März 1999 mit allgemeinen Bestimmungen für die Verwaltung der Verkaufsförderungsprogramme für landwirtschaftliche Erzeugnisse (Abl Nr. L 57 vom 05.03.1999, S. 8 - 12).

Verordnung (EG) Nr. 1893/98 der Kommission vom 3. September 1998 zur Bestimmung der Mitgliedstaaten, in denen im Wirtschaftsjahr 1997/98 Werbekampagnen zur Förderung des Traubensaftverbrauchs durchgeführt werden (Abl Nr. L 245 vom 04.09.1998, S. 34 - 35).

Verordnung (EG) Nr. 1726/98 der Kommission vom 22. Juli 1998 zur Änderung der Verordnung (EWG) Nr. 2037/93 mit Durchführungsbestimmungen zur Verordnung (EWG) Nr. 2081/92 zum Schutz von geographischen Angaben und Ursprungsbezeichnungen für Agrarerzeugnisse und Lebensmittel (Abl Nr. L 224 vom 11.08.1998, S. 1 - 43).

Verordnung (EG) Nr. 1638/98 des Rates vom 20. Juli 1998 zur Änderung der Verordnung Nr. 136/66/EWG über die Errichtung einer gemeinsamen Marktorganisation für Fette (Abl Nr. L 210 vom 28.07.1998, S. 32 - 37).

Verordnung (EG) Nr. 803/98 der Kommission vom 16. April 1998 mit Durchführungsbestimmungen für das Jahr 1998 zu der Verordnung (EG) Nr. 2275/96 des Rates zur Einführung besonderer Maßnahmen im Sektor lebende Pflanzen und Waren des Blumenhandels (Abl Nr. L 115 vom 17.04. 1998, S. 5 - 13).

Verordnung (EG) Nr. 644/98 der Kommission vom 20. März 1998 zur Ergänzung des Anhangs der Verordnung (EWG) Nr. 1107/96 zur Eintragung geographischer Angaben und Ursprungsbezeichnungen gemäß dem Verfahren nach Artikel 17 der Verordnung (EWG) Nr. 2081/92 des Rates (Abl Nr. L 087 vom 21.03.1998, S. 8 - 9).

Verordnung (EG) Nr. 1849/97 der Kommission vom 25. September 1997 zur Änderung der Verordnung (EWG) Nr. 1318/93 zur Durchführung der Verordnung (EWG) Nr. 2067/92 des Rates über Maßnahmen zur

Förderung des Absatzes und des Verbrauchs von hochwertigem Rindfleisch (Abl Nr. L 264 vom 26.09.1997, S. 11).

Verordnung (EG) Nr. 1720/97 der Kommission vom 3. September 1997 zur Änderung der Verordnung (EWG) Nr. 1318/93 zur Durchführung der Verordnung (EWG) Nr. 2067/92 des Rates über Maßnahmen zur Förderung des Absatzes und des Verbrauchs von hochwertigem Rindfleisch (Abl Nr. L 242 vom 01.09. 1997, S. 33 –36).

Verordnung (EG) Nr. 1435/97 der Kommission vom 23. Juli 1997 zur Bestimmung der Mitgliedstaaten, in denen im Wirtschaftsjahr 1996/97 Werbekampagnen zur Förderung des Traubensaftverbrauchs durchgeführt werden (Abl Nr. L 196 vom 24.07.1997, S. 58 - 59).

Verordnung (EG) Nr. 1432/97 der Kommission vom 23. Juli 1997 zur Änderung der Verordnung (EG) Nr. 3582/93 mit Durchführungsbestimmungen zur Verordnung (EWG) Nr. 2073 über die Verbrauchsförderung in der Gemeinschaft und die Erweiterung der Märkte für Milch und Milcherzeugnisse (Abl Nr. L 196 vom 24.07.1997, S. 51).

Verordnung (EG) Nr. 1429/97 der Kommission vom 23. Juli 1997 zur Änderung der Verordnung (EG) Nr. 832/97 mit Durchführungsbestimmungen zu der Verordnung (EG) Nr. 2275/96 des Rates zur Einführung besonderer Maßnahmen im Sektor lebende Pflanzen und Waren des Blumenhandels (Abl Nr. L 196 vom 24.07.1997, S. 41).

Verordnung (EG) Nr. 1402/97 der Kommission vom 22. Juli 1997 zur Änderung der Verordnung (EWG) Nr. 3461/85 über die Durchführung von Werbekampagnen zur Förderung des Traubensaftverbrauchs (Abl Nr. L 194 vom 23.07.1997, S. 1).

Verordnung (EG) Nr. 1312/97 der Kommission vom 8. Juli 1997 zur Änderung der Verordnung (EG) Nr. 3582/93 mit Durchführungsbestimmungen zur Verordnung (EWG) Nr. 2073 über die Verbrauchsförderung in der Gemeinschaft und die Erweiterung der Märkte für Milch und Milcherzeugnisse (Abl Nr. L 180 vom 09.07.1997, S. 8).

Verordnung (EG) Nr. 931/97 der Kommission vom 26. Mai 1997 zur Änderung der Verordnung (EG) Nr. 832/97 hinsichtlich der Fristen für die Beantragung der finanziellen Unterstützung im Sektor lebende Pflanzen und Waren des Blumenhandels (Abl Nr. L 135 vom 27.05.1997, S. 1).

Verordnung (EG) Nr. 832/97 der Kommission vom 7. Mai 1997 mit Durchführungsbestimmungen zur Verordnung (EG) Nr. 2275/96 des Rates zur Einführung besonderer Maßnahmen im Sektor lebende Pflanzen und Waren des Blumenhandels (Abl Nr. L 119 vom 08.05.1997, S. 17 - 24).

Verordnung (EG) Nr. 750/97 der Kommission vom 25. April 1997 zur Änderung der Verordnung (EG) Nr. 3582/93 mit Durchführungsbestimmungen zur Verordnung (EWG) Nr. 2073 über die Verbrauchsförderung in der Gemeinschaft und die Erweiterung der Märkte für Milch und Milcherzeugnisse (Abl Nr. L 110 vom 26.04.1997, S. 28).

Verordnung (EG) Nr. 692/97 der Kommission vom 18. April 1997 zur Änderung der Verordnung (EWG) Nr. 1318/93 zur Durchführung der Verordnung (EWG) Nr. 2067/92 des Rates über Maßnahmen zur Förderung des Absatzes und des Verbrauchs von hochwertigem Rindfleisch (Abl Nr. L 102 vom 19.04. 1997, S.13).

Verordnung (EG) Nr.123/97 der Kommission vom 23. Januar 1997 zur Ergänzung des Anhangs der Verordnung (EG) Nr. 1107/96 der Kommission über die Eintragung der geographischen Angaben und Ursprungsbezeichnungen gemäß dem in Artikel 17 der Verordnung (EWG) Nr. 2081/92 vorgesehenen Verfahren (AbL Nr. L 22 vom 24.1.1997, S. 19 - 20).

Verordnung (EG) Nr. 2404/96 der Kommission vom 17. Dezember 1996 zur Änderung der Verordnung (EWG) Nr. 2282/90 mit Bestimmungen zur Durchführung von Maßnahmen zur Steigerung des Verbrauchs und der Verwendung von Äpfeln sowie des Verbrauchs von Zitrusfrüchten (Abl Nr. L 327 vom 18.12.1996, S. 27 - 31).

Verordnung (EG) Nr. 2275/96 des Rates vom 22. November 1996 zur Einführung besonderer Maßnahmen im Sektor lebende Pflanzen und Waren des Blumenhandels (Abl Nr. L 308 vom 29.11. 1996, S. 7 - 8).

Verordnung (EG) Nr. 2134/96 der Kommission vom 6. November 1996 zur Änderung der Verordnung (EG) Nr. 3582/93 mit Durchführungsbestimmungen zur Verordnung (EWG) Nr. 2073 über die Verbrauchsförderung in der Gemeinschaft und die Erweiterung der Märkte für Milch und Milcherzeugnisse (Abl Nr. L 285 vom 07.11.1996, S. 15).

Verordnung (EG) Nr. 2201/96 des Rates vom 28. Oktober 1996 über die gemeinsame Marktorganisation für Verarbeitungserzeugnisse aus Obst und Gemüse (Abl Nr. L vom 21.11.1996, S. 29 - 48).

Verordnung (EG) Nr. 2200/96 des Rates vom 28. Oktober 1996 über die gemeinsame Marktorganisation für Obst und Gemüse (Abl. Nr. L 297 vom 21.11.1996 S. 1 - 28).

Verordnung (EG) Nr. 2054/96 der Kommission vom 25. Oktober 1996 zur Bekanntmachung des für spezifische landwirtschaftliche Qualitätserzeugnisse der ultraperipheren Regionen zu verwendenden Bildzeichens und zur Festlegung der Wiedergabebedingungen (Abl Nr. L 280 vom 31.10.1996, S. 1 - 13).

Verordnung (EG) Nr.1646/96 der Kommission vom 30. Juli 1996 zur Änderung der Verordnung (EWG) Nr. 3461/85 über die Durchführung von Werbekampagnen zur Förderung des Traubensaftverbrauchs (Abl Nr. L 207 vom 17.08.1996, S. 5).

Verordnung (EG) Nr. 2916/95 der Kommission vom 18. Dezember 1995 zur Änderung bestimmter Verordnungen betreffend die gemeinsame Marktorganisation für Geflügelfleisch und für Eier sowie die gemeinsame Handelsregelung für Eieralbumin und Milchalbumin (Abl Nr. L 305 vom 19.12.1995, S. 49 - 52).

Verordnung (EG) Nr. 2122/95 der Kommission vom 6. September 1995 zur Änderung der Verordnung (EWG) Nr. 2641/88 über die Durchführungsbestimmungen zur Regelung der Gewährung einer Beihilfe für die Verwendung von Trauben, Traubenmost und konzentriertem Traubenmost zur Herstellung von Traubensaft (Abl Nr. L 212 vom 07.09. 1995, S. 7).

Verordnung (EG) Nr. 1422/96 der Kommission vom 22. Juli 1996 zur Bestimmung der Mitgliedstaaten, in denen im Wirtschaftsjahr 1995/96 Werbekampagnen zur Förderung des Traubensaftverbrauchs durchgeführt werden (Abl Nr. L 182 vom 23.07.1996, S. 15 - 16).

Verordnung (EG) Nr. 1421/96 der Kommission vom 22. Juli 1996 zur Änderung der Verordnung (EWG) Nr. 3461/85 über die Durchführung von Werbekampagnen zur Förderung des Traubensaftverbrauchs (Abl Nr. L 182 vom 23.07.1996, S. 14).

Verordnung (EG) Nr. 1828/95 der Kommission von 26. Juli 1995 zur Änderung der Verordnung (EWG) Nr. 3461/85 über die Durchführung von Werbekampagnen zur Förderung des Traubensaftverbrauchs (Abl Nr. L 175 vom 27.07.1995, S. 46).

Verordnung (EG) Nr. 2515/94 der Kommission vom 9. September 1994 zur Änderung der Verordnung (EWG) Nr. 1848/93 mit Durchführungsbestimmungen zur Verordnung (EWG) Nr. 2082/92 des Rates über Bescheinigungen besonderer Merkmale von Agrarerzeugnissen und Lebensmitteln (Abl Nr. L 275 vom 26.10.1994, S. 1 - 28).

Verordnung (EG) Nr. 1907/94 der Kommission vom 27. Juli 1994 zur Änderung der Verordnung (EWG) Nr. 2282/90 mit Bestimmungen zur Durchführung von Maßnahmen zur Steigerung des Verbrauchs und der Verwendung von Äpfeln sowie des Verbrauchs von Zitrusfrüchten (Abl Nr. L 194 vom 29.07.1994, S. 29 - 31).

Verordnung (EG) Nr. 1905/94 der Kommission vom 27. Juli 1994 mit Durchführungsvorschriften zur Verordnung (EG) Nr. 399/94 mit Sondermaßnahmen für getrocknete Weintrauben (Abl Nr. L 194 vom 29.07.1994, S. 21 - 25).

Verordnung (EG) Nr. 1817/94 der Kommission vom 25. Juli 1994 zur Bestimmung der Mitgliedstaaten, in denen im Wirtschaftsjahr 1993/94 Werbekampagnen zur Förderung des Traubensaftverbrauchs durchgeführt werden (Abl Nr. L 190 vom 26.07.1994, S. 1 - 2).

Verordnung (EG) Nr. 399/94 des Rates vom 21. Februar 1994 mit Sondermaßnahmen für getrocknete Weintrauben (Abl Nr. L 054 vom 25.02.1994 S. 3 - 4).

Verordnung (EG) Nr. 40/94 des Rates vom 20. Dezember 1993 über die Gemeinschaftsmarke (Abl Nr. L 11 vom 14.01.1994, S. 1 - 36.)

Verordnung (EWG) Nr. 3582/93 der Kommission vom 21. Dezember 1993 zur Durchführung der Verordnung (EWG) Nr. 2073/92 des Rates vom 30. Juni 1992 über die Verbrauchsförderung in der Gemeinschaft und die Erweiterung der Märkte für Milch und Milcherzeugnisse (Abl Nr. L 326 vom 28.12. 1993, S. 23 - 27).

Verordnung (EG) Nr. 2043/93 der Kommission vom 27. Juli 1993 zur Bestimmung der Mitgliedstaaten, in denen im Wirtschaftsjahr 1992/93 Werbekampagnen zur Förderung des Traubensaftverbrauchs durchgeführt werden (Abl Nr. L 185 vom 28.07.1993, S. 14 - 15).

Verordnung (EWG) Nr. 1977/93 der Kommission vom 22. Juli 1993 zur Änderung der Verordnung (EWG) Nr. 3461/85 über die Durchführung von Werbekampagnen zur Förderung des Traubensaftverbrauchs (Abl Nr. L 180 vom 23.07.1993, S. 33 - 34).

Verordnung (EWG) Nr. 516/93 der Kommission vom 5. März 1993 zur Änderung der Verordnung (EWG) Nr. 2282/90 mit Bestimmungen zur Durchführung von Maßnahmen zur Steigerung des Verbrauchs und der Verwendung von Äpfeln sowie des Verbrauchs von Zitrusfrüchten (Abl Nr. L 55 vom 06.03.1993, S. 48 - 49).

Verordnung (EWG) Nr. 3601/92 der Kommission vom 14. Dezember 1992 mit Bestimmungen zur Durchführung von Sondermaßnahmen für Tafeloliven (Abl Nr. L 366 vom 15.12. 1992, S. 17 - 21).

Verordnung (EG) Nr. 2180/92 der Kommission vom 30. Juli 1992 zur Bestimmung der Mitgliedstaaten, in denen im Wirtschaftsjahr 1991/92 Werbekampagnen zur Förderung des Traubensaftverbrauchs durchgeführt werden (Abl Nr. L 217 vom 31.07.1992, S. 82 - 83).

Verordnung (EWG) Nr. 2082/92 des Rates vom 14. Juli 1992 über Bescheinigungen besonderer Merkmale von Agrarerzeugnissen und Lebensmitteln (Abl Nr. L 208 vom 24.07.1992, S. 9 - 14).

Verordnung (EWG) Nr. 2081/92 des Rates vom 14. Juli 1992 zum Schutz von geographischen Angaben und Ursprungsbezeichnungen für Agrarerzeugnisse und Lebensmittel (Abl Nr. L 208 vom 24.07.1992, S. 1 - 8).

Verordnung (EWG) Nr. 2073/92 des Rates vom 30. Juni 1992 über die Verbrauchsförderung in der Gemeinschaft und die Erweiterung der Märkte für Milch und Milcherzeugnisse (Abl Nr. L 215 vom 30.07. 1992, S. 67 - 68).

Verordnung (EWG) Nr. 2067/92 des Rates vom 30. Juni 1992 über Maßnahmen zur Förderung des Absatzes und des Verbrauchs von hochwertigem Rindfleisch (Abl Nr. L 215 vom 30.07. 1992 S. 57).

Verordnung (EWG) Nr. 1766/92 des Rates vom 30. Juni 1992 über die gemeinsame Marktorganisation für Getreide (Abl Nr. L 181 vom 01.07.1992, S. 21 - 39).

Verordnung (EWG) Nr. 1332/92 des Rates vom 18. Mai 1992 mit Sondermaßnahmen für Tafeloliven (Abl Nr. L 145 vom 27.05.1992, S. 1 - 2).

Verordnung (EWG) Nr. 1065/92 der Kommission vom 29. April 1992 zur zweiten Änderung der Verordnung (EWG) Nr. 2282/90 mit Bestimmungen zur Durchführung von Maßnahmen zur Steigerung des Verbrauchs und der Verwendung von Äpfeln sowie des Verbrauchs von Zitrusfrüchten (Abl Nr. L 112 vom 30.04.1992. S. 25).

Verordnung (EWG) Nr. 2400/91 der Kommission vom 5. August 1991 zur Änderung der Verordnung (EWG) Nr. 2282/90 mit Bestimmungen zur Durchführung von Maßnahmen zur Steigerung des Verbrauchs und der Verwendung von Äpfeln sowie des Verbrauchs von Zitrusfrüchten (Abl Nr. L 220 vom 08.08.1991, S. 7).

Verordnung (EG) Nr. 2183/91 der Kommission vom 24. Juli 1991 zur Bestimmung der Mitgliedstaaten, in denen im Wirtschaftsjahr 1990/91 Werbekampagnen zur Förderung des Traubensaftverbrauchs durchgeführt werden (Abl Nr. L 202 vom 25.07.1991, S. 20 - 21).

Verordnung (EWG) Nr. 2083/91 der Kommission vom 16. Juli 1991 zur Änderung der Verordnung (EWG) Nr. 3461/85 über die Durchführung von Werbekampagnen zur Förderung des Traubensaftverbrauchs (Abl Nr. L 193 vom 17.07. 91, S. 14 - 15).

Verordnung (EWG) Nr. 2092/91 des Rates vom 24. Juni 1991 über den ökologischen Landbau und die entsprechende Kennzeichnung der landwirtschaftlichen Erzeugnisse und Lebensmittel (Abl. Nr. L 198 vom 22.07.1991, S. 1 - 15).

Verordnung (EWG) Nr. 2282/90 der Kommission vom 31. Juli 1990 mit Bestimmungen zur Durchführung von Maßnahmen zur Steigerung des Verbrauchs und der Verwendung von Äpfeln sowie des Verbrauchs von Zitrusfrüchten (Abl Nr. L 205 vom 03.08.1990, S. 8 - 11).

Verordnung (EG) Nr. 2247/90 der Kommission vom 31. Juli 1990 zur Bestimmung der Mitgliedstaaten, in denen im Wirtschaftsjahr 1989/90 Werbekampagnen zur Förderung des Traubensaftverbrauchs durchgeführt werden (Abl Nr. L 203 vom 01.08.1990, S. 53 - 54).

Verordnung (EWG) Nr. 1201/90 des Rates vom 7. Mai 1990 betreffend Maßnahmen zur Steigerung des Verbrauchs von Zitrusfrüchten (Abl Nr. L 119 vom 11.05.1990, S. 65).

Verordnung (EWG) Nr. 1195/90 des Rates vom 7. Mai 1990 zum Erlass von Maßnahmen zur Steigerung des Verbrauchs und der Verwendung von Äpfeln (Abl Nr. L 119 vom 11.05.1990, S. 53 - 54).

Verordnung (EWG) Nr. 2159/89 der Kommission vom 18. Juli 1989 mit Durchführungsbestimmungen zu den Sondermaßnahmen für Schalenfrüchte und Johannisbrot gemäß Titel IIa der Verordnung (EWG) Nr. 1035/72 des Rates (Abl Nr. L 207 vom 19.07.1989, S. 19 - 34).

Verordnung (EG) Nr. 2121/89 der Kommission vom 14. Juli 1989 zur Bestimmung der Mitgliedstaaten, in denen im Wirtschaftsjahr 1988/89 Werbekampagnen zur Förderung des Traubensaftverbrauchs durchgeführt werden (Abl Nr. L 203 vom 15.07.1989, S. 19 - 20).

Verordnung (EWG) Nr. 2106/89 der Kommission vom 13. Juli 1989 zur fünften Änderung der Verordnung (EWG) Nr. 3461/85 über die Durchführung von Werbekampagnen zur Förderung des Traubensaftverbrauchs (Abl Nr. L 201 vom 14.07.1989, S. 20 - 21).

Verordnung (EWG) Nr. 1963/87 des Rates vom 2. Juli 1987 zur Festlegung der Höhe der Beihilfen für Faserlein und Hanf sowie des Beihilfebetrages für die Finanzierung der Maßnahmen zur Förderung der Verwendung von Flachsfaser für das Wirtschaftsjahr 1987/88 (Abl Nr. L vom 03.07.1987, S. 16 - 17).

Verordnung (EWG) Nr. 1337/87 der Kommission vom 14. Mai 1987 zur vierten Änderung der Verordnung (EWG) Nr. 3461/85 über die Durchführung von Werbekampagnen zur Förderung des Traubensaftverbrauchs (Abl Nr. L 126 vom 15.05.1987, S. 8 - 9).

Verordnung (EWG) Nr. 2887/86 der Kommission vom 18. September 1986 zur dritten Änderung der Verordnung (EWG) Nr. 3461/85 über die Durchführung von Werbekampagnen zur Förderung des Traubensaftverbrauchs (Abl Nr. L 267 vom 19.09.1986, S. 11).

Verordnung (EWG) Nr. 2400/86 der Kommission vom 30. Juli 1986 zur zweiten Änderung der Verordnung (EWG) Nr. 3461/85 über die Durchführung von Werbekampagnen zur Förderung des Traubensaftverbrauchs (Abl Nr. L 208 vom 31.07.1986, S. 9).

Verordnung (EWG) Nr. 1107/86 der Kommission vom 17. April 1986 zur Änderung der Verordnung (EWG) Nr. 3461/85 über die Durchführung von Werbekampagnen zur Förderung des Traubensaftverbrauchs (Abl Nr. L 102 vom 18.04.1986, S. 15 - 16).

Verordnung (EWG) Nr. 3461/85 der Kommission vom 9. Dezember 1985 über die Durchführung von Werbekampagnen zur Förderung des Traubensaftverbrauchs (ABL Nr. L 332 vom 10.12. 1985, S. 22 - 24).

Verordnung (EWG) Nr. 2015/83 der Kommission vom 20. Juli 1983 mit Durchführungsbestimmungen zur Verordnung (EWG) Nr. 1423/83 über Maßnahmen zur Förderung der Verwendung von Flachsfasern in den Wirtschaftsjahren 1982/83 bis 1986/87 (Abl Nr. 198 vom 21.07.1983, S. 20 -21).

Verordnung (EWG) Nr. 1423/82 des Rates über Maßnahmen zur Förderung der Verwendung von Flachsfasern in den Wirtschaftsjahren 1982/83 bis 1986/87 (Abl Nr. 162 vom 12.06.1982, S. 19 - 20).

Verordnung (EWG) Nr. 2777/75 des Rates vom 29. Oktober 1975 über die gemeinsame Marktorganisation für Geflügelfleisch (Abl Nr. L 282 vom 01.11.1975, S. 77 - 83).

Verordnung (EWG) Nr. 2759/75 des Rates vom 29. Oktober 1975 über die gemeinsame Marktorganisation für Schweinefleisch (Abl Nr. L 282 vom 01.11.1975, S. 1 - 9).

Verordnung (EWG) Nr. 802/68 des Rates vom 27. Juni 1968 über die gemeinsame Begriffsbestimmung für den Warenursprung (Abl Nr. L 148 vom 28.06.1968, S. 1 - 5).

Verordnung Nr. 136/66/EWG des Rates vom 22. September 1966 über die Errichtung einer gemeinsamen Marktorganisation für Fette (Abl Nr. B 172 vom 30.09.1966, S. 3025 - 3035).

Vertrag zur Gründung der Europäischen Gemeinschaften in der konsolidierten Fassung des am 01. Februar 2003 in Kraft getretenen Vertrages von Nizza (Abl Nr. C vom 24.12.2001, S. 33 - 184).

Bildquellen

Deutsche Obst-Werbung/Bonn 2002: Apfel mit Biss. Eigenes Foto. Filderstadt. 15.02.2002.

CMA 2001: Aktuelle Marketingmaßnahmen: Milch. Centrale Marketinggesellschaft der deutschen Agrarwirtschaft mbH. www.cma.de. 29.05.2001.

CMA 2001: Aktuelle Marketingmaßnahmen: Rindfleisch. Centrale Marketinggesellschaft der deutschen Agrarwirtschaft mbH. www.cma.de. 29.05.2001.

MIX
Papier | Fördert gute Waldnutzung
FSC® C083411

Kolibri 360 GmbH
Ferdinand-Jühlke-Straße 7
99095 Erfurt, Deutschland
produktsicherheit@kolibri360.de

Druck:
CPI Druckdienstleistungen GmbH
im Auftrag der
Kolibri 360 GmbH
Ferdinand-Jühlke-Str. 7
99095 Erfurt